문화유산으로 배우는

비보풍수

문화유산으로 배우는
비보풍수

晟甫 안종선 지음

중앙생활사

들어가며

'풍수, 풍수지리, 풍수학'은 이 땅에서 살고 있는 우리에게 너무도 익숙한 말일 정도로 주변에서 흔히 들을 수 있다. '우리'라고 칭할 수 있는 이 땅의 사람들에게는 그다지 새롭거나 생소한 말이 아니다. 우리는 모두 이 단어를 인식하고 있다. 아니, 인식하고 있다고 생각한다. 대부분 풍수를 조금은 안다고 생각하며, 많이 아는 이들이 있는 것도 사실이다.

풍수지리라는 학문은 역사가 아주 오래되었다. 서구문명이 물밀듯 밀려와 자리 잡았고 산업화와 현대화가 이루어지는 과정에서 전통이 퇴색되었다고 하지만 풍수지리 사상은 아직도 우리 생활 곳곳에 스며들어 있다. 아니라고 부정하는 사람도 있고 풍수지리를 옛것이라고 치부하는 사람도 있겠지만 이 땅에 사는 사람들은 여전히 풍수지리를 생각하고 풍수지리 이념을 따라 생활한다.

언제부터인지 우리 생활과 삶의 모습에서 서구과학을 바탕으로 하는 산업이 발달하였다. 오래전과 비교해 집의 모양이 바뀌고, 집을 짓는 재료도 바뀌었다. 그럼에도 우리는 여전히 풍수지리 이념을 포기하지 않고 있다. 집은 서구식 재료와 형태를 따라 하지만 여전히 상량문上樑文을 쓰고 날을 잡아 고사告祀를 지낸다. 터잡이를 하는 과정에는 풍수의 이법을 좇아 바람을 피하고자 하고, 좋은 날을 찾아 집들이를 하며 입주入住에 신경을 쓴다.

많은 사람이 풍수지리를 신경 쓰지 않는다면서도 일상에서 풍수를 접하고 스스로 풍수지리 이념을 따른다. 이사할 때 날을 고르는 것은 이미 풍수지리 이념에 따르는 것이며, 입춘立春이 되면 대문에 입춘대길立春大吉이라고 써서 붙이는 것도 풍수지리를 따르는 행위이다.

풍수지리는 학문 이전에 우리의 문화이고 생활관습이다. 무엇을 거리낀다는 것 자체가 이미 관습이다. 풍수지리는 일정 지역에서 살아가는 사람들의 관습이 모인 것이다. 풍수지리를 두고 미신迷信 운운하는 사람들도 이미 풍수지리를 따라 살아가고 있다.

풍수지리를 미신 운운하는 것은 우리 전통이 아니다. 풍수지리를 미신이라고 한 이들은 일본인이다. 그러면서도 정작 일본인은 우리의 풍수지리를 받아들여 자신들의 문화와 생활을 발전시키고 있다. 풍수지리를 두고 왜 미신 운운하게 되었는지 근본도 모르면서 미신이라고 치부하는 것은 자신의 뿌리가 무엇인지 모르면서 욕을 하는 격이다. 일본인이 이 땅을 강제점령하기 위해 만들어낸 말을 믿는 것이 문제다.

우리의 자랑스러운 학문과 생활풍습을 멸시하고 서양의 학문과 문화만 받아들이는 것은 전통을 무시하는 짓이며 뿌리를 부정하는 행위라고 생각한다. 이제라도 우리 것을 이해하고 받아들이려는 노력이 필요하다.

풍수지리는 우리 사회 전반에 영향을 미치고 있는데 이는 과거 이야기가 아니다. 현대사회에서도 풍수지리 영역은 매우 넓으며 다방면에 활용된다. 행정도시行政都市와 곳곳의 신도시 건설에서 보듯 현대의 도시 건설에서 풍수지리에 입각하여 개발 방향을 논의하는 것을 볼 수 있다. 현대적 개념의 공공건축물 건설과 입지 선정에도 풍수지리 이념은 늘 함께한다.

풍수지리의 범위는 매우 넓어서 다양한 분야에 걸쳐 발전하였고 또 적용되고 있다. 특히 변화가 많은 사회에서 양택陽宅의 다양성이라는 측면에서 터를 개발하고 보충하며 보완하는 기술은 매우 중요한 요소가 되고 있다. 현대적 개념의 터에 대한 보완은 우리의 풍수지리에서 비보풍수裨補風水에 해당한다.

역사가 오래된 비보풍수는 우리 풍수의 핵심 요소이다. 특히 비보풍수는 토지를 개발하거나 지형을 변형·보완하는 현대적 요소와 일맥상통한다. 이와 같은 요소는 이미 오래전부터 전승되고 있다. 따라서 현대에 적용하여 좀더 나은 미래 발전에 적용하는 것이 옳다.

미래는 개선과 개발의 시대다. 도시와 개개인이 살아가는 터의 개념도 다르지 않다. 효율적인 개발은 땅을 파고 넓히는 것만 이야기하는 것은 아니다. 좀더 효율적이고 개선적인 개발은 인간의 생활에 유용한 터를 만드는 것이다.

이 과정에서 부족한 것은 보충하고 모자란 것은 채우며 남는 것은 깎아내는 지혜가 필요하다. 이 지혜의 토대는 이미 선인들이 마련해 놓았으니 이제 올바로 적용하고 제대로 사용하는 것이 과제로 남는다. 올바로 적용하고 이해하려면 인식과 파악이 중요하다.

비보풍수!

우리는 그 뿌리가 무엇인지 파악해야 한다. 우리 선조들이 어떻게 적용하였는지 올바로 인식하고 지금에 새롭게 적용하는 노력이 필요하다.

轟轟軒에서 晟甫 安鐘善

차례

PART 1

생활에서 만나는 비보풍수

PART 2
비보풍수(裨補風水)

PART 3
비보풍수의 종류와 적용

PART 1

생활에서 만나는 비보풍수

생활에서 만나는 비보풍수

여행을 떠난다. 여행은 단순하게 떠나는 것이 좋다. 눈에 보이는 것을 담고 바람처럼 스쳐 지나가는 것이 여행이다. 여행에 목적이 생기면 여행이 아니다. 그 순간 그야말로 일이 되고 만다. 풍수를 배우고 익히는 사람에게 여행은 존재하지 않을 수 있다. 여행이 곧 일이고 학습이기 때문이다.

풍수를 배우는 사람에게 여행이 일이 되고 학습이 되는 것은 모든 사물을 대하며 풍수적 요인을 찾기 때문이다. 일견 평안을 찾아 떠난 여행이 포기되는 안타까운 순간이기도 하지만 새로운 것을 발견하는 과정에서 아름답고 창의적인 스트레스에 희열을 느끼기도 한다. 그것이 풍수를 배우는 사람의 특권이기도 하다.

살아가는 과정의 면면은 대부분 풍수와 연관된다. 풍수라는 이념에 지나치게 집착할 것은 아니지만 집에서나 집을 떠나서나 모든 것이 풍수와 연관된다. 업무를 마치고 돌아와 쉬거나 잠을 자는 집도 풍수와 연관 지을 수 있지만 생활 속에서 만나는 면면을 모두 풍수와 연관 지어 생각할 수도 있다.

집을 짓기 위해 터를 잡는 일이 풍수와 연관이 있다면, 집을 짓는 과정이나 꾸미는 일도 풍수와 연관된다. 집을 짓고 나서 물건을 수납하거나 인테리어를 하는 과정도 풍수와 연관된다. 최종적으로 부족한 것을 보충하는 과정에서 풍수는 극단적으로 위력을 발휘한다. 또 부족한 것을 메우고자 하는 과정에서 비보풍수裨補風水를 만나게 된다.

여행을 떠나면 여러 가지를 둘러보게 된다. 어느 마을에서 발을 멈추기도 하고 사찰에 들러 돌아보거나 향교鄕校를 만나기도 한다. 유적지를 보고 새로이 개발된 관광마을을 만난다. 처음에는 인식하지 못했지만 만나는 곳마다 풍수가 녹아 있다. 의식하지 않는 순간에도 풍수는 우리 곁에 있다.

여행을 떠나 어느 마을에 들어갈 때 마을 입구에 나무숲이 길게 늘어서 있다면 그것이 마을의 수구水口를 방어하기 위한 동수洞樹임을 알 수 있다. 굽어진 물길을 펴고 나무를 심은 제언堤堰과 방제림防除林을 볼 수 있다. 마을 한가운데 있는 노거수老巨樹를 무심히 지나쳤지만 나중에 그 나무가 마을의 지세地勢를 보호하기 위해 마을 사람들이 보호하는 나무임을 알 수 있다.

산에는 사찰寺刹이 자리한다. 사찰에 오르는 길 좌우로 수많은 노거수가 심어져 푸르름을 자랑한다. 사찰은 높은 곳에 자리해 계절 따라 차가운 바람이 산을 쓸고 지나간다. 이 나무들은 바람을 막는 최전선에 있다. 사찰이 바람에 노출되거나 흉한 기운에 드러나는 것을 방어하는 사찰보호림寺刹保護林은 풍수적으로는 방풍림防風林이다. 사찰 안에 들어가 살펴보면 당우堂宇 이름이 각각 다르다. 각閣이나 전殿이라는 이름은 같은데 글자 모양이 다 다르다. 처음에는 의식하지 못했으나 그 글자 모양에 풍수적 의미가 있다는 말을 들으면 그제야 고개가 끄덕여진다.

어느 사찰의 댓돌에는 물고기 그림이 그려져 있다. 목재木材로 지어진 사찰의 화기火氣를 방어하고자 함이다. 어느 사찰의 부엌에는 조왕신竈王神이

의미는 같고 형태는 다른 글자의 예

부산 기장읍 장안사 극락전 | 이천 송말리 영원사 약사전 | 진천 용화사 부가범전 | 경주 불국사 대웅전 | 구미 문수사 사자암 사후전

불문에서 현판에 전(殿)이라는 글자가 들어간 당우는 하나같이 불보살을 장엄한 당우이다. 이 전(殿)자에는 각 사찰의 비보풍수적 의미가 들어 있다. 열렸거나 닫힌 것 혹은 반쯤 열린 것 등으로 풍수적 의미가 있다.

그려져 있다. 이 또한 음식을 먹고 배탈이 나지 말라는 의미의 사찰풍수에 해당한다.

깊은 계곡에도 사찰이 자리한다. 노거수는 계곡으로 밀려드는 바람을 막는 중요한 역할을 한다. 비가 오면 계곡으로 넘치는 물을 살펴 아래 마을에 연락하는 임무를 맡은 사찰로 비보사찰裨補寺刹이다. 지나치게 길게 뻗은 산자락 앞에 절을 세워 산자락의 기를 방어하는데 역시 비보사찰이다. 계곡이 깊은 곳에 마애불磨崖佛을 세운 이유는 계곡풍溪谷風을 방어하기 위해서다.

사찰을 내려와 다른 마을에 들어서면 돌무더기로 쌓은 탑이 있고 장승이 서 있다. 언제나 보았던 것이니 무심코 돌아서지만 그것도 비보풍수임을 알고 보면 쏠쏠한 재미가 넘친다. 장승의 모습도 신기하다. 대부분 장승은 나무 모습 그대로 뿌리 방향을 아래로 세우는데, 뿌리가 하늘을 향해 풀어헤친 머리 모양으로 장승을 세웠으니 역시 비보풍수이다. 그 옆에는 솟대가 서 있다. 이 역시 막연한 것이 아니라 비보적인 의미가 있다.

바닷가로 나갔더니 해송海松이 바닷가에 길게 늘어서 바닷바람을 차단하고 있다. 가까이 다가가 보니 물고기가 노니는 모습이 확연하다. 방풍림이며 어부림魚付林1)이다. 다시 길을 나서서 해안을 따라 달리다보니 해변마다 각종 나무가 줄지어 서서 모래와 바람을 차단하는데 마치 전 국토가 방풍림으로 에워싸인 것 같다. 온통 풍수적 요인으로 도배되어 있다.

향교鄕校 앞에는 노거수가 자라고 있고 마을 중앙에 뜬금없이 당간지주幢竿支柱2)가 서 있다. 처음에는 고개를 갸웃하지만 곧 이해하고 고개를 끄덕인

1) 물고기가 서식하기 좋은 환경을 만들려고 물가에 나무를 심어 이룬 숲.
2) 절의 행사나 법회 등을 알리는 안내문을 세운 깃대(당간)와 버팀돌(지주).

다. 당간지주를 보고 사찰의 흔적이라 치부하지만 이 마을이 물가에 있다는 것은 물형론物形論에서 따지는 행주형行舟形이라는 것이다. 행주형 지세에서 당간지주는 배의 돛이라는 설정이 가능하다. 그런 마을은 우물을 파지 않는 특징이 있다.

집으로 돌아오니 천장에 상량문上樑文이 보이는데 여기에도 풍수가 녹아 있다. 벽에는 산수화山水畵가 한 폭 걸려 있다. 처음에는 몰랐으나 안방과 사랑방의 벽에 걸린 그림에도 풍수적 요인이 있다. 벽에 걸린 서예작품에도 풍수적 요점이 있다. 그뿐 아니라 거실과 안방에 쓰인 벽지의 색도 풍수적 요인을 적용할 수 있다.

모든 일상을 풍수로 대비하고 풀 수 있다는 사실이 놀랍지만 지나치게 빠져들면 일상이 피곤해진다고 생각할 수 있다. 그러나 풍수는 어려운 것도 아니고 피곤해지는 것도 아니다. 그냥 일상에서 접하는 것이다. 우리는 의도하지 않지만 일상에서 풍수를 접한다. 대부분 우리 생활을 윤택하게 하고자 하는 비보풍수를 만난다.

비보풍수!

그 찬란한 풍수의 정화를 만난다.

그 마을의 중심에는 거대한 나무가 자란다

한국인이라면, 성인이라면 안동지역의 반향班鄕인 하회마을을 모르는 사람은 없을 것이다. 또 풍수를 공부한다면 반드시 찾아가야 할 곳이기도 하다. 풍수 공부에서 전통마을 공부를 빼놓을 수 없다. 풍수 공부를 하며 반드시 들러 살펴야 할 곳 중 하나가 하회마을이다.

우리나라에는 전통마을로 지정된 곳이 많다. 전통마을에서 우리의 예전 생활과 전통을 알 수 있다. 풍수지리에 대해 깊이 배우고자 하면 그 모든 곳을 세밀하게 둘러볼 필요가 있지만 우선 가보아야 할 곳이 바로 경주의 양동마을과 안동의 하회마을이다.

하회마을을 찾아가거나 관광을 다녀온 사람이 많을 것이다. 유학儒學으로 유명한 곳이기도 하고 관광지로도 널리 알려진 곳이니 당연하다. 혹은 안동에 살거나 인연이 있는 사람도 있을 것이다. 그러나 유향儒鄕이라는 안동에 살면서도 하회마을을 정확하게 모르는 사람이 적지 않다. 풍수를 하나의 단어로 정의할 수 없는 곳이기 때문이다. 하회마을은 한마디로 경쾌하게 정의

하거나 글 한 줄로 정리하기가 어려운 곳이다.

우리나라에 역사가 있듯이 하회마을에도 마을의 역사가 있다. 대를 이어 온 유구한 역사와 수많은 인물과 관련한 전설이 마치 마을을 휘감는 강물과 산줄기처럼 이리저리 뻗쳐 있다. 이는 이 마을의 역사가 되고 전통이 된다. 이 마을에서 탄생하였거나 거주한 학자는 물론이고 높은 관직에 오른 인재가 적지 않아 일일이 열거하기도 벅차다. 물론 이 지역의 독특한 아름다움과 마을의 전통을 열거하기도 쉽지 않다.

하회마을은 마을 자체가 중요민속자료重要民俗資料로 지정되었다. 물론 예전과 달라진 부분이 조금은 보이지만 비교적 옛 모습을 잘 지키고 있다. 그러나 마을의 지붕을 초가지붕에서 기와지붕으로 바꾸거나 낮은 담을 높이 올려 쌓는 일련의 작업은 개선이라기보다는 훼손이라고 표현하고 싶다.

하회마을의 집들은 관광을 허락하지만 개개인이 살림을 하는 곳이다. 삶의 편리성을 위한 수리는 찬성하지만 외양을 바꾸어 신분 상승 욕구를 드러내거나 예전 모습을 훼손하는 일련의 작업이나 개선은 그다지 바람직하지 않다. 또 찾아가는 사람들도 거주하는 사람들의 삶을 방해하지 않는 노력이 필요하다.

하회마을은 풍수를 배우는 사람이라면 반드시 들러야 하고 또 들러보는 장소이다. 풍산 류씨豊山柳氏[3]가 600여 년 동안 누대로 살아온 곳이다. 동성마을은 달리 집성촌集姓村이라 부른다. 하회마을은 가장 한국적인 동성마을

3) 경상북도 안동시 풍산읍을 본관으로 하는 한국의 성씨이다. 풍산 류씨 시조 류절(柳節)은 고려 초에 수주(樹州, 현재 경기도 부평)에서 호장(戶長)을 지냈다. 《풍산류씨세보(豊山柳氏世譜)》에 따르면, 류절의 증손자 류백(柳伯)이 1290년(충렬왕 16) 은사(恩賜)로 급제하여 가문의 기틀을 세웠고, 7세 류종혜(柳從惠)가 조선 초에 공조전서를 지내고 낙향해 하회동에 정착하였다고 한다(위키백과 참조).

이다. 낙동강의 회류回流가 감아 돌아간 지형에 100여 채가 넘는 옛집과 돌담길이 고스란히 남아 있다. 또한 어느 마을이나 도시에서 볼 수 있는 전봇대나 전깃줄이 하나도 보이지 않아 운치가 있다. 그야말로 고담한 풍경이라고 할 수 있다. 한국 속의 한국이라는 수식어가 부족하지 않다.

하회마을은 흔히 산태극수태극山太極水太極이라 부르는 회류를 감고 자리해 천혜의 지세를 갖춘 곳이다. 은근한 S자 모양으로 마을을 휘감아 도는 푸른 낙동강 물줄기가 지척으로 다가와 마을을 휘감아 에워싼다. 우리는 이를 일러 하회河回라고 한다. 하회라는 마을 이름은 강[河]이 이리저리 돌고 돌아 마을을 감싸 돈다[回]는 뜻이다.

100여 채의 고가古家가 몰려 있는 이 마을의 대표적 고택은 양진당養眞堂(보물 제306호)4)이다. 겸암 류운용(1539~1601)이 살았던 집으로 풍산 류씨 대종가大宗家다. 달리 입암고택이라고도 불린다.

우리의 양기지풍수陽基地風水에서 가장 좋은 집터의 향은 남향南向이다. 양진당도 남향을 했는데 표면적으로 보아서는 가장 일반적인 배치라고 할 수 있다. 그러나 특이하게도 이 마을의 집들은 남향이 많지 않다. 이 마을의 가옥들은 향이 중구난방이다.

이 마을의 중심에는 삼신당三神堂이라는 커다란 느티나무가 있다. 이 느티나무가 이 마을의 정신적 지주 역할을 한다. 삼신당은 마을의 형국形局에서

4) 계좌정향(癸坐丁向)으로 배치되었으며 행랑채, 사랑채, 안채가 연속되어 있고 사당만 따로 있다. 행랑채에 우뚝 솟은 솟을대문을 들어서면 바로 사랑마당에 이른다. 행랑채의 솟을대문 서쪽에는 온돌방과 함실부엌을 두고 동쪽으로는 마구간과 온돌방을 두어 ㅁ자형 안채 전면에 놓인 중문간 행랑채와 연결되어 있다. 사랑채는 一자형 평면으로 서쪽에 침방과 사랑방이 정면 2칸, 측면 2칸의 크기 안에 자리 잡고 있고 그 옆쪽에 사랑대청이 정면 3칸, 측면 2칸의 크기로 건축되어 있다. 안채는 ㅁ자형 평면으로 서북쪽에 정면 1칸, 측면 4칸의 부엌이 있다. 사당은 사랑채 뒤편 동북쪽에 따로 쌓은 담장 안에 있다(한국학중앙연구원, 《한국민족문화대백과》 참조).

위에서 내려다본 안동 하회마을

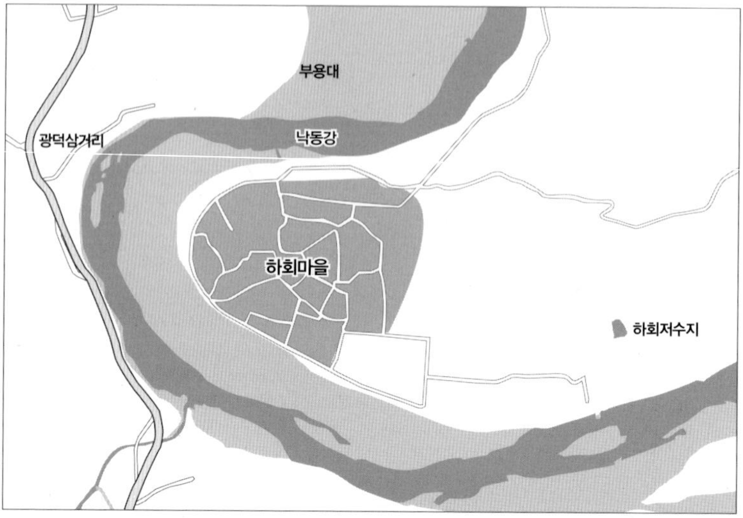

낙동강에 둘러싸인 모습이 산태극수태극의 모습이다.

안동 하회마을 안내도

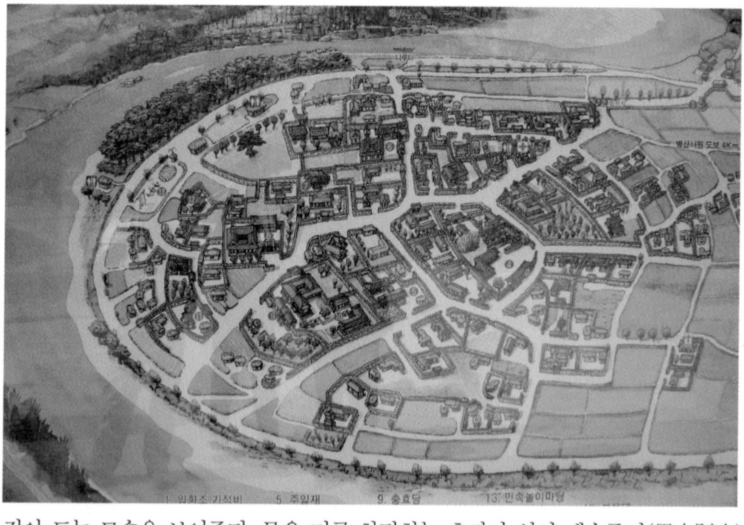

물이 감아 도는 모습을 보여준다. 물은 기를 차단하는 효과가 있어 계수즉지(界水則止)라고 한다. 물에 둘러싸인 하회마을은 기가 보전된다.

중심지에 해당하는 중요한 자리에 위치한다. 이 마을의 가옥들은 대체로 삼신당을 중심으로 둥그렇게 포위하듯 자리 잡고 있어서 집들의 좌향坐向이 일정치 않다. 집들이 삼신당을 중심으로 빙 둘러쳐진 모양으로 들어서 좌향이 중구난방이라 반드시 남향으로 지어지지는 않은 것이 이 마을의 특징이다.

양진당 가까운 곳에 자리한 집이 충효당忠孝堂이다. 임진왜란을 승리로 이끈 명재상으로 이름을 높인 서애西厓 류성룡柳成龍의 집이 바로 충효당이다. 대문 옆으로는 행랑채가 긴 형태로 자리한다. 서애의 8대손 일우 류상조가 병조판서를 제수받고 불시에 닥칠 군사들을 대비하여 집을 짓다보니 지금과 같은 모습이 되었다고 전해진다. 이 집에는 임진왜란 극복의 모든 것이 담겨 있는 국보《징비록懲毖錄》5)이 보관되어 있다.

하회마을의 형성과 집들의 좌향도 다른 마을과는 다른 특징이 있다. 배치도 다른 마을과는 다르다. 마을을 반으로 나누어 생각해보면, 한쪽은 담이 높은 반가班家이고 다른 쪽은 평민들이나 양반의 마름으로 살았던 사람들의 거주지로 담이 낮은 민가民家이다. 이처럼 길 하나를 사이에 두고 반가와 민가가 갈린 것도 풍수적인 이유가 있을 것이다.

낙동강이 감아 돈 아름다운 풍광이 하회마을의 자랑이다. 이 아름다움은 산태극수태극의 독특한 지형에서 비롯한다. 낙동강이 휘감아 도는 이 마을은 풍수지리적으로 안정되어 있으며 보기 드문 물형物形을 만들었다. 오래전부터 이곳 풍수는 태극형太極形, 연화부수형連花浮水形, 행주형行舟形에 해당하는 것으로 알려져 있다.

5) 국보 제132호로 임진왜란 당시 영의정이었던 류성룡이 전쟁이 끝난 뒤 뒷날을 경계하고자 하는 뜻에서 1592년(선조 25)에서 1598년까지의 일을 직접 기록한 것이다. 책에는 전쟁 전 일본과 관계, 전쟁 발발과 진행 상황, 정유재란 등 다양한 내용이 담겨 있다(한국학중앙연구원, 《한국민족문화대백과》 참조).

물이 감아 돌아서 생긴 형상이 하늘에서 보면 태극 형상을 닮았으니 태극형이다. 부근의 내성천乃城川6)이 휘감아 돌아 곳곳에 태극형 지세가 나타나는데 안동과 인근의 예천禮川에는 태극형 지세가 많다. 다른 이름인 연화부수형은 물에 뜬 연꽃을 닮았다는 의미이니 가장 많이 적용되는 이름이다. 많은 풍수사나 지역 언론에서는 하회마을의 지형을 연화부수형이라고 칭한다.

마지막으로 행주형이라는 물형이 있다. 배가 물을 거슬러 올라가는 형국이라는 것이 행주형이다. 행주형은 물을 거스르니 재록財綠이 많은 지형이다. 우리나라 곳곳에는 행주형이 많은데 특히 평양平壤이 행주형 지세로 유명하다. 행주형은 배가 운행하는 형태의 지세로 강이 있는 곳에 어울리는 지형명이다.

행주형 지세에는 몇 가지 갖추어야 할 특징이 있다. 행주형 지세에서는 닻을 묶는 지세가 필요하다. 그래서 행주형 지세에서는 몇 가지 특징이 나타난다. 전라도 고창高敞 삼태마을의 경우 행주형이라 배를 묶는 나무를 심었으니 바로 유명한 삼태리 버드나무숲이다. 또 행주형에는 배가 나아가기 위해 돛이 필요하다. 청주시는 무심천과 더불어 시가가 행주형이다. 따라서 배의 돛대를 세웠는데, 당간지주幢竿支柱가 돛대 역할을 한다.

행주형으로 불리는 하회마을도 배 모양이어서 돛이 서는 자리가 필요하다. 보통의 경우 양기지 풍수에서 행주형 지세의 돛에 해당하는 곳은 음택으로 하면 혈穴에 해당한다. 하회마을에서는 이곳에 삼신당이 있는데 이것

6) 길이 106.29km, 유역면적 1,814.71km²인 낙동강 지류로 소백산맥의 남쪽 기슭 경북 봉화군에서 발원해 영주시 중앙부를 관류하고, 다시 안동·문경을 거쳐 하류부에서 예천분지(醴泉盆地)를 전개하며, 계속 남서쪽으로 흐르다가 용궁(龍宮) 남쪽에서 낙동강 상류로 흘러든다(두산백과 참조).

이 돛 역할을 한다.

삼신당은 큰 나무다. 높이가 15m를 넘는 느티나무 노거수로 공식 수령만 600년이 넘는다. 마을 촌로들의 주장에 따라 800년도 넘었을 것으로 추정하기도 한다. 지금도 많은 사람이 찾아 기도를 하고 소원을 빈다. 나무 허리에는 당산나무를 의미하는 새끼줄 띠가 둘러져 있고 천이나 다른 여러 가지 의식을 표현한 흔적이 남아 있다. 관광 온 사람들은 소원을 적어 옆의 걸이에 걸어둔다.

안동 하회마을 삼신당

마을의 당나무다. 이 나무가 자리한 곳이 마을의 기가 뭉친 곳, 연화부수형의 혈심으로 인정된다. 이곳은 기를 함께 나눠 가질 수 있도록 배려되었다.

이 느티나무는 하회마을의 중심으로 혈穴에 해당하는 지점에서 자란다. 마을의 주산인 화산華山에서 흘러온 맥이 류성룡의 형이자 종손宗孫인 류운룡柳雲龍의 묘를 지나 일종의 나지막한 과협過峽을 만들고 마을로 들어가 강가에서 맥을 끝마친다.

이 마을은 입구에서 안으로 들어가면서 점차 지대가 높아지는데 화산에서 흘러온 맥이 류운룡 선생의 묘역을 지나 다시 과협을 만든다. 과협을 지나 올라가 혈심穴心을 응결시키는데 그 자리가 바로 삼신당이 심어진 곳이다. 즉 삼신당 느티나무 자리는 하회마을의 양기지 중에서 가장 높고 중심이 되는 곳이다.

삼신당 느티나무는 신성한 나무로 추앙받고 있다. 대를 이어 모셔지는 신목神木이다. 이곳에 류씨 종가가 자리하지 않은 이유가 있을 텐데, 만약 욕심을 냈다면 류씨 종가가 이곳 혈심에 자리할 수도 있었을 것이다. 그러나 양진당은 이곳과 가까운 곳에 있지만 이 자리를 탐내지는 않은 것으로 보인다. 풍수를 몰라서 이곳으로 잡지 않은 것으로 보이지는 않는다. 풍수를 몰랐다면 이곳에 삼신당 느티나무가 자리하는 일도 없었을 것이다. 하회마을의 누구도 이 자리에는 집을 짓지 않았다. 그것은 배려로 보인다. 즉 한 가문의 융성도 중요하지만 누구나 이 땅의 기운을 나누어 가질 수 있도록 배려한 것으로 보인다. 그로써 종택은 더욱 존경을 받았을 것이다.

삼신당 느티나무는 신성하게 받들어지며, 잘못 건드리면 동티가 난다는 소문이 있다. 혈 자리에 당당하게 서 있는 자체만으로 이 마을에서 인재 배출의 중요한 구심점으로 인정받으며 동신洞神으로 대접받는다.

단순하게 생각하면 이 마을의 당산목堂山木으로 가치가 있어 보이나 물형

안동 하회마을 만송정

마을과 강 건너 부용대 사이에는 만송정이라는 소나무숲이 자리한다. 하회마을의 강변에 심어진 소나무들은 부용대의 음(陰)한 기운을 막으려는 의도와 물에 모래가 쓸려나가는 것을 막으려는 두 가지 목적을 가지고 있다.

풍수物形風水에서는 더욱 큰 의미가 있다. 삼신당은 마을의 구심점 역할을 하고 행주형 지세에서는 앞으로 나아가는 돛대 역할을 한다. 만약 이 돛대가 없다면 이 마을의 진로는 그다지 밝지 못했을 것이다. 이 돛대가 있는 한 이 마을에서는 인물이 계속해서 나올 것이라는 염원을 해볼 만하다.

풍수지리라는 측면에서 만송정萬松亭도 살펴볼 가치가 있다. 만송정은 하회마을과 부용대芙蓉臺 사이에 자리한 소나무로 물론 인공조림지다. 하회마을 강변에 심어진 이 소나무에 대해 모래가 쓸려나가지 않게 심었다는 주장이 일반적이다. 그러나 부용대의 바위 형상이 마치 여자의 치마가 걸려 있는 듯한 현군사懸裙砂임을 감안하면, 이는 여자들의 성정이 음해질까 두려워

비보한 것으로 보인다. 이로써 눈을 가리고 기운을 막고자 한 것이니 수목 비보에 해당한다.

안동 하회마을 찾아가는 길

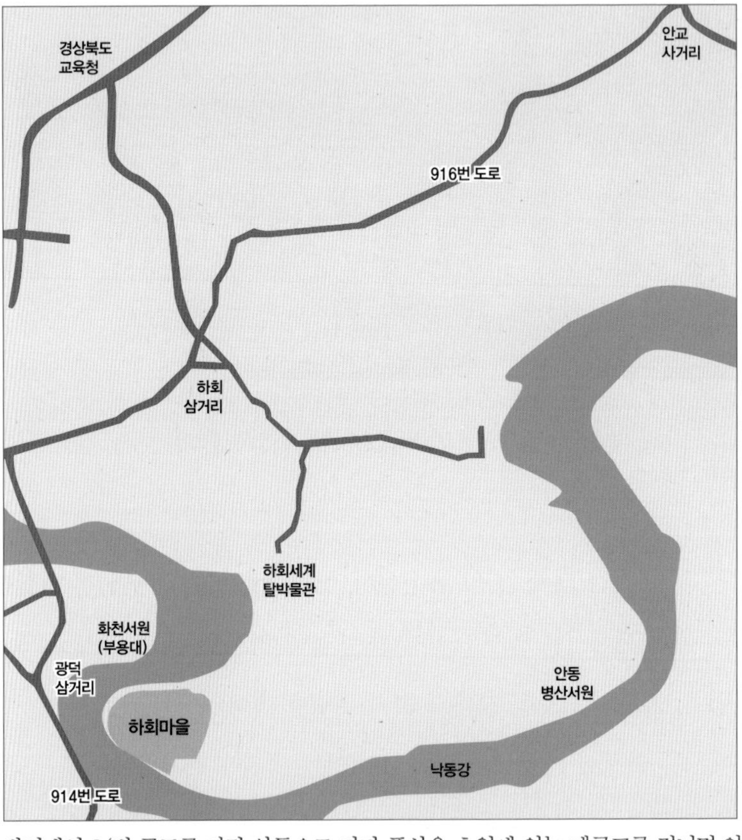

예천 방면에서 34번 국도를 따라 안동으로 가다 풍산읍 초입에 있는 매곡교를 건너면 안교사거리가 나온다. 이곳에서 오른쪽 풍천·지보로 난 916번 지방도로를 따라 4.8km를 가면 하회마을 표지판이 서 있는 중리 버스정류장 앞 삼거리에 닿는다. 정류장 앞 삼거리에서 왼쪽으로 난 5번 시도로를 따라 1.3km를 가면 길 왼쪽에 하회세계탈박물관이 있고, 길이 두 갈래로 나뉜다. 오른쪽으로 난 마을길을 따라 1.9km 가면 하회마을 주차장에 닿는다(중앙고속도로 서안동 IC에서는 예천으로 난 34번 국도를 따라 6.5km 가면 안교사거리에 이른다).7)

7) 한국문화유산답사회, 《답사여행의 길잡이 10 경북북부》, 돌베개, 1997.

정말로 종묘에 산을 만들었다고?

종묘宗廟라는 이름을 들어보지 못한 사람은 많지 않을 것이다. 우리 역사를 깊이 인식하지 않아도 종묘라는 이름은 들어보았을 것이다. 역사적 사실은 물론이고 일본인의 풍수 침략이라는 점에서도 종묘는 우리 귓가에 들려오는 이름이다.

조선 역사를 정확하게 인식하려면 몇 가지를 살펴야 한다. 물론 장구한 조선 역사를 살피기는 쉽지 않다. 더구나 500년 역사를 이어온 나라를 몇 가지 사실로 알 수는 없을 것이다. 그래서 조선을 알기 위해 반드시 살펴야 할 것을 꼽으라면 종묘를 이야기할 수밖에 없다. 또 왕릉王陵과 왕궁王宮, 《조선왕조실록朝鮮王朝實錄》 등이 반드시 살펴야 할 대상이 아닐까!

서울시 종로구鐘路區에 있는 종묘는 조선시대에 위位를 이었던 역대 왕과 왕비의 신위를 봉안한 곳이다. 그 이전 태조의 조상들 신위도 있다. 일반 가문으로 이야기하면 사당 정도 되겠다. 종묘는 동아시아의 유교적 왕실 제례 건축으로 가치가 대단히 높다. 건물은 규모가 무척 큰데 공간 계획 방식이 매우 독특하다. 물론 임진왜란壬辰倭亂, 병자호란丙子胡亂은 물론이고 조선시대 말에 이르러 일본인의 강제 점령과 6·25전쟁을 겪은 건물로 재건再建이 있기는 했으나 보존 상태가 우수하다. 종묘는 14세기 말에 창건되어 오래도록 유지되다가 임진왜란 때 소실된 아픔이 있다. 17세기 초에 중건하였으며 이후 필요에 따라 증축되어 현재 모습을 갖추었다.

우리의 다양한 문화는 세계적으로 가치가 있다고 평가받는다. 그 대표적인 것이 유네스코가 지정하는 세계문화유산世界文化遺産이다. 종묘는 이미 세계문화유산으로 등록되어 있다. 또한 종묘에서 치르는 제사인 종묘제례와 제례악도 무형유산으로 등록되어 있으니 그 가치가 놀랍다.

종묘는 크게 두 건물로 이루어져 있다. 왕조 조상들의 신주를 모신 건물이 주건물인 정전正殿이다. 오늘날의 정전은 역대 왕의 신주를 모신 태실 19칸과 양쪽 2칸씩의 협실로 이루어져 있다. 정전은 당시로는 가장 긴 건물로 알려져 있다. 월대月臺는 건물을 지으려고 쌓은 축대이다. 축대인 월대 위에 지어진 정전은 가로 길이가 101m에 이른다. 정전이 자리한 월대는 넓이가 가로 109m, 세로 69m이다.

처음 지어졌을 때 정전은 오늘날처럼 웅장한 규모는 아니어서 7칸에 불과했다. 또 태조 이성계의 4대 선조인 목조穆祖, 익조翼祖, 도조度祖, 환조桓祖와 그 부인들의 신주를 모셨다. 이후에도 정전은 자주 개축되었다. 정전의 기둥은 모양이 다양한데, 증축하여 지을 때마다 조금씩 달라진 것을 알 수 있다.

정전 왼쪽으로는 영녕전永寧殿이 있다. 세월이 흐름에 따라 왕위가 계속 이어지면서 규격이 일정한 정전에 신주를 모실 공간이 부족하게 되었다. 그래서 서쪽에 영녕전을 새롭게 지었다. 영녕전은 총 16칸으로 정전에 비해 규모도 작고 모셔진 신주도 34위에 불과하다. 중앙의 태실 부분은 한 단 높게 지었다.

세월이 흐르며 점점 늘려 지은 정전은 최종적으로 태실 19칸에 신주가 49위 모셔졌다. 이곳에는 조선 왕조를 세운 태조를 비롯하여 왕 19명과 왕비 30명의 신주가 모셔져 있다. 조선 왕조의 왕 27명 중 공덕이 높은 왕 19명과 그의 왕비들만 정전에 모셔진 것이다.

조선의 왕 중에서 신하들에게 폐위廢位되어 군君으로 불리는 연산군燕山君과 광해군光海君의 신위는 이곳에 없다. 그럼에도 왕의 숫자와 신위가 차이 나는데 태조의 선조로서 왕위에 오른 적은 없지만 왕으로 추존된 네 분이 모셔져 있기 때문이다. 나머지는 왕이 되어야 했지만 왕통이 잘못 이어져 온 탓에 왕이 되지 못한 분들을 추존하여 왕으로 모신 분들의 신위가 있다.

종묘 내부에는 국보 제227호로 지정된 정전과 보물 제821호로 지정된 영녕전을 비롯하여 어숙실, 판위대, 희생대, 찬막단, 향대청, 공신당 등이 있다.

조선 왕조에서는 풍수지리를 매우 중요하게 생각했다. 그렇다면 종묘도 정말로 훌륭한 땅에 세웠을까? 정전과 영녕전이 세워진 땅이 당시 터잡이 개념에서 중요한 덕목으로 다루어지던 풍수지리의 이치에 합당했을까?

조선 건립 당시부터 살펴보면 그때 상황을 이해할 수 있다. 우여곡절이 있었지만 태조는 한양으로 천도하기로 결정했다. 당시 개국에 따른 천도 후보지로 계룡산鷄龍山, 지금의 연세대 부근인 무악毋岳 등과 같은 여러 곳을 물색하였다. 이전에 계룡산 신도 안에 천도지를 정하여 공사를 했지만 신하들의 주청으로 1년 만에 중단하였다. 태조 3년(1394) 8월 13일 최종적으로 한양을 새 도읍지로 결정하고 그해 10월 25일 천도를 단행했다.

종묘 정전

왕실의 조상과 왕의 신위를 모신 묘사(廟祠) 종묘에는 왕실의 역사가 담겨 있다.

천도는 세상이 바뀌는 변화에 해당한다. 기존의 지배세력을 포기하는 방법이다. 새로이 국가를 건립하였지만 고려 왕궁이 있던 개성에는 세력을 쥔 구시대 신하들이 넘쳤다. 새로운 왕조의 천도는 이전 왕조 고려에서 힘을 빼앗는 방법이기도 했다. 새로운 왕국을 세운 조선으로서는 당연히 천도가 필요했다.

한양으로 천도한 이후 태조는 많은 일을 진행해야 했다. 태조는 새로이 도읍을 정한 한양에 종묘를 먼저 세워야 한다는 도평의사사都評議使司의 건의를 받아들여 당장 급해 보이는 궁실을 그다음에 짓기로 했다.

서울이라는 지명은 어디서 유래했을까? 여러 가지가 있지만 풍수적인 이야기도 있다. 이태조 이야기가 그것이다. 태조는 성을 어느 범위까지 쌓아야 할지 고민했다. 어느 날 잠을 자고 일어나 보니 큰눈이 내려서 눈이 봉우리를 따라 하나의 선을 만들어놓았다. 즉 특이하게 봉우리를 따라 선 밖에는 눈이 쌓여 있었고 선 안쪽에는 눈이 없었다. 태조는 그 선을 따라 도성都城을 쌓도록 하였다. 사람들은 이를 눈의 울타리라 하여 설雪울이라 불렀다. 물론 찬반이 있지만 설울이 변하여 오늘날 서울이 되었다고 한다. 당시에는 서울 도성을 설성雪城이라 불렀다는 주장도 있다.

도성 건설은 조선 왕조 건국 후 시행한 국가 차원의 첫 대역사였다. 도성 건설이 급했으므로 모든 성을 석성石城으로 만들지는 못했다. 세종대왕世宗大王 당시에도 성을 석성으로 고치는 역사役事가 이어진다. 그보다 먼저 종묘 건립이 추진되었다. 종묘 건립은 왕조의 위상을 세우는 가장 중요한 일이었으므로 시급하게 진행되었다.

종묘 건립은 왕의 권위를 세우는 일이자 새로운 왕조의 정통성을 만드는 중요한 역사였으므로 서둘러 시작되었는데, 천도하던 해 12월 4일 공사를 시작하였다. 공사가 대단히 빠른 속도로 진행되어 공사 시작 다음 해인 태조 4년 9월에 준공되었다.

개국 초기 조선 역사는 혼란스러웠다. 어느 나라나 개국 초기는 혼란스럽다. 새로운 체계가 잡히려면 시간이 필요하기 때문이다. 태조는 혼란스러움과 자식들의 권력다툼에 진절머리를 내며 정종定宗에게 양위讓位하고 상왕上王으로 물러난다. 이후에도 왕권을 위협하는 어수선한 일들이 자주 일어난다. 2대 왕 정종은 새 도읍지인 한양을 피해야 한다는 신하들의 건의를 받아들였다. 그리하여 즉위 반 년 만에 옛 도읍지 개성으로 환도한다. 이는 정종이 개경으로 환도하자는 신하들의 주장을 받아들이는 형식을 취했지만 사실 기존 세력에 끌려다닌 측면이 있었다.

정종은 혼란을 잠재울 재목은 아니었던 모양이다. 개성은 형식상 도읍이었지만 진정한 도읍은 될 수 없었으며 피방避方 목적이었을 뿐이다. 당시 도읍에 대한 설왕설래가 이어지고 있었지만 개성은 고려를 이어 다시 확정된 도읍지는 아니었다. 도읍지의 근간인 종묘와 사직이 한양에 지어졌기 때문에 개성은 도성이 될 수 없었다.

그리고 문제가 있었다. 왕은 친히 종묘에서 조상의 제사를 지내야 하는데 개성에 머무는 정종으로서는 한양에 가서 제향을 올리기 힘들다는 것을 알고 있었다. 정종은 개성에 새로 종묘를 지으려고 구상했다. 하지만 당시 가장 강한 권력을 쥐고 있던 이방원李芳遠과 신하들의 반대로 어찌할 수 없었다.

개성에서 다시 왕자의 난이 일어났을 때 정종은 자신에게 힘이 없음을 깨달았을 것이다. 1400년 11월 정종은 당시 가장 강한 권력을 쥐고 사병을 거느린 이방원에게 왕위를 양위했고, 이방원은 조선 3대 왕으로 등극하여 태종太宗이 된다.

왕위에 오른 태종은 적극적인 태도를 보였다. 심지어 무악毋岳과 개성開成, 지금의 경복궁景福宮을 놓고 대나무 가지를 이용해 점을 치는 방법까지 동원하면서 한양으로 돌아갈 방법을 찾았다. 결국 태종은 강력한 지도력을 발휘하여 종묘와 사직이 있는 한양으로 다시 천도한다는 의지에 따라 도성을 정비하기 시작했다.

도성 정비에는 종묘 주변의 지세를 풍수지리적으로 보완하는 작업도 포함되었다. 종묘를 재건하고 재정비하는 작업은 한양을 흔들지 말라는 의지의 표명이자 태종 자신의 정통성을 보여주는 작업이었으므로 매우 중요했다.

현재 우리가 마주하는 종묘의 지형은 애초 모습이 아니다. 즉 본래의 지맥

종묘 영녕전

정전의 공간이 부족하여 다시 건립한 부속건물로 그 역할은 정전과 다르지 않다.

支脈이 지금과 같은 모습이 아니었다. 종묘의 지형은 종묘 정비 이후 많은 부분이 바뀌었다. 종묘의 지형을 살펴보면 앞쪽으로 야트막한 구릉이 감싸고 있다. 이 구릉은 인공으로 조성한 가산假山으로 종묘 건축 이전에는 없었다.

종묘의 터를 일러 금계포란형金鷄抱卵形이라고 주장하는 풍수사들이 있다. 종묘는 북한산에서 내려온 지맥에 자리 잡았다. 지맥은 응봉鷹峰을 지나 종묘에까지 뻗었다. 종묘는 창건 당시 도성에서 바라보면 감방坎方에 자리한 응봉에서 출발한다. 주산인 응봉에서 주맥을 이어받아 내려온 것이다. 종묘는 임좌병향壬坐丙向으로 지어졌으며 같은 주산을 이어받은 창덕궁昌德宮과는 언덕으로 이어져 있었다.

종묘는 풍수사들의 눈에 따라, 학습에 따라 지형을 달리 판단할 수 있다. 이 글을 쓰는 지금 성보는 종묘의 터를 와혈窩穴이라 분석한다. 와혈은 반드시 횡룡橫龍으로 입수入首에 이르는 특징이 있다.

완벽한 와혈이 이루어지려면 좌우로 소의 뿔 모양으로 우각사牛角砂가 있어야 한다. 달리 내청룡과 내백호라고 불러야 하는 사격이다. 그런데 당시 종묘가 자리한 양옆의 산이 지나치게 낮았다. 좌청룡과 우백호가 지나치게 낮으면 바람이 들어온다. 풍수지리에서 바람이 스며드는 것은 매우 불합리하다고 보았으므로 대책이 필요했다. 풍수사들이 이와 같은 이치를 모를 리 없었다.

그 판단은 어렵지 않았다. 바람이 들어오지 않도록 바람을 차단해야 했다. 장풍藏風이 중요했는데 장풍은 풍수지리의 근본이념이자 가장 중요한 기본 이론이다. 바람을 막으려면 바람을 차단하는 구조를 만들어야 하는데 이것이 바로 비보풍수다. 조선 왕실은 종묘를 야트막한 구릉으로 둘러쌈으로써 바람을 막고자 했다. 내부의 기운이 흐트러지지 않게 해야 했으며 사방으로 둘러싼 구릉 안에 아늑한 기운이 깃들도록 풍수적 이법을 적용해야 했다.

남쪽의 허虛한 부분이 문제였는데, 나무를 심거나 산의 높이를 조정하는 방법이 있었다. 이 중 산을 높이는 방법이 가장 효율적이었으므로 인공으로 가산을 조성하여 보補하도록 했다. 이것을 풍수지리에서는 가산비보假山裨補 또는 조산풍수造山風水라고 한다.

가산비보는 반복적으로 이루어졌다. 가산비보는 이미 이전에도 시행된 적이 있었다. 태조 7년(1398)에 이미 일차적으로 조성된 것이다. 태조는 재위 7년에 종묘를 살핀 뒤 음택陰宅인 신궁은 혈장穴場이 꽉 짜여 좁은 곳이 명당이라는 풍수의 원리에 따라 지세가 약한 종묘 앞의 산줄기 끝에 조산造山을 하도록 명령했다.

태종 9년(1409)에 종묘를 보호하기 위한 가산비보는 남쪽에 다시 조성되었다. 태종은 태조가 이미 시행했던 가산비보에 더욱 증축하도록 함으로써 종묘에 아늑하게 감싸이는 장풍의 기운을 보존토록 하였다. 아울러 안산인 남산 방향이 약간 열린 지세를 이루었기 때문에 연지蓮池를 조성하여 계수즉지界水則止의 이치에 따라 수구막이를 조성했다.

이러한 여러 비보풍수에도 불구하고 종묘의 지맥이 지속적으로 손상받은 것은 사실로 보인다. 임진왜란 당시 일본인들은 종묘의 지맥에 손상을 입히기 위해 참호를 판 것으로 조사되었다. 또 일본의 35년 강제점령 기간에도 일본인은 창덕궁과 종묘 사이에 깊이 6m에 이르는 도로를 개설하여 지맥에 손상을 입히려고 수작을 부렸다.

이 땅을 강제점령한 일본인은 창덕궁 돈화문敦化門 앞에서 지맥을 절개하였다. 이를 통해 이화동 쪽으로 도로를 개설하였는데 이는 종묘로 인입하는

창덕궁과 종묘 사이의 도로

일제는 조선의 맥을 훼손할 목적으로 창덕궁과 종묘 사이에 도로를 냈다. 이는 응봉에서 이어지는 맥이 창덕궁을 거쳐 종묘로 인입되므로 그 맥을 끊고자 하는 의도로 파악할 수밖에 없다.

맥을 끊고자 한 것이다. 표면적으로 종묘의 주산인 응봉에서 이어져 내려오던 주맥이 잘린 것으로 보인다. 그러나 일본인이 저지른 이 만행이 종묘에 어떤 영향을 미쳤는지는 알 수 없다. 많은 풍수학인은 일본인의 이 만행이 종묘로 인입하는 맥을 끊지는 못했을 것이라고 주장한다.

종묘 공원 위치

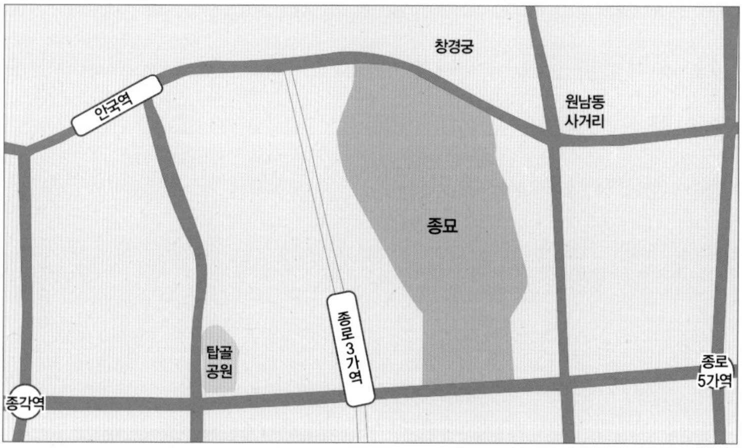

지하철 1호선과 3호선 종로3가역에서 내리면 곧 종묘 공원이다.

해변의 나무를 보고 문득 발을 멈추었다

여행의 묘미는 낯선 곳을 찾아가는 것이다. 처음 가는 곳, 익숙하지 않은 곳을 마주하는 매력이다. 그럼 매력 넘치는 어딘가로 떠나보자.

경상남도 남해군南海郡에 자리한 삼동면 물건리를 찾았다. 이미 오래전에 몇 번인가 여행을 왔던 곳이다. 그럼에도 기회가 되면 또다시 찾아오고 싶은 곳이다. 그리고 언젠가는 또다시 올 곳이다. 이곳에 유명한 명소가 두 곳 있다. 그중 하나가 독일마을이라는 곳이다.

독일마을은 꽤나 유명해서 많은 사람이 관광을 목적으로 모여든다고 한다. 무척 아름다운 곳이지만 뼈를 저미는 아픔도 느껴지는 곳이다. 이곳에는 독일에서 돌아온 교포들이 모여 산다. 하지만 이곳에 사는 사람들은 막연하게 외국에 살다온 이들이 아니다. 그들에게는 이 땅을 떠났던 뼈 시린 아픔이 있다.

우리나라는 1960년대에 산업역군으로 독일에 광부鑛夫와 간호사看護師들을 대거 파견한 적이 있다. 그들이 외국에서 벌어들인 재화가 우리의 산업

근대화에 많은 도움이 되었다. 그들은 독일에 파견되어 오래도록 조국인 한국의 경제발전에 기여한 공로가 있다. 많은 세월이 흐른 뒤 그들이 다시 한국에 돌아오고 싶어 했다.

국가가 그들을 위해 어떤 역할을 한 것은 매우 잘한 일이라 생각한다. 독일에 거주하던 교포들이 다시 돌아와 한국에 정착할 수 있도록 삶의 터전으로 제공해준 곳이 바로 독일마을이다. 독일이라는 이국문화異國文化를 경험할 수 있는 관광지로 2001년부터 조성했다. 지금은 관광지가 되어 많은 사람이 몰려오고 해마다 10월 중순경에는 맥주 축제도 열린다.

경상남도 남해군은 이곳을 개발하는 데 사업비로 당시 기준으로 약 30억원을 들였다고 한다. 건축물 40여 동을 지을 수 있는 택지를 독일에서 온 교포들에게 분양했다. 경상남도는 도로와 상하수도 등 기반시설을 마련해주었다. 우리에게는 그들에게 고마움을 느껴야 하는 의무가 있으니 참으로 잘한 결정이라 생각한다.

두 번째로 유명한 곳은 방조어부림防潮魚付林이다. 독일마을에서 내려다보이는 물건리에 방조어부림이 있다. 독일마을의 역사가 20여 년 정도 되었다면 방조어부림은 짧게는 300년 정도 되었다. 혹자는 500년 역사라고 하는데 정확히는 알 수 없다. 그러나 이 숲이 오래된 역사의 산물임은 분명하다. 태풍이나 해일을 막으려고 인공으로 조성한 숲이지만 왜구 방어 목적 등 그 밖에도 많은 이유가 있었을 것이다.

방조어부림을 걷는데 멀리서 파도 소리가 들려왔다. 방조防潮는 파도를 막는다는 뜻이고 어부漁付는 고기를 끌어당긴다는 의미다. 천연기념물로 지정된 이 숲은 인공으로 이루어진 나무 군락이다. 이름으로 보아 물고기 잡이에 도움이 되는 숲이다. 또 바람이나 파도를 막는 역할도 부여된 숲이다.

이 숲은 단순히 관광용이 아니다. 사람의 삶에서 차지하는 역할이 매우 큰 숲이다. 그래서 남해군에서 꾸준히 관리하고 있다. 우리는 풍수림風水林이라는 말을 한다. 풍수적으로 필요해서 심은 나무들이다. 달리 비보림裨補林이라고도 한다. 비보풍수를 위해 조성한 숲이다. 비보풍수의 목적, 즉 약한 기를 보호하고 보충하기 위해 심은 나무로 이루어진 숲이다.

해변을 따라 심어진 나무로 이루어진 숲은 아주 넓고 길다. 한 그루의 띠로 된 숲이 아니라 일정한 폭이 있는 나무숲이다. 해변은 초승달 모양이라서 마치 영어의 'C'자 같다. 말발굽처럼 굽은 모양 혹은 터키 국기에 그려진 달 모양이다. 우리는 이를 초승달이라고 한다. 혹은 상현달이나 하현달이라고 표현하는데 차오르는 달 모양이다.

나무 사이로 보이는 해변은 모래가 아니라 몽돌로 이루어져 있다. 이런 해안을 몽돌해안이라고 하는데 언젠가 보길도甫吉島의 예성리 해변에서도 본 적이 있다. 돌에 반사된 햇빛이 반짝거리며 눈 안 가득 차오른다. 잎이 무성한 여름에는 그야말로 산책하기에 그만이다. 낙엽이 진 겨울을 빼면 항시 푸르다. 숲으로 들어서면 참 포근한 느낌이 든다. 문득 뒤로 돌아보면 독일마을이 한눈 가득 들어온다. 독일마을에서도 이 마을과 숲이 눈에 들어온다. 고개를 돌려 독일마을을 바라보니 언덕을 따라 집들이 지어져 있는데 붉은색 계열 지붕이 유난히 눈길을 잡는다.

이 숲은 자연림이 아니라 인간이 만들었다. 약 300년 전 바람과 파도를 막고 녹색을 좋아하는 고기의 습성을 이용하여 고기를 부르려는 목적으로 심어졌다고 한다. 방조림 앞으로는 차가 다닐 정도의 도로가 이어져 있어 차로 이동하며 살필 수도 있지만 걸어가며 살피는 것이 가장 이상적이다.

눈을 들어 이곳저곳을 살피면 해변의 끝, 그러니까 마을에서 살피면 오른쪽 끝에 해당하는 방조림 끝에는 규모가 작지만 아름다운 물건항勿巾港이 자리하고 있다. 그곳에는 요트학교가 있고 그 옆으로 계류장이 있다.

숲 중앙으로 깔린 나무데크를 따라 걷는데 거목들이 자라 푸른 잎을 펼치고 있어 숲속으로 들어가면 하늘을 살피기도 어렵다. 숲속으로는 편안한 느낌이 드는 나무데크를 만들어놓아 걸어 다니며 숲을 산책하거나 나들이하기에 그만이다. 직접 걸어보지 않고 만나지 않고 무슨 말이 필요하랴.

방조어부림이니 고기를 잡기 위한 숲, 그리고 바람과 조수를 방어하기 위한 숲이다. 애초에 어부들은 숲을 방조어유림防潮魚游林이라 불렀는데 언제부터인가 방조어부림으로 고쳐졌다고 한다. 다른 말로는 마을 숲이라는 의미가 있다고 한다. 우리 선조들의 지혜를 느낄 수 있는 현장으로, 막연한 나무숲이 아니다. 이 숲에 왜구倭寇를 방어防禦할 목적이 있었다니 어쩐지 화가 난다.

이 숲에는 마을이 왜적들 눈에 보이지 않게 하려는 목적도 있었다고 한다. 그 옛날 왜인倭人들이 얼마나 자주 이 해안을 공격하고 노략질했는지 보지 않아도 이해가 간다. 그래서 이런 방어를 위한 숲도 만들었다는 것인가! 눈에 띄지 않게 하려는 숲이다. 왜인들은 여전히 옛날 습성을 버리지 못했던 모양이다. 임진왜란壬辰倭亂 그리고 35년간 강제점령이 있었다.

지금도 그들은 자신들의 잘못을 모른다. 아니 인정하지 않는다. 그들은 인간성 자체가 창피를 모르는 사람들인 것 같다. 우리가 약해서일까? 그들은 세계적인 철면피鐵面皮다. 그러면서도 예의바른 민족인 것처럼 행동한다. 그러나 그들에게는 약자를 깔아뭉개는 속성이 있다. 그들의 민족성은 약자에게 강한 속성이 두드러지는 것 같다. 다른 사람에게 상처를 주고도 알아채지 못하는 인간성이다. 그들을 이기려면 그들보다 강해지고 잘살아야 한다.

이 숲을 일러 풍수적으로는 비보숲이라고 한다. 나무가 마을의 허한 곳을 보충하는 방법으로 사용되었다. 마을의 부족한 기를 보완하는 역할을 수행하는 나무숲이다. 비보는 허한 곳을 보충하는 풍수적 기법이다.

물이 밀려오자 자갈이 구르는 소리가 요란한데 어쩐지 하프 소리 같다. 모래가 많은 해변(sand beach)은 산성酸性이 높다고 한다. 산성이 높은 해변에는 소나무나 아까시나무가 잘 자란다. 그와 비교하여 조약돌 해변(shingle beach)에서는 소나무보다 느티나무나 팽나무가 잘 자란다.

이 숲에는 다양한 나무와 식물들이 산다. 대표적으로 이팝나무, 푸조나무, 팽나무, 무환자나무, 길마가지나무, 모감주나무, 느티나무 등 100여 종에 달하는 수종에 1만여 그루에 이르는 나무가 있다. 우리는 이런 경우 다양한 표현을 하는데 '오지다'도 그중 하나다. '푸짐하다'는 표현도 가능하다. 때로는 '어마어마하다, 푸지다'처럼 지나친 표현도 한다. 어쨌든 이런 말들이 무색하지 않은 인공적인 숲이다. 내막을 모르는 사람에게는 자연 숲으로 보일 것이다.

울울창창한 거목들은 혼자 자라지 않는다. 많은 부하를 거느리듯 주변에 작은 나무들이 자라고 줄기가 넝쿨처럼 보이는 송악은 키가 큰 나무를 타고 오른다. 언젠가 선운사 앞의 바위에서 송악을 본 기억이 난다. 나팔 같은 꽃을 피운 현호색도 자태를 자랑했다. 현호색은 군락을 이루어 마치 주단을 펼친 듯하다.

늘씬하게 자란 어떤 나무는 나팔 모양의 보라색 꽃을 매달고 있다. 무환자나무라고 하는데 어딘지 모르게 눈에 익다. 느티나무가 굵은 밑동을 자랑하고 그 사이에 길마가지나무가 자랐는데 사람 키보다 조금 크다. 황해도 지방에 많다고 알고 있는데 남해안에도 있는 모양이다. 그 너머로 이팝나무가 자태를 뽐낸다. 이 나무도 봄을 기다려 흰 꽃을 피울 것이다. 푸조나무는 왜 그런 이름이 붙었는지 모르겠다. 이 나무들이 숲을 이루어 나를 유혹한다. 광대나물은 멀리서도 알 것 같다. 진분홍으로 핀 꽃이 꼭 내 고향 산골짜기의 철쭉 같다.

나무가 자란 숲의 가장자리 부분을 가득 메운 등대풀이 유혹의 시선을 던지는데 그 모습이 어쩐지 어린 시절 고향 뒷집에서 살던 아가씨 같다. 내 고향은 아주 깊은 산골이다. 마을이라고 해봐야 겨우 열 집 남짓이었는데 이름도 기억나지 않는 뒷집의 그 꼬마 아가씨는 나를 볼 때마다 볼을 빨갛게 물들이며 도망치곤 했다. 왜 그 꼬마 아가씨가 생각나는지 모르겠다.

눈을 돌려 바라보니 건너편 방파제가 유난히 길고 만灣이 안전하게 형성되어 어선이 피하기가 좋은 곳일 듯한데 어선은 보이지 않았다. 어부들이 방조어부림 앞으로 몰려와 고기 잡는 모습을 보았으면 하는 아쉬움이 있었다.

'끼룩' 하는 갈매기 소리를 들으니 오래전 일이 생각났다. 고등학교 시절 시인詩人이셨던 국어 선생님이 바다의 새를 주제로 시를 지으라고 한 적이 있다. 그때 나는 갈매기를 주제로 시를 썼다. 그런데 갈매기를 반복적으로 '갈메기'라고 썼다. 선생님은 갈매기 맞춤법도 모른다며 몇 번인가 면박을 주었다. 지금이야 갈매기라고 정확하게 쓰지만 그 당시는 맞춤법도 틀렸던 모양이다. 갈매기를 볼 때마다 그 생각이 난다.

갈매기가 다가왔다가 다시 멀어지더니 점차 숫자가 많아지면서 울음소리가 요란하다. 갈매기는 도요목과의 갈매기아목 갈매기과에 속하는 새로 60여 종이 있다고 한다. 사실 눈으로 보이는 것은 모두 같은 갈매기가 아닌가! 검은머리갈매기, 재갈매기, 큰재갈매기, 괭이갈매기, 제비갈매기 등이 모두 갈매기에 속한다. 내가 아는 가장 흔한 갈매기는 괭이갈매기다. 철썩이는 파도에 바다의 조수潮水를 생각해 보았지만 남해안의 조수는 어떤지 모르겠다. 서해안 정도만 되었어도 아는 척했을 텐데. 남해안의 조수는 경험 부족으로 알 수 없는데도 어쩐지 파도가 익숙하다는 느낌이 든다.

바닷물이 부딪치는 곳에는 보통 방조제가 있다. 방조제는 바닷가 앞에 부락을 이룬 마을의 방어막이다. 작은 어항이라고 해도 방조제는 꼭 있다. 돌로 쌓은 방조제도 있지만 시멘트로 만든 방조제가 더 많다. 방조제는 보통 해안에서 좀 떨어져 있다. 시멘트로 만든 인공적인 돌이 자리를 점하고 있다. 그런데 이곳에는 해안선을 따라 나무를 심어 만든 방조제가 있다. 바로 물건리방조어부림이다.

지금까지 내가 본 풍수림은 대부분 수난을 겪으면서도 살아남았다. 지금은 없어진 풍수림도 적지 않은데 물건리방조림도 한때 숲의 한 귀퉁이가 잘려나가는 수난을 당했다. 이곳에 전해 내려오는 전설이 이를 말해준다. 사실인지 알 수 없으나 전주 이씨全州李氏 무림군茂林君의 후손이 이곳에 정착했다고 한다.

전설에 따르면, 방풍림을 조성한 사람은 무림군의 후손인데 19세기 말쯤 무림군의 후손이 이 숲에서 나무를 베어냈다고 한다. 그 후 큰 태풍이 몰려와 피해를 많이 보았다고 한다. 아마 방조림의 역할을 생생하게 체험했을 것이다. 태풍에 혼난 다음부터 더는 숲을 건드리지 않았다고 한다.

일제강점기 말엽 일본인이 목총을 만들기 위해 이 숲에서 느티나무 일곱 그루를 자르려 했다고 한다. 참으로 안타까운 일이 벌어질 뻔했는데 마을 사람들이 목숨을 걸고 나섰다. 숲을 없애겠다면 차라리 우리를 죽여라! 결국 숲은 보호될 수 있었다.

숲을 통과한 뒤 돌아보니 걸어온 거리가 제법 길었다. 어림짐작으로도 1km는 넘을 듯싶었다. 폭은 대략 30m 정도 되지 않았을까? 물건리방조어부림은 남해 12경으로 알려졌고 10경으로 정해졌다. 바닷가를 따라 초승달 모양으로 길이는 1,500m에 이르고 너비는 약 30m에 이른다. 길게 이어진 숲이 무려 2만 3,438m나 된다. 이 숲은 개인 소유가 아니라 부락민들 공동 소유로 되어 있다.

나무그루 사이로 나무로 만든 데크 산책길이 있어 산책하기에 좋은데 한여름에 이곳을 걷는 것만으로도 행복감을 느낄 수 있을 것 같다. 불어오는 바닷바람과 서늘한 나무그늘에 자연적으로 한여름을 이겨내는 피서가 될 것 같다.

이 숲은 다시 보아도 바닷가의 비보풍수림이다. 마을의 기가 흘러나가지 않게 보호하고 바람을 막은 풍수림이다. 태풍을 방어하고 몰려오는 바닷바람을 막는 방풍림이다. 물고기를 불러 모으는 어부림이다. 살기를 막는 방어벽이다. 왜인들의 눈을 피하기 위한 숲이다. 영원히 보호하고 지켜야 할 우리의 화려한 유산이다.

물건리방조어부림 찾아가는 길

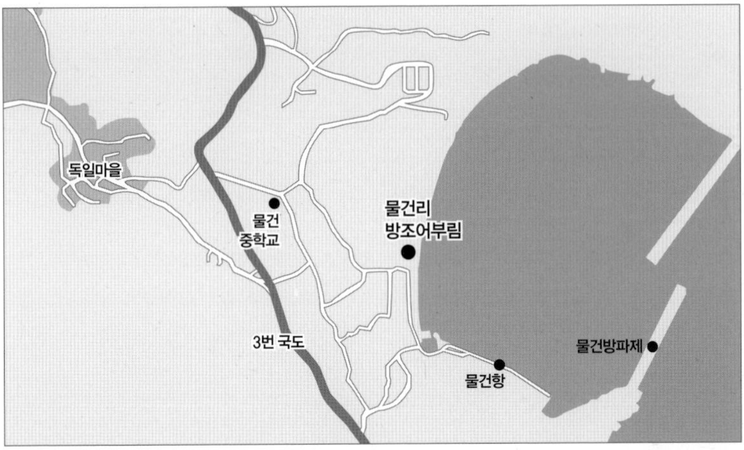

남해군 삼동면 물건리에 있다. 상주리 석각이 있는 두모포삼거리에서 상주·미조로 난 19번 국도를 따라 10km 가면 길 왼쪽에 쌍용송정주유소가 있는 초전삼거리가 나온다. 초전삼거리에서 왼쪽 창선면으로 난 3번 국도를 따라 11.3km를 가면 길 오른쪽에 물건중학교와 함께 물건리 마을길이 나온다. 마을길을 따라 600m 가면 물건리방조어부림 앞 주차장에 닿는다. 물건리에는 음식점과 민박이 몇 곳 있다. 물건리 입구에서 앞으로 계속 난 3번 국도를 따라 7.4km를 가면 삼동 면소재지인 지족리 지족삼거리에 닿는다. 지족삼거리에서 오른쪽 창선면으로 난 3번 국도로 접어들면 바로 창선교가 나오는데 창선교 좌우 바다에 죽방렴이 있다. 남해읍 공용버스터미널에서 지족리를 거쳐 물건리로 다니는 버스가 약 1시간 간격으로 있다. 물건리로 접근하는 3번 도로와 깊숙하게 만으로 들어온 포구, 튀어나온 두 지각에 잇대어진 물건방파제가 있고 그 안쪽에 물건리방조어부림이 있다.

부도가 그곳에 서 있는 까닭은

풍수지리를 배우는 사람에게 반드시 필요한 과정은 관산이다. 관산이란 현장을 찾아 공부하는 행위다. 이러한 과정을 관산觀山이라고 적어야 옳다는 주장이 있고, 간산看山이라는 단어를 사용해야 옳다는 주장이 있다. 조금 모호하지만 성보는 관산이 옳다고 생각한다. 관觀은 자세히 보는 행위이자 깊숙이 보는 행위이고 내면을 보는 행위이다. 세밀하게 살피는 과정이다. 간看은 멀리 보는 것이다. 이마에 손을 얹고 바라보는 것이니 멀리 보는 방법이다. 명당을 찾고 산을 찾아 살피며 혈을 찾는데 멀리서 살필 일은 아니다.

성보는 스스로 풍수연구가라고 생각한다. 학교에서 강의를 하기도 하고 지방의 각종 학습센터나 기업에서 강의를 하지만 마음은 향리鄕里의 풍수사다. 향리의 풍수사라는 개념은 어느 지역의 풍수를 더 깊이 파악한다는 의미다. 풍수 공부를 하기 위해서는 반드시 관산이 필요하다. 깊이 보는 연습, 자세히 보는 연습, 세심하게 보는 연습이 필요하다. 그래서 관산이라고 한다.

성보가 지도하는 학습자들은 한 달에 한 번 정도 관산을 한다. 실내에서 배우고 익힌 학습 성과를 현장에 나가 체험으로 증명하고 습득한다. 관산을 하는 장소는 아주 다양하다. 묘가 있는 산은 물론이고 궁궐과 고택古宅, 각종 고건축古建築이 모두 관산 대상이다. 사찰寺刹이나 탑, 다리, 나무와 연못도 관산 대상이다.

관산 대상은 무수히 많다. 따라서 각기 다른 곳을 찾아 학습하는 관산을 하지만 때로는 같은 곳을 여러 번 가기도 한다. 이 경우 해당하는 곳은 풍수적으로 여러 번에 걸쳐 학습할 가치가 있는 곳이다.

관산 장소로 회암사지檜巖寺址8)를 택한 것은 사실 이곳에 무학대사無學大師의 부도탑이 있기 때문이다. 부도탑은 승려의 사리나 유골을 안치한 묘탑

양주 회암사지

3만 9,669m²(1만 2,000평 정도)의 넓은 사역(寺域)이 조선시대에 회암사지의 입지를 말해주는 듯하다. 건물의 배치나 구조가 왕궁의 특이성을 닮았다.

8) 경기도 양주시 회암동에 있는 고려~조선시대의 절터. 고려시대에 창건되어 고려 말기부터 조선 중기까지 왕실과 밀접한 관계를 유지하면서 당대 최고의 장인들이 동원되어 전국 최대 규모의 가람으로 조영되었다(한국학중앙연구원, 《한국민족문화대백과》 참조).

墓塔이다. 부두浮頭나 포도蒲圖, 불도佛圖와 같은 이름으로 불리거나 표기되는데 탑塔과는 다른 것이다.

보통 승려의 사리를 모시는 구조를 지니는데 우리나라에서는 부도라고 일반화된 이름으로 불린다. 원래는 불타佛陀와 같이 붓다(Buddha)를 번역한 것이라 하지만 명확한 것인지는 알 수 없다. 달리 솔도파率堵婆(stupa)라고도 한다. 아마도 이 말이 어울리는 답이 될 듯하다. 달리 탑파塔婆의 전음轉音이라고도 한다. 탑파가 탑으로 전이되었다는 의견도 있다.

부도의 어원으로 본다면 불타가 곧 부도이므로 외형적으로 나타난 불상이나 불탑이 바로 부도이며, 더 나아가 승려들까지도 부도라 부르기도 한다. 우리나라에서 묘탑, 즉 부도라는 용어로 승려의 사리탑을 가리키는 사례는 신라 하대부터 보인다. 872년(경문왕 12)에 건립된 대안사적인선사조륜청정탑비大安寺寂忍禪師照輪淸淨塔碑의 비문 중 '기석부도지지起石浮屠之地'라는 구절은 승려의 묘탑이 곧 부도라고 일컬어졌음을 말해준다.[9]

지금의 회암사는 역사가 그리 오래된 사찰이 아니다. 애초에 회암사는 고려시대에 번성하고 조선시대 중기까지 이어지던 대찰大刹이었다. 새로 지은 회암사에 오르기 전 초입에 넓은 공간이 있고 사지가 남아 있다. 양반임을 자처하는 무리가 불을 지르기 전에는 조선 초기에 가장 융성했던 사찰이다.

사찰 이름은 여러 가지 사실을 말해준다. 회암사檜巖寺라는 이름에서 과거 이 산에 전나무가 많았을 것이라는 유추가 가능하다. 회암사의 이름인 회檜는 전나무, 노송老松나무를 의미한다. 노송나무는 편백이나 측백나뭇과의 상록교목인데 이곳 기온에는 맞지 않을 테니 회암사 이름에서 나타나는 것

9) 한국학중앙연구원, 《한국민족문화대백과》 참조.

은 전나무일 것이다. 관 위의 장식裝飾이나 나라의 이름이라는 의미가 있지만 사찰 이름에서 그러한 것을 찾기는 어렵다. 따라서 전나무라 생각한다.

회암사의 암巖은 바위를 나타내지만 다른 의미도 있다. 암巖은 바위, 언덕, 벼랑이라는 의미도 있지만 굴窟, 석굴石窟, 낭떠러지라는 의미가 있고 형상적으로는 가파르다, 험하다, 높다는 의미도 있다. 여러 가지 의미를 복합하면 회암사는 전나무가 자라고 가파른 바위가 많은 산 아래 지은 절이라는 의미가 된다.

이곳이 조선 건국과 관계있는 무학대사의 전설이 서린 그 유서 깊은 회암사지다. 지금은 3만 9,669m^{2}의 터와 기단으로 이루어진 공간, 당간지주幢竿支柱와 괘불을 받치던 괘불대掛佛臺, 여러 기의 정료대庭燎臺와 당우堂宇의 흔적만 남아 있다. 이곳이 특이한 것은, 경기도 유형문화재 제52호로 지정된 양주 회암사지 부도탑楊州檜巖寺址浮屠塔이 자태를 자랑하고 있다는 것 정도가 아닐까?

회암사지를 둘러보며 점차 위로 올라간다. 기단基壇으로 이어지는 부지가 전형적인 산지사찰 모습임을 알 수 있다. 평지로 보이지만 전형적인 산지형사찰山地形寺刹의 모습이다. 가장 높은 위쪽에 올라가면 그 옛날 상왕上王 신분이던 태조 이성계가 찾아올 때마다 머물던 정전正殿의 터가 있고 그 오른쪽으로 대단히 큰 부도탑이 보인다.

통일신라와 고려의 제작기법을 계승한 회암사지 부도탑은 규모가 대단히 크다. 승려의 유골이나 사리를 모시기 위하여 건립된 부도浮屠 양식을 유지했지만 조선시대 만들어진 부도탑으로 보인다. 혹자는 부도라고 하고 누군가는 부도탑이라고 부르는 것으로 보아 부도에는 탑의 의미도 있는 것 같다.

여러 이름으로 불렸지만 조선시대부터는 부도라는 이름만 사용된 것이 아닌가 한다. 부도가 반드시 승려의 유물은 아니다. 일반적으로 승려의 사리를 모시는 조형물로 이용되었지만 재가신자의 사리나 유골도 봉안한 것으로 보인다.

회암사지 부도탑은 이미 퇴락하여 절을 의미하는 당우堂宇는 하나도 없는 회암사지에 있다. 절터 중심에서 많이 벗어난 외곽에 자리하는 것이 특징이다. 방향으로 보아서는 사역寺域의 북북동에 해당한다. 사역 중심에서 북쪽으로 집수정 바로 아래편에 있다. 집수정이 있다는 것은 물을 모으는 시설이 있었다는 말이다. 이곳에 어떤 물이 모였을까?

양주 회암사지 부도

회암사지는 평평하고 안정된 양기지로 보이나 사실은 약간 안으로 굽은 형태의 계곡성 입지다. 넓은 면적에 사역을 정하다보니 산지형 사찰에서는 필연적으로 나타나는 현상이다. 이러한 지형에서는 반드시 골짜기가 생기고 골을 따라 바람이 불어온다. 이 부도는 골바람이 불어오는 계곡 앞에 놓여 있는 사탑비보의 전형이다.

이 부도탑은 조선시대 부도 양식으로 건립된 사리탑 가운데 규모가 가장 크다고 한다. 이처럼 큰 부도탑은 이곳 말고는 어디에서도 본 적이 없다. 일부 파손과 마모가 일어났다고 하지만 언뜻 보아서는 파손이나 형체 변형이 드러나지 않는다. 결실된 부재가 없어 온전하게 보인다. 이 부도는 다른 부도와 그다지 다르지 않아서 기단부基壇部, 탑신부塔身部, 상륜부相輪部로 구성되어 있다.

자세히 살펴보면 부도탑이 생각보다 화려하다. 기단부의 각 층 대석에 표현된 문양과 표현기법들이 일반 사찰이나 절에서는 볼 수 없는 특이함이 있다. 이를 두고 궁궐이나 왕릉에 활용된 석물들과 닮았다는 연구 결과가 있

가까이서 본 회암사지 부도

부도의 규모가 매우 거대하며 지금까지 알려진 어느 고승의 부도보다 큰데, 크다는 데는 여러 가지 의미가 있다. 회암사지 부도에 어느 고승의 사리를 모셨는지는 정확하지 않지만 고승의 원력으로 계곡의 살기를 막으려 한 것은 분명해 보인다.

다. 혹시 이것이 왕과 관련이 있거나 왕실과 관련이 있는 사람이나 승려의 부도가 아닐까?

이 정도 부도라면 고승의 부도일 가능성이 높다. 일설에는 승려 허응당 보우普雨의 부도라고 알려져 있지만 1472년(성종 8) 회암사를 중창할 때 사찰을 일신한 처안의 공적을 기린 부도탑이라는 설이 가장 유력하다. 처안은 1472년 회암사를 크게 중창한 승려이다. 게다가 허응당 보우대사는 유배지인 제주에서 살해되었으므로 처안대사의 부도라는 설이 더 유력하다.

부도 위치가 이 부도의 의미를 달리 생각하게 한다. 부도가 왜 집수정集水井 뒤에 자리했을까? 왜 집수정을 두어 물을 모았는가? 물이 흐르기 때문에 물을 모은 건 아닌가?

부도 위치가 옮겨진 것으로는 보이지 않는다. 부도는 작은 계곡 앞에 자리하는데 애초부터 그곳에 있었을 것이다. 주변의 산은 모두 흙으로 이루어진 육산肉山이다. 이 절터는 언뜻 보면 벌판 같고 넓은 공간이지만 자세히 살피고 물의 흐름을 보면 계곡의 형상을 지녔다. 그래서 절터로 물이 흐르는 물줄기가 있고 물을 모으는 집수시설이 있었다.

이곳 회암사지에서 물이 흐르는 곳은 세 곳이다. 신경 써서 살피지 않으면 눈에 잘 보이지 않지만 골짜기가 세 개 있는 셈이다. 이 세 골짜기 중 가장 날카롭고 긴 골짜기 앞에 회암사지 부도탑이 자리한다.

부도탑 뒤의 계곡溪谷은 눈으로 보이는 것보다 길고 험하다. 마치 칼날처럼 깊고 날카로운 골로 이루어져 소나기라도 온다면 강한 물줄기가 소리를 내며 흘러내려 덮칠 것이다. 언젠가 비가 오는 날 이곳을 찾았는데 긴 계곡에서 내려오는 물의 소리가 제법 컸다.

부도탑은 이 계곡 앞을 막아서고 있다. 더욱 두려운 것은 이 절터 부근이 모두 흙으로 이루어진 산으로 둘러싸여 있는데, 이곳에는 유난히 눈에 보이는 무언가가 있다는 것이다. 그것은 매우 큰 바위다. 부도탑이 자리한 계곡 입구에서 50m 정도 올라가지 않은 거리에 탁하고 날카로운 바위가 병풍屛風처럼 둘러쳐져 있다. 이곳 어디에도 없는 바위가 강한 살기殺氣를 드러내고 있다.

부도는 계곡에서 몰아오는 물의 기운을 막고 바위의 살기를 방어하는 목적으로 배치되었을 것이다. 회암사지 주변은 모두 부드러운 육산인데 이곳에서만 살기가 느껴지므로 반드시 비보풍수가 필요한 지형이다. 이곳에 머무는 승려들이 풍수를 이용했다는 것은 의심할 여지가 없다. 그들에게는 살기를 방어할 비보풍수가 필요했다. 결국 고승의 사리를 안치한 부도탑의 원력으로 살기를 방어하고자 했을 것이다.

단순히 방어하는 것으로 그치지 않았을 수도 있다. 고승의 강한 원력이 있을 것으로 보이는 사리를 배치함으로써 살기를 억압하고자 했을 가능성을 배제할 수 없다. 이는 진압풍수鎭壓風水의 일환으로 사용되었을 가능성을 보여준다.

역사가 오래된 불교는 신라시대 이후 비보풍수를 등에 업고 포교하였으며 승려들이 풍수 전문가로 활동하였을 개연성이 높다. 그들에게 살기를 방어하는 비보풍수와 진압풍수는 당면 과제였을 것이다. 살기가 있는 곳에 비보하는 것은 풍수의 가장 중요한 활용에 속한다. 불교에서 탑이나 부도를 이용하여 비보하는 것은 흔한 방법이다. 근본적으로 비보용으로 지은 사찰이 있을 정도니 고승의 부도는 당연히 비보풍수의 용도로 쓰였을 터이다.

양주 회암사지 부도탑 위치

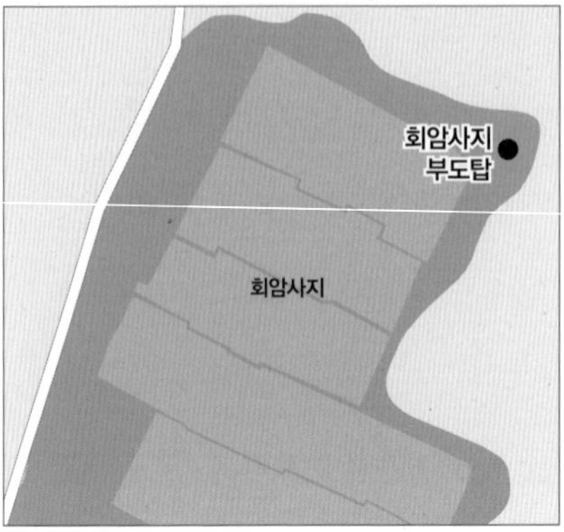

회암사지 부도탑은 회암사지 북동방에 자리하고 있다. 이 지역은 사지의 가장 상층에 해당하며 오른쪽으로 계곡이 길게 이어지고 바위가 드러나 있다.

양주 회암사지 부도탑 찾아가는 길

과거에는 조금 외진 곳이라 접근하기 어려웠으나 지금은 세종포천고속도로가 연결되어 있어 옥정나들목을 나서서 좌회전하면 바로 만날 수 있다.

그 돌이 진정 돌부처인가

길을 따라 모퉁이를 돌았지만 오랜만에 오는 길이라 자꾸 헷갈렸다. 관광버스에 달린 내비게이션에 주소를 입력했지만 이상하게 마음에 들지 않았다. 기억이 없는 길을 가리켰기 때문이다. 성보는 스스로 머리가 좋다고 여기지는 않지만 한번 간 길을 잊는 경우는 없다.

능촌리 석불陵村里石佛은 오래전에 와서 보았다. 처음 오는 길이라면 아무 생각 없이 따라가겠지만 다행히도 나는 길눈이 밝다. 기억력이 그렇게 좋은 편은 아닌데 과거에 왔던 묘역墓域이나 문화재는 기가 막히게 찾아가는 습성이 있다. 이러한 재능이 풍수공부를 하는 데는 도움이 많이 된다. 분명 모든 자료에 능촌리 석불의 위치가 충북 괴산군 괴산읍 능촌로 182나 182-1이라고 적혀 있다. 그런데 성보풍수명리학회 일행이 탄 버스의 내비게이션은 엉뚱한 곳을 가리켰다.

아무래도 방향이 생각과 달라서 능촌리 마을에 들어서자 버스를 세우고 마을 어르신에게 능촌리 석불을 보려면 어디로 가야 하는지 물었다. 어르신은 내비게이션이 가리킨 것과 반대방향을 가리켰다. 그래도 확인이 필요했다.

“그 석불이 돌주골 고개 입구에 있는 것 맞지요?”

“그럼요. 하담 선생 신도비 방향이지요.”

오래전 기억이기는 하지만 능촌리 석불이 있는 곳 부근에는 안동 김씨安東金氏 묘역이 있고 그 아래 길가에는 조선 인조 때 명신인 하담荷潭 김시양金時讓 선생의 신도비10)가 있다. 그렇다면 마을 어르신이 가리킨 방향이 틀림없었다. 만약 찾기 어려우면 마을에서 하담 김시양 신도비 방향을 물으면 찾기가 어렵지 않다.

과연 내가 생각했던 대로 마을에서 200m 정도 가기 전에 오른쪽 길가에 그다지 커 보이지 않는 제각이 하나 있는데 그 앞으로 능촌리 석불이 서 있다. 마을 뒤편에 서 있는 이 석불은 고개 입구에 있고 뒤쪽 산으로는 계단이 있다. 이 계단을 오르면 하담 김시양 선생의 묘역과 그 후손들의 묘역이 있다. 이 석불에서 마을을 지나 앞쪽 개울까지 거리는 170m 정도다.

능촌리 석불은 예전과 다름없이 길가에 태연하고 늠름하게 그러나 무심하게 서 있었다. 성보풍수명리학회 회원들이 서둘러 다가와 살펴보았고 불심佛心이 있는 회원들은 두 손을 모으고 합장했다.

이 석불은 높이가 5m에 이르는 큰 규모다. 하나의 돌로 이루어져 있고 둘레는 4.7m에 이른다. 마치 남자의 성기처럼 보이는 이 석불은 자연석을 다듬어 만들었다. 머리 쪽은 1.5m 크기의 불두佛頭만 조각했고 목 아래는 마치

10) 비석의 비문은 당대 명문장가인 조경이 지었고 글씨와 전자는 당대 최고 서예가인 이정영이 썼다. 조선 신도비의 전형적인 양식을 잘 갖추었으며 화강암으로 만들어 웅장해 보인다(한국관광공사, 《대한민국 구석구석》 참조).

괴산 능촌리 석불

투박해 보이는 능촌리 석불은 민간신앙에 가깝거나 미륵불의 형태가 아닌가 생각된다.

도포로 몸을 둘둘 만 것처럼 조각이 생략되었다.

"아무래도 남자 양물陽物 같지?"

"이건 비보야."

누군가 갸웃하며 중얼거렸고 맞장구도 그럴 듯했다.

풍수를 배우거나 명리를 배우는 우리 회원들에게 이 정도는 그리 어려운 말이 아니다. 사실 사물을 살핌에 어영부영할 수는 없다.

돌이 언뜻 제주도의 화산석火山石처럼 보이지만 자세히 살펴보면 전혀 다르다. 머리는 소발素髮이고 이마에는 백호가 양각되어 있다. 눈이 무섭다는 생각이 드는데 두 눈은 은행 알 모양이다. 은행 알 모양 눈을 조각하면 행인형杏仁形이라고 한다. 눈의 윤곽과 눈동자를 이중으로 크게 조각하였다. 눈동자는 선각線刻이다. 코는 넓게 퍼져 코주부는 아니라 해도 크게 보인다. 입은 일자一字의 선으로 가늘게 표시하여 조금 크게 보이고 두 귀는 짧다. 목이 생략되어 다른 불상이 삼도를 지닌 것과 전혀 다르다. 그래서 얼굴에 몸이 붙은 모양인데 육중한 인상을 준다. 보통 석불은 법의法衣를 입은 모양인데 이 석불은 옷을 걸치지 않았다. 그렇다고 법의를 벗은 것도 아니며 법의에 문양이 없다. 돌의 색이 짙어서 옷을 입은 것처럼 보이며 몸돌에 마치 띠처럼 보이는 선이 있다. 즉 돌 틈에 관입된 석영인지 장석인지 모를 다른 돌이 길게 띠를 이루고 있다. 이 띠가 좌우 어깨에서 X자로 앞면을 가로질렀다. 그래서인지 멀리서 바라보면 마치 승려가 입는 법의를 가로로 겹쳐 걸친 것처럼 보인다. 두상頭像만 조각하였기 때문에 언뜻 보면 커다란 암석으로만 보인다.

이 석불입상은 조선시대에 조성된 것으로 추정되는데 6·25전쟁 전에는 나무로 만들어진 갓을 쓰고 반쯤 땅속에 묻혀 쓰러져 있었다고 한다. 동네 주민들이 무당을 불러 일어나시라고 굿을 했다고 한다. 1989년에 도난당했다가 1990년 4월 포항에서 되찾았다.

괴산 능촌리 석불 뒷면

앞과 다르게 뒤에서 보면 머리와 어깨를 분리하는 목에 긴 띠가 형성되어 있다. 자연석을 다듬은 것으로 보이나 남자의 양물(陽物)을 연상하게 한다.

이 석불 뒤에는 하담 김시양과 그의 후손들 묘역이 있다. 이 묘역을 찾아오는 사람들에게는 묘역의 수호신처럼 보인다. 사실 능촌리라는 이름은 하담의 묘역과 관련이 있다. 능촌리는 능처럼 큰 하담의 산소가 있어 정해진 마을 이름이다. 능촌리는 달리 능말, 능촌이라 부른다. 석불 뒤 산으로 오르는 계단을 따라가면 가장 위쪽에 왕릉처럼 보이는 하담 김시양의 큰 묘가 있고 앞으로는 후손들의 묘가 있다. 석불 뒤 고갯마루를 따라 지나면서 왼쪽을 보면 김시양의 신도비가 있다.

돌주골이라는 이름은 참 신기한데 어떤 의미가 있는지는 알 수 없다. 처음에는 돌주, 즉 돌기둥[石柱]이 있는 마을인가 하는 생각이 들었다. 돌주골은 달리 독족골이라고도 불리는 모양이다. 마을 사람들에게 물어보니 돌주골(독족골)은 석불이 있는 곳이 아닌 쓰레기종합처리장이 있는 부근이라고 한다. 괴산읍 쪽으로 조금 더 내려간 곳으로 능촌리 석불에서는 850m 정도 거리에 위치한다.

이 석불은 정말로 석불일까? 석불 모양이기는 하지만 석불이라고 하기도 어려운 것이 사실이다. 마을에서는 미륵불彌勒佛이라고도 하는 모양이다. 보통 미륵불은 불교의 신으로 모셔지기도 하지만 우리나라의 경우 곳곳에 세워진 미륵불은 마을의 수호신 역할을 하기도 한다. 그러한 개념에서 살펴보면 이 석불은 마을을 지키는 미륵불이다. 마을에서도 수호신으로 여기는 듯하다. 그러나 특별한 행사나 모시는 제사는 없다.

이 석불은 원래 다른 곳에서 만들어졌지만 김시양 묘역이 만들어지며 이곳으로 옮겼다는 이야기가 있다. 다른 소문은 김시양이 이곳으로 가져왔다고 한다. 어쨌든 하담 김시양과 여러모로 연관이 있어 보인다.

하담 김시양은 누구인가? 본관은 안동安東이며 초명은 김시언金時言이다. 자는 자중子中이고 호는 하담荷潭이다. 김언묵金彦默의 증손으로, 할아버지는 김석金錫이고 아버지는 비안현감을 지낸 김인갑金仁甲이며, 어머니는 남양 홍씨南陽洪氏로 서윤庶尹 홍이곤洪以坤의 딸이다. 홍이곤은 강화유수, 호조판서, 병조판서, 4도 관찰사 등을 역임하였다. 지중추부사知中樞府事를 거쳐 1636년(인조 14) 청백리에 뽑혀 숭록대부崇祿大夫에 오르고 판중추부사判中樞府事가 되었다. 근처에는 김제갑金悌甲의 묘가 있는데 모두 안동 김씨 혈족이다. 따라서 이 석불이 김시양과 연관이 있음을 알 수 있다.

능촌리 석불을 잘 살펴봐야 할 이유가 있다. 이 석불은 누가 보아도 머리만 그 형상이 있다. 더구나 석영질의 띠가 마치 남자의 귀두에 새겨진 핏줄처럼 보인다. 멀리서 보면 부처 형상이라기보다는 남자의 양물로 보인다. 예부터 우리 조상은 어느 지역이 음란하거나 음란할 가능성이 있을 때 양물을

멀리선 본 능촌리 석불

보는 방향에 따라 달라지겠으나 일견(一見) 남자의 양물로 보이는 것은 착각인가? 이처럼 남자의 양물을 다른 물상으로 형상하여 배치하거나 어떠한 기운을 억누르고자 하는 풍수방법을 진압풍수라고 한다.

형상화한 물체나 물질 혹은 물형으로 비보하였다.

음기淫氣가 강하거나 음란할 가능성이 있거나 그러한 일이 일어났다는 이유로 비보한다는 사실은 충분히 이해가 가는 일이다. 이러한 기법은 풍수적으로 비보풍수이기도 하지만 진압풍수이기도 하다. 예부터 석탑을 세우거나 당간지주를 세우거나 하는 방식으로 양물을 형상화하여 진압비보 기법을 사용한 경우는 흔하다. 애써 돌탑이나 남자의 성기를 형상화하지 않아도 선돌이나 선돌 형태의 바위가 있으면 양물로 형상화하여 음기를 누르는 것으로 인식하였다.

바위에 부처의 머리를 새겼으니 석불이다. 그러나 단순한 미륵불로 보기에는 형태나 모습이 지나치게 양물화되어 있다. 따라서 이 부처는 부처의 의미와 더불어 남자의 양물을 의미하는 것으로 보인다. 이렇게 남자의 양물을 형상화한 경우에도 비보풍수와 진압풍수로 적용된다.

괴산 능촌리 석불 찾아가는 길

충북 괴산군 괴산읍 능촌로 182-1번지 능촌리에서 솔밭농원 가는 길 방향 고갯마루에 있다. 인근에 있는 김시양의 묘를 찾아가는 길목이다.

그곳에 비석이 있는 이유는

몇 년 전 대한민국의 심장인 서울에 123층짜리 빌딩이 생겼다. 바로 잠실에 세워진 롯데사옥이다. 이 사옥에 대해서는 풍수적으로 여러 가지 설이 있지만 여기서는 생략한다. 롯데사옥이 아니라 롯데사옥 뒤쪽에 세워져 있는 비석을 찾아가기 때문이다.

지하철 2호선 잠실역(송파구청) 3번 출구로 나와서 직진하면 롯데월드와 석촌호수(서호) 사이의 석촌호수사거리에서 석촌호수(서호) 쪽에 내가 찾아가는 목표물이 있다.

사방이 철로 만들어진 파이프로 둘러싸인 곳에 제법 큰 비석碑石이 하나 보인다. 언뜻 옥돌이나 차돌이 섞인 비석으로 보일 뿐 우리나라의 일반적인 비석에 주로 쓰이는 화강암 같지는 않으니 독특한 돌인 셈이다.

사방으로 둘러싸 각진 파이프로 방어하고 지붕을 놓아 비바람을 막았다. 언뜻 보면 오래된 묘역에서 보이는 신도비와 크게 다를 것이 없다. 높이가 395cm에 이르고 너비가 140cm에 이르는 대형 비석이다. 두께는 0.39m

에 이르고 전체 높이는 무려 5.7m에 이르니 그 규모가 어마어마하다. 귀부龜趺를 깔아 대석臺石을 대신하고 월두형月頭形 비를 세웠는데 가장 위쪽에는 이수螭首 둘이 여의주如意珠를 다투는 모습이 아주 선명하고 생동감 있게 새겨져 있다.

이것이 바로 삼전도비三田渡碑다. 옆에 검은 오석烏石으로 된 표석表石에 이 비에 대한 설명이 새겨져 있다. 이 거대한 비석에 새겨진 글자가 독특하다. 우리는 비석을 살필 때 일정한 이름을 붙이고 인식한다. 예를 들면 비를 받친 돌의 경우 주춧돌 모양이면 대석臺石이라 하고 거북이 모양이면 귀부龜趺라고 한다. 이 거대한 비석은 귀부를 깔고 있다.

비를 살필 때 일정한 방법을 적용하는 것은 통일성을 가지기 위해서다. 비의 몸체를 비신碑身이라 하고 전면을 비양碑陽, 후면을 비음碑陰이라 하며 비

삼전도비

치욕의 역사, 진압비보의 현장이다. 상대를 억누르고자 하는 목적으로 건립한 비석은 진압풍수에 해당한다.

의 옆면을 비측碑側이라 한다. 비 모양이 머리 부분이 일자로 잘린 평평한 모양이면 비碑이고 둥근 모양이면 갈碣이다. 비 위에 새긴 용은 뿔이 없으며 날아가지 못하는 용을 의미하는 이수螭首라고 한다. 용을 조각하지 않고 지붕 모양 돌을 얹으면 가첨석加檐石이다.

삼전도비는 언뜻 보면 오랜 세월의 흔적인지 비양에는 글자가 없어 보인다. 그러나 머리에 이르는 부분에 비비 꼬인 듯한 글자가 새겨져 있다. 무언가 의미가 있지만 알 길이 없다. 비양 왼쪽에도 익숙하지 않은 문자가 쓰여 있는데 몽골蒙古의 문자라고 한다. 오른쪽의 글자도 익숙하지 않은데 만주족滿洲族의 글자이니 만주문滿洲文이다. 뒤쪽을 나타내는 비음에는 그나마 익숙한 한자가 쓰여 있다. 글자의 깊이는 7푼 정도인데 해서楷書로 쓰였다. 특이한 것은 이 비음 머리 부분에 전액篆額이 있다는 것이다. 보통 신도비 형식이라면 비양에 전서가 새겨지고 전액도 이루어졌을 것이다. 독특하게 비음 부분에 전서가 쓰여 있는데 읽어보니 '大淸皇帝功德碑(대청황제공덕비)라고 적혀 있다. 있는 그대로 해석하면 청나라 황제를 칭송한 글이다.

바닥에는 오석烏石에 안내문이 새겨져 있다.

"삼전도비 이전 안내문. 이 비는 당초 한강변 나루터 인근에 세워졌으나 치욕의 역사물이란 이유로 수난과 수차례 이설을 거듭해왔다. 1980년대 송파대로 확장 시 석촌동 289-3, 주택가 공원에 세워져 있던 비를 원래 위치에 고증하고 문화재 경관심의를 거쳐 여기 잠실동 47 위치로 이전 설치하게 되었다. 2010. 4."

이 비석은 수차례 쓰러지거나 쓰러뜨렸던 것으로 보인다. 여러 자료를 찾아보니 1895년에 삼전도비를 쓰러뜨린 것은 확실해 보인다.《경난록》과《매천야록》에도 삼전도비가 쓰러졌다는 기록이 있다. 어쨌든 이 비석을 쓰러뜨린 것은 사실인 듯싶다. 쓰러져 있던 이 비석은 일제강점기에 다시 세웠다. 아니, 세웠다는 주장이 있는데 이것도 사실인 듯싶다. 조선총독부朝鮮總督府는 이 비석을 세우고는 여러 가지 행위를 했는데 1933년에 발간된《조선고적도보》에 세워진 사진을 실었으므로 이전에 세워진 것은 틀림없을 것이다.

일반적인 고증이나 주장에 따르면 삼전도비는 일제가 1913년 다시 세운 것으로 알려졌다. 그런데 국립중앙박물관에 남아 있는 조선총독박물관 문서 사이트에 가면 1916년에 찍은 사진에 이 비석은 쓰러져 있는 모습이다. 자료에 따르면 다이쇼 5년(1916) 1월에 조선총독부 토목국 영선과 기수 이지마 모모노스케飯島源之助라는 사람이 제출한 사진이다. 이 문서에는《진흥왕순수비, 청태종공덕비 조사 복명서》라는 내용이 등재되어 있다. 삼전도비가 세워져 있는 사진은 이곳에 속해 있다. 따라서 1916년 당시까지 이 비석은 쓰러진 상태로 있었다. 다이쇼 6년(1917)에서 쇼와 4년(1929) 사이에 조선

1916년의 삼전도비

쓰러져 있는 청태종공덕비(淸太宗功德碑)[11]

11) 국립중앙박물관 조선총독부박물관 문서 사이트 참조.

총독부 총무국과 학무국에서 기록한《고적, 유물 등록대장》의 기록을 참고하면 "다이쇼 6년(1917) 9월에 고쳐 세움"이라고 기록되어 있다.

그렇다면 왜 조선은 이 비석을 이토록 쓰러뜨리려고 했을까? 아니면 비바람에 저절로 쓰러졌을까? 우리 민족으로서 역사적 사실을 안다면 누구라도 이 비석을 쓰러뜨리고 싶을 것이다. 어쩌면 조선은 의도적으로 이 비석을 쓰러뜨렸을지도 모르겠다. 지금은 이 비석이 문화재로 지정되어 있지만 조선으로서는 치욕의 역사를 기록한 비석이다.

조선시대에는 전쟁이 많이 일어났다. 이 많은 전쟁 중 누구나 기억하는 전쟁은 임진왜란壬辰倭亂과 병자호란丙子胡亂이다. 병자호란은 거란이 세운 청나라의 공격과 관련이 있다. 청나라는 만주지역에 흩어져 살던 여진족女眞族이 세웠다. 여진족 황제는 성이 독특한데 애신각라씨愛新覺羅氏라고 한다. 애신각라愛新覺羅는 만주어로 발음하면 '아이신기오로'이다. 이를 한자로 표기한 성씨가 바로 청 왕조의 성씨다.

청 왕조의 창건자 누르하치의 성이 아이신기오로이다. 따라서 청의 모든 왕은 그의 후손이니 성을 논하자면 모두 애신각라인 셈이다. 청이 중국을 정복한 후 중국화되는 과정에서 한자식 이름을 쓰다보니 점차 애신각라로 표기되었다. 그런데 애신각라라는 성을 두고 그들이 신라왕족新羅王族의 후예라는 설이 생겨났다. 이 설이 사실인지는 알 수 없다.

여진족은 본래 조선에 조공을 바치던 작은 부족인데 명나라가 기울자 거란의 부족장 누르하치가 여러 부족을 통합하여 후금後金을 세운다. 이때가 격동의 시기였다. 명나라는 후금을 견제하고자 조선에 파병을 요청했다. 조선은 임진왜란이 끝난 후라 상황이 좋지 않았지만 그들의 요구를 거절할 수 없어 파병을 결정했다. 광해군 11년(1619)의 일이다. 이 파병이 한창 국력을 키우던 후금의 심기를 건드렸다. 후금은 조선의 파병을 빌미로 인조 5년(1627) 조선으로 쳐들어왔는데 이것이 정묘호란丁卯胡亂이다. 이후 조선과 후금은 어정쩡하게 화약和約했으나 미봉책彌縫策에 불과했다.

반정反正으로 광해군이 실각하고 인조仁祖가 왕위에 올랐다. 광해군에 대한 평은 다양하지만 그가 개혁군주였던 것만은 사실인 것 같다. 인조 14년(1636) 2월이 되자 후금은 국호를 청淸이라 바꾸고 중원을 정복한 뒤 조선에 신하의 예를 갖추라고 강요했다. 그해 3월 승하한 인조의 비 인열왕후仁烈王后 한씨韓氏의 조문을 위해 청의 용골대龍骨大와 마보대馬保大가 다녀간다. 이들이 귀환하던 중 조정에서 변방의 장수들에게 보낸 유문諭文을 입수했다. 유문에는 청의 사신을 홀대하라는 내용이 적혀 있었다. 청 태종은 같은 해 12월 직접 10만 대군을 거느리고 조선을 침략했고, 이로써 병자호란丙子胡亂의 불이 피어올랐다.

청이 침략하자 인조는 남한산성南漢山城으로 피난하여 항쟁하고자 했다. 청군이 산성을 포위하고 보급로와 지원병을 차단하자 결국 왕은 청에 항복하기로 결정했다. 당시 끝까지 항거하자고 주장한 척화삼사斥和三士인 윤집尹集, 오달제吳達濟, 홍익한洪翼漢은 희생되었다.

역사는 충신을 보호하지 못했다. 이들 삼학사三學士는 청나라로 끌려가 죽음에 이른다. 이듬해 1월 30일이 되자 인조는 성문을 열었다. 청군은 한강 남쪽의 삼전도에 진을 치고 있었다. 인조는 삼전도의 수항단受降壇에 올라 무릎을 꿇고 이마를 세 번 바닥에 찧어 치욕의 강화를 맺었다. 인조 17년(1639)이 되자 청은 이곳에 청태종의 공덕을 새긴 비를 세우라고 요구하였다. 결국 조선은 거역하지 못하고 비를 세우니 이것이 바로 삼전도비이다.

결국 삼전도비는 인조의 항복을 받은 청태종이 자기 공덕을 기리기 위하여 삼전도에 세운 비이다. 몽골문蒙古文과 만주문滿洲文, 한문漢文으로 되어 있는데 한글은 어디에도 없다. 이후 몇백 년 동안 조선은 청나라 앞에서 꼼짝도 못했다. 치욕의 진압풍수 흔적이다.

삼전도비 비문은 조선의 대신들이 지었는데 서로 관여하기를 피했다. 결국 비문은 이조판서와 홍문관, 예문관의 대제학을 겸하고 있던 이경석李景奭이 지었으며 당대의 명필로 꼽히는 오준吳竣이 썼다. 전액篆額의 글씨는 예조참판이었던 여이징呂爾徵이 썼다.

《인조실록仁祖實錄》 인조 15년(1637) 11월 25일조에 따르면 "장유, 이경전, 조희일, 이경석에게 명하여 삼전도비의 글을 짓게 하였는데 장유 등이 다 상소하여 사양하였으나 상(인조)이 따르지 않았다. 세 신하가 마지못해 다 지어 바쳤는데 조희일은 고의로 글을 거칠게 만들어 채용되지 않기를 바랐고, 이경전은 병 때문에 짓지 못하였으므로 마침내 이경석의 글을 썼다"라는 기록이 있다.

인조 17년(1639) 6월 26일에는 동양위 신익성이 차자箚子를 올려 "신을 삼전도 비문 서사관書寫官으로 삼으셨으나 신은 이미 임금이 욕을 당하시던 날 죽지 못하여 항상 깊은 한을 품었으므로 결단코 병든 몸으로 이 일을 감당할 수 없습니다"라고 했듯이 당시 조정 분위기를 알 수 있다. 뛰어난 문장 탓에 이 비문을 지은 이경석은 자손에게 글을 배우지 말라고 유언했다. 글씨를 쓴 오준 역시 붓을 잡았던 오른손을 돌로 찍었다는 얘기가 전해온다.

이러한 비는 곳곳에 있을 수 있다. 우리 땅 곳곳에 진흥왕순수비眞興王巡狩

碑라는 비석이 세워져 있다. 신라가 세력을 넓혀 접수하거나 정복한 다음 세운 비석이다. 충주에는 고구려비高句麗碑가 있다. 이 비석 역시 고구려의 세력 범위를 알려준다.

이처럼 정복자나 강한 힘을 지닌 자가 곳곳에 정복을 알리는 비석을 세우는 행위는 진압풍수의 일종이다. 이곳에 자신들의 정복 사실을 새김으로써 거주자와 정복당한 정부와 왕족, 국민을 억압하고 굴욕에 빠뜨리는 방법으로 전형적인 진압풍수에 해당한다.

삼전도비는 규모가 매우 큰데 정복자들은 자신들의 힘을 과시하고자 더욱 큰 비석을 원했을 것이다. 이 비석 옆에는 조금 작은 귀부가 놓여 있다. 이 귀부는 애초에 비석의 받침으로 쓰려 했던 것으로 알려져 있다. 그러나 청나라 요구로 달리 큰 귀부를 만들어 세웠다고 한다.

비를 살펴보니 거북받침이라고도 하는 귀부龜趺는 화강암으로 만들어졌다. 비신碑身은 대리석으로 되어 있고 비의 상부는 이수螭首를 갖추었는데 비

삼전도비 귀부

삼전도비는 규모가 대단히 크다. 곳곳에 세워진 비석은 진압풍수의 의미가 있다. 음택이나 조형물 설치에 비보적 개념을 무시하면 기운을 누르는 형태가 되는 경우도 있다.

신과 이수는 하나의 돌로 이루어져 있다. 비신의 앞면 왼쪽에는 몽골글자가 새겨져 있고 오른쪽에는 만주글자가 새겨져 있다. 뒷면에는 한자로 쓴 해서가 보인다. 이러한 예는 우리나라 비에서 볼 수 없는 유일한 것이라고 한다. 귀부와 이수는 시대의 전형적인 조각을 보인다. 조선 후기의 대표적 석조 예술품으로 인정받고 있으며 금석문으로도 가치가 있다.

이 비는 수차례 수난을 당했다. 일본은 조선인의 모일모화사상侮日慕華思想을 두려워했다. 일본을 멸시하고 중국의 문물과 사상을 흠모하여 따르려는 사상이 일본을 배척하리라 생각했다. 그래서 일본은 이 비를 땅속에 파묻었지만 고종 32년(1895) 청일전쟁이 끝나면서 복구되었다. 그러나 왠지 모르지만 다시 쓰러졌다. 1956년에는 국치國恥의 기록이라 하여 문교부에서 다시 매몰하도록 했다. 그러던 중 장마로 한강이 침식되면서 묻은 곳에서 몸돌이 드러나 원래 위치에서 송파 쪽으로 조금 옮긴 지금 자리에 되세워졌고 1963년에 사적 제101호로 지정되었다.

삼전도비는 전형적인 진압풍수의 흔적이다. 진압풍수는 제압하고자 하는 것이다. 강한 것을 눌러서 균형과 조화를 얻고자 하는 비보 방법이다. 우리나라 고유의 비보풍수는 그 역사가 길다. 특히 진압풍수는 고려시대에 왕성하게 적용되고 실행된 것으로 보인다. 고려 신종 때인 1197년 세운 산천비보도감山川裨補都監이 바로 진압풍수를 하던 기관이다.

비보와 진압풍수는 다양한 방법으로 실행된다. 진압풍수는 비보풍수의 일종으로 사용되며 그 주목적은 강한 기세를 제압하거나 기세가 강한 산천을 누르고자 하는 것이다. 이러한 풍수지리 사상은 우리 생활 속 깊은 곳에 자리하고 있다. 현대에도 적용이 가능한데 산천에 탑을 세우거나 비석을 세울 때 진압되는 상황은 아닌지 심사숙고해야 한다. 아울러 물형론에서 새의 물형이나 짐승의 물형일 때 비석을 세우면 좋지 않다는 것이나, 새가 날지 못해 가문에 인물이 나지 않는다는 이치 또한 석물이 누르기 때문이라는 진압 풍수와 연관이 있다.

삼전도비 찾아가는 길

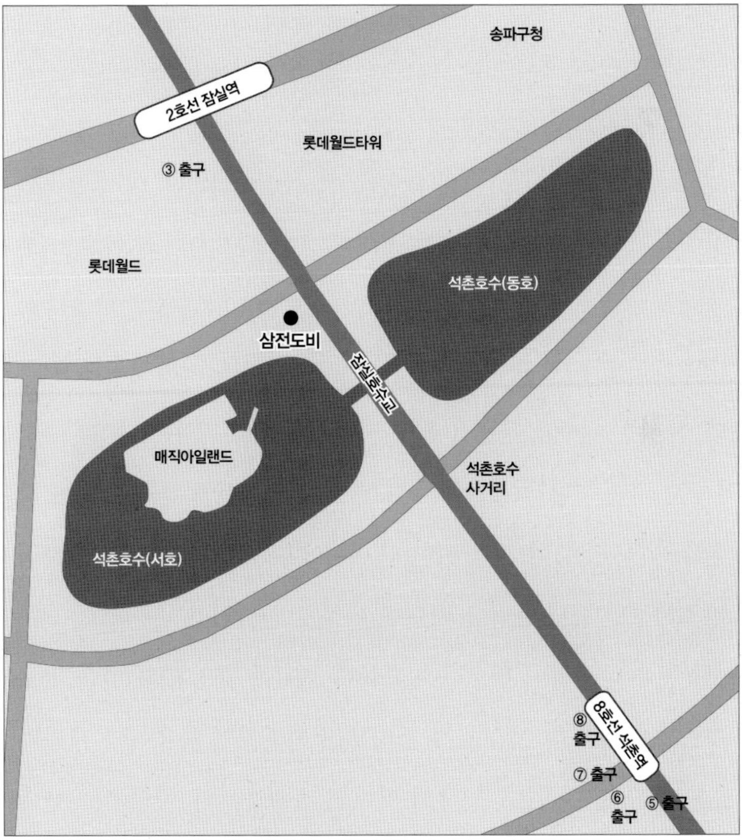

삼전도비는 송파구 석촌동 289-3(현재 잠실로 148)번지에 있다. 지하철 2호선과 8호선 잠실역 3번 출구로 나와 매직아일랜드 방향으로 향하면 곧 호수의 끝 모서리 부분이 나온다. 그곳에 삼전도비가 있다. 잠실역에는 주차장이 따로 없다.

그곳에 산을 바라보는 탑이 있다

제주도濟州島에 왔으니 이전에 보았던 인성리 방사탑을 다시 찾아나섰다. 제주의 대표적인 방사탑은 서귀포시 대정읍 인성리 29-1에 있다. 이처럼 오래전에 찾아와서 보았던 곳을 또 찾아가기도 한다. 제주도 사람들은 방사탑을 거욱대라고 하지만 육지 사람들이라면 방사탑이라고 인식할 가능성이 크다. 어쨌든 제주로 관광을 가는 사람들이 눈여겨보는 대상은 아니다.

거욱대는 제주 사람들이 돌이나 나무 따위를 사람 형상으로 깎아 세운 것을 말한다. 나무로 깎아 세울 때는 비바람에도 오래 유지되고 좀처럼 썩지 않는 비자나무나 참나무 같은 단단한 나무로 만들었다.

방사탑은 육지 사람이 부르는 이름이다. 액厄을 막기 위해 마을 곳곳에 세웠던 조형물을 말한다. 제주도를 둘러보면 여기저기 마을마다 세워져 있는 방사탑을 많이 볼 수 있다. 일종의 액막이 조형물이다. 이와 비슷한 돌탑이 육지에도 많다. 이러한 탑의 원형이 육지인지 섬인지는 불분명하다. 그러나 육지에 자리한 사찰들에도 제주도 방사탑과 닮은 탑이 많이 있는 것은 사실이다.

근본적으로 제주도 방사탑은 마을의 허한 곳을 막고자 세웠다. 마을이 모두 완벽한 지형에 자리하는 것은 아니다. 살다보면 다양한 일이 생기기도 한다. 방사탑은 마을에 불길한 징조가 보이면 종교적 개념으로 세운다. 때로는 미륵신앙彌勒信仰의 단편으로 나타나기도 한다. 방사탑은 근본적으로 마을에서 보아 어느 지형의 기가 허한 곳에 마을 공동으로 쌓아 올린 돌탑이다. 방사탑은 부정과 악惡의 출입을 막아 마을을 편안하게 하고자 하는 신앙 대상물이다. 이곳에서 기도하는 경우가 적지 않다.

인성리 방사탑은 눈여겨볼 대표적인 방사탑이다. 제주 민속자료 제8-16호로 지정된 이 방사탑은 마을의 남쪽에 자리한 바굼지오름(단산簞山) 쪽이

인성리 방사탑

제주도에서 비보풍수로 사용된 인성리 방사탑으로 제주도 말로는 거욱대라고 한다. 둥근 돌탑의 상부에 돌하르방을 세웠다. 달리 조산이라고도 하는데 그 이름이 다양하다.

허하다고 하여 쌓았다. 그런데 왜 단산이라 하였을까? 단순히 지어진 이름일까? 바굼지는 바구니인가? 대광주리 산이라니? 그런데 정말 돌탑이 세워진 방향이 허해서 쌓은 것인지 의심이 든다. 이 방사탑은 육지의 돌탑과 그 생김이나 목적이 유사하다.

인성리는 육지 사람들이 관광하러 들르는 대정성지 동남쪽에 있는 마을이다. 마을 남쪽으로 단산(바굼지오름)이 솟아 있고 서쪽으로는 모슬봉이 보인다. 모슬봉은 제법 큰 산이고 육지 사람들에게도 널리 알려져 있다.

제주도의 산은 오름이라고 하는데 하나같이 기생화산寄生火山의 흔적이다. 단산(바굼지오름)도 기생화산이고 모슬봉도 기생화산이다. 두 오름 사이로 제법 넓은 벌판이 펼쳐진다. 이곳에는 대정향교大靜鄕校로 이어지는 농로가 있다. 농로를 따라 가다보면 꽤 넓은 벌판이 나타난다. 밭들이 펼쳐져 한눈에 보아도 이 벌판이 기름진 농토임을 알 수 있다. 이 벌판은 알뱅디라 불리는 곳인데 제주도 지명이 특이하기는 하다. '개죽은 물'이라는 지역 부근 농로를 따라 500m쯤 가면 알뱅디의 '거욱대세운밭'이라는 밭에 방사탑이 세워져 있다.

예부터 이곳은 방위가 허하고 액을 띠어 마을에 불이 자주 났다고 한다. 또 말과 소가 병들어 죽었다고 한다. 이곳의 부정을 막기 위해 방사탑을 네 기 세웠는데 지금은 두 기만 남았다.

이 넓은 뜨락은 농부들에게는 풍요로운 땅이다. 그러나 인성리 사람들은 이곳이 허虛하여 재앙이 있다고 여겼다. 그래서 동서 방향으로 돌탑 네 기를 쌓고 위에는 석상石像을 만들어 세웠다. 어찌 보면 돌하르방 같고 달리 보면 작은 미륵불 같기도 한 이 석상은 거욱대라는 이름을 가지고 있다.

대정향교 방향 뒷산에 해당하는 바굼지오름(단산)

바굼지오름은 달리 단산이라고 하며 박쥐산이라는 다른 명칭도 있다. 이 산은 형태가 특이해 비보가 필요하다.

이 돌탑은 기본 생김새가 육지의 돌탑과 크게 다르지 않다. 물론 용도도 크게 다르지 않다. 이 방사탑을 세운 이유는 육지의 돌탑과 다르지 않아 마을로 오는 액을 막고자 했다. 제주도 방사탑은 여러 곳에 있다. 마을마다 방사탑이 만들어진 시기가 거의 일치한다. 대체로 마을의 설촌設村과 시기가 비슷하며 인성리 방사탑도 크게 다르지 않으리라 보인다. 단산을 제주도 사람들은 바굼지오름이라고 한다. 단산은 높이가 158.1m로 그다지 높아 보이는 산은 아니다. 남쪽으로 대정향교가 자리해 표면적으로는 대정향교의 주산主山이다. 단산은 그다지 높지 않지만 벌판인 이 지역에서는 제법 높아 보인다.

제주도의 풍수에서는 거욱대라 불리는 방사탑이 바굼지오름(단산)과 관련이 있다고 본다. 단산 방향이 허하다고 하는 주장도 있고 흉하다고 하는 주장도 있지만 막상 현장에서 보면 동쪽이 허한 것은 아니다. 단산이 가로막고 있기 때문이다. 더 위험하게 보이는 것은 단산의 모습이다. 단산 방향이 허하다는 주장을 하는 사람도 있지만 오히려 단산이 바람을 막는 것으로 보인다. 다만 그 형상이 문제가 된다. 안성리 쪽에서 보면 바굼지오름은 박쥐의 형상으로 박쥐가 날개를 펴고 날아오는 모습이다.

산은 거칠고 날카로우며 검은빛을 띠어 누가 보아도 날아드는 박쥐를 연상시킨다. 이 산 이름을 모르고 처음 대정향교를 살피기 위해 접근했을 때 박쥐를 떠올렸다. 이 산은 박쥐가 날개를 활짝 펴고 날아드는 형상이다. 마치 먹이를 덮치고 있는 형세로 볼 수 있다. 그런데 박쥐산이 향하는 방향이 마을인 듯 보인다. 박쥐산이 날개를 펴고 마을을 바라보는 형상이다. 마을 사람들은 박쥐산의 기세에 마을의 기가 눌렸다고 생각한다. 그러니 마을에서 큰 인물이 날 수 없다고 믿는 것이다. 결국 인성리에서 이 산은 흉산凶山으로 보인다.

이전에도 이 박쥐산을 본 적이 있다. 그 당시 추사秋史 김정희金正喜[12] 이야기를 하며 대정향교를 찾아갔는데 이 박쥐산과 관련하여 추사와 흥미로운 연관성에 대해 들었다. 추사 김정희가 만들어낸 추사체가 이 박쥐산과 관련이 있다는 전설이다. 추사는 54세 때인 1840년 대정읍 안성리에 와서 9년 가까이 유배생활을 했다.

추사 적거지謫居地 마당에서 바라보면 이 산이 정면으로 보인다. 대정 사람들은 추사가 이 산에서 실마리를 얻었다고 하는데 그들 주장이 맞을지도 모르겠다. 추사체는 누가 보아도 험악하고 괴이한 글씨체다. 굵고 가늘며 글자

12) 조선 후기 문인(1786~1856)으로 추사체를 만들어낸 명필가이자 실학자다. 1840년부터 9년 가까이 제주도에서 유배생활을 했으며 그가 머물렀던 '추사 적거지'는 제주기념물 제59호로 지정되어 있다(한국학중앙연구원, 《한국민족문화대백과》 참조).

모서리가 극단적이다. 이러한 특징을 지닌 추사체가 바로 이 박쥐산의 모습을 표현한 것이라는 주장이 어느 정도 일리가 있을 것 같다.

박쥐 모양을 한 단산의 형상은 보는 사람으로 하여금 불안감을 주기에 충분하리라. 사람의 눈은 크게 다르지 않다. 누구나 같은 감정을 느낄 듯하다. 1702년(숙종 28)에 제주목사濟州牧使가 되어 제주에 도착한 이형상李衡祥은 제주 곳곳을 둘러보았다. 그가 제작한 《탐라순력도耽羅巡歷圖》에 이 오름을 규정한 글이 있다.

"파군산악破軍山岳!"

《탐라순력도》에 표기된 이름인데 많은 의미가 있는 기록이다. 풍수지리에서는 산의 형상을 오행五行으로 나눈다. 목형산木形山, 화형산火形山, 토형산土形山, 금형산金形山, 수형산水形山이 그것이다. 그런데 모든 산을 이 오행으로 표기할 수는 없다. 때로는 다양한 형태가 나타나기 때문이다. 이 오행의 변화를 적용한 것이 구성학九星學이다. 구성학에서는 산의 형태를 아홉 가지로 나눈다. 구성학의 산형山形에서 박쥐산의 모습은 파군破軍에 해당한다. 이 마을 사람들은 그렇게 생각한 모양이다.

풍수에서 구성학은 오성산체의 발달형이다. 구성九星은 북두칠성北斗七星과 좌보성左輔星, 우필성右弼星을 일컫는 말이다. 흔히 북두칠성은 별 일곱 개로 되어 있다고 한다. 그러나 북두칠성에는 희미한 별이 각기 두 개 더 있는데 이를 좌보성과 우필성이라 하여 총 아홉 개 별로 보니 구성이 된다.

풍수지리에서는 이를 이용하여 산을 파악한다. 제일성은 탐랑성貪狼星이며 오행으로는 목성木星이다. 제2성은 거문성巨文星이며 오행으로는 토성土星이다. 제3성은 녹존성祿存星이며 오행으로는 토성土星이다. 제4성은 문곡성文曲

星이며 오행으로는 수성水星이다. 제5성은 염정성廉貞星이며 오행으로는 화성火星이다. 제6성은 무곡성武曲星이며 오행으로는 금성金星이다. 제7성은 파군성破軍星이며 오행으로는 금성金星이다. 제8성은 좌보성左輔星이며 오행으로는 토성土星으로 무곡성 좌측에 있다. 제9성은 우필성右弼星이며 오행으로는 금성金星으로 파군성 우측에 있으나 거의 눈에 보이지 않는다.

파군은 구성학을 바탕으로 산의 모양을 파악하는 기준에서 가장 나쁘다. 파군의 산형은 근본적으로 살기를 품는다. 형벌刑罰과 겁탈劫奪, 질병을 유발한다고 한다. 그런데 당시 《탐라순력도》를 작성한 제주목사는 이 오름을 파군으로 표기했다. 어느 정도 살기를 느꼈기에 이런 글을 남겼을 것이다.

이문사李文仕라는 사람이 1900년(광무 4)이 되던 해에 돌탑을 쌓았다. 그가 '풍수적으로 마을 남쪽(바굼지오름 쪽)이 허하여 마을에 액운이 있으니 탑을 쌓아서 액을 막아야 한다'고 해서 마을 사람들은 오름과 마을 중간에 거욱을 쌓았다.[13] 이 방사탑은 애초에 네 기를 쌓았는데 지금은 두 기만 남아 있고 그나마 한 기는 심하게 훼손되어 보수했다. 방사탑 네 기는 마을에 불이 자주 나고 가축이 병들어 죽는다 하여 쌓았는데, 1950년대 훈련소가 들어서면서 군인들이 허물어버려 두 기만 남은 것이다. 탑의 돌들을 훈련소를 짓는데 사용한다며 탑을 허물었다고 한다.

돌탑을 허문 후부터 마을에 재앙이 끊이지 않자 집집마다 쌀 한 되씩을 모아 다시 탑을 쌓았다. 이때 맨 처음 돌을 얹는 사람은 명이 짧아진다는 속신이 있어 첫 돌을 올려놓기를 꺼렸는데 당시 마을에서 나이가 가장 많은 분이 탑 쌓기에서 오는 액을 모두 맡겠다며 첫 돌을 올려놓았다고 한다.[14]

13) 뿌리를 찾아서(http://blog.paran.com).

우리 문화재는 6·25전쟁 당시 많이 훼손되는데 이는 제주도도 크게 다르지 않았다. 6·25전쟁이 제주도를 피해간 것은 아니다. 한국 내륙에서 전쟁이 일어나자 제주도는 후방기지로서 역할을 해야 했다. 일제강점기에 만들어진 전쟁·방어 시설이 후방기지로 가치가 있었을 것이다.

6·25전쟁이 한창이던 1951년 인근 모슬포에 훈련소가 생기면서 막사를 짓다보니 돌이 많이 필요하자 돌탑마저 무너뜨려 모두 실어가 버렸다. 그 후 인성리에서는 젊은 사람을 비롯하여 가축들이 많이 죽고 원인 모를 불도 자주 일어났다. 마을 사람들은 논의 끝에 1959년경 돌탑을 다시 쌓았고 마을은 비로소 평온을 되찾았다고 한다.[15]

동쪽에 있는 돌탑이 1호인데 크게 허물어졌던 것을 2005년경 보수했다. 원래 모양과 현재 모양이 조금은 달라졌으리라고 보는데 원래는 원뿔 형태였던 것으로 추정한다. 그러나 새로 만든 거욱대 모양은 거의 원통형圓筒形이고 다만 윗부분을 약간 오므렸을 뿐이다.

제주도에는 많은 마을에 거욱대가 있다. 화순리 2호 방사탑은 자연적인 현무암을 이용하여 쌓았는데 끝이 둥그스름한 원뿔 모양이다. 처음부터 맞물림 방법으로 허튼층쌓기를 하였다. 이러한 모습은 인성리 방사탑과 그다지 차이 나지 않는다. 인성리 방사탑과 다르지 않게 속은 잡석채움으로 채웠다. 탑 위에는 우리가 흔히 돌하르방이라고 하는 석상을 만들어 세웠다. 이 돌하르방도 거욱이나 같다. 그런데 이 방사탑은 특이하게 마을의 허한 방향에 있지 않고 산 쪽에 있다. 아마도 산이 험하거나 문제가 있다고 보았

14) 발길이 닿는 대로(https://blog.naver.com/wnsufl).

15) 고영철(제주문화유산답사회장). [향토문화] 파군산악 인성리 거욱대(방사탑) 1호. 제주환경일보(http://www.newsje.com/news/articleView.html?idxno=104971).

기 때문일 것이다.

제주시 애월읍 광령2리에도 거욱대가 있는데 그 부근에서 샘물이 나오므로 거욱대물이라고 한다. 거욱대라 불리는 방사탑은 제주도에서 마을의 액운을 막으려고 세운 탑을 일컫는 말이다. 모든 마을이 방사탑을 거욱대라고 부르는 것은 아니다. 까마귀, 극대, 거왁, 답[塔], 거오기, 가매기동산, 가마귀, 거웍, 가막동산, 가마귓동산, 액탑, 매조자귀라고도 한다.

방사탑은 현대에 지어낸 이름으로 이러한 구조물을 총괄할 뿐이며, 연구자들이 통일된 용어가 필요해 학술적으로 만들어낸 말에 불과하다. 제주도 곳곳에 방사탑이 있는데 제주시 이호동, 북제주군 한경면 용수리, 남제주군 대정읍 무릉리 등에 방사탑이 38기 있으며 이 중에서 17기가 민속자료

인성리 방사탑과 단산

인성리 방사탑 뒤로는 단산이 자리하는데 험악한 산 모습을 방어할 필요가 있었을 것이다. 다른 주장은 단산 옆으로 허한 공간이 있어 바람이 불어오므로 이를 막을 필요가 있었다고도 한다.

로 지정되었다.

내륙이 아니라 바닷가에 세워진 용수리 방사탑도 시선을 끈다. 용수리는 제주도에서 어업이 발달한 마을로 화성물이라는 곳과 새원포구에 방사탑이 세워져 있다. 용수리 방사탑은 허한 곳을 비보하고자 세운 탑이 아니다.

해변에서 어업을 생업으로 살아가는 사람들에게 바다는 두려운 존재다. 바다에 나가 고기를 잡다 풍랑이나 태풍으로 돌아오지 못하는 사람이 생기게 마련이다. 용수리는 어부들이 죽는 사고가 자주 일어나는 것을 방어하고 무사고를 기원하기 위해 방사탑을 세운 것으로 알려졌다. 이 마을에 언제 처음 탑을 세웠는지 알 수 없으나 1945년경 탑이 무너진 적이 있다. 그러자 용수리 주민들이 바다에서 죽거나 사고를 당하는 일이 빈번하고 신원을 알 수 없는 시신들이 자꾸 떠밀려 마을로 들어왔다고 한다.

어느 곳이나 사람의 마음은 같다. 결국 날을 정해 탑을 다시 쌓았는데 이때 남자들만 참여하였다. 탑 위에는 솔래기 형상의 자연석을 올려놓았는데 이 돌은 매나 솔개 혹은 독수리를 닮았다. 탑의 석상에 매가 자주 날아와 앉았으므로 이 탑을 매조자귀라고도 한다.

방사탑은 원래 마을에서 어느 한 방위에 불길한 징조가 비치면 세우는 돌탑으로 풍수지리와 관계가 깊다. 기운이 허하다고 믿는 곳에 세우니 비보풍수이다. 마을에 밀려오는 액운을 막으려고 세운 돌탑이다. 마을의 안녕을 보장하고자 세운 탑이다. 전염병 예방, 화재 예방을 기원하며 세웠으며, 해상의 안전을 기원하며 바닷가에 세웠다. 아이를 낳게 해달라고도 세웠다. 탑을 쌓을 때 밑에 밥주걱이나 솥을 묻는데, 솥은 재물을 마을 안으로 모아 담아오라는 의미라고 한다. 또 뜨거운 불에 견디듯 마을의 재난을 막아달라는 의미라고 한다. 화마火魔를 재앙으로 인식한 듯하다. 만약 이 돌탑이 제주도에서 용암이 분출되는 시기에 세워졌거나 용암 분출을 보고 세운 것이라면 용암을 막아달라는 의미가 포함되어 있을 것이다. 이처럼 비보풍수는 다양한 의미를 지닌다.

탑은 좌우, 음양, 남북 대칭으로 쌓는다는데 이는 음양의 이치를 표현하고자 한 것이 아닌가 여겨진다. 어떤 지역에서는 남대북탑南坮北塔이라고 한다. 즉 남쪽에는 거욱대를 세우고 북쪽에는 방사탑을 세웠다고 한다. 그러나 대부분 탑을 세우고, 탑 위에 거욱대를 세웠다. 돌하르방을 탑 위에 올리기도 했는데, 육지의 장승이나 솟대와 같은 의미로 해석한다. 즉 방액防厄과 방사防邪의 의미를 지녔을 것으로 본다.

제주도의 방사탑이나 육지의 돌탑은 크게 차이를 보이지 않는다. 일반적으로 육지의 돌탑은 돌무더기와 비슷하다. 돌탑은 마을 어귀에 잡석雜石을 올려 쌓은 탑이다. 잡석을 모아놓고 쌓지 않으면 돌무더기다. 돌탑은 정교한 원뿔대형 탑으로 마을에 들어오는 액厄을 막고 복을 불러들인다고 여기는 신앙물이다. 물론 돌무더기에도 유사한 기능이 있기는 하다.

돌탑은 일반적으로 '돌탑'이라고 한다. 그런데 일부 지방에서는 조산造山이라고 불러 산의 의미를 부여한다. 달리 조산탑 또는 조탑造塔이라고도 한다. 제주도에서는 일반적으로 거욱이라 하고 충북지역에서는 수살막이라고 하는 것으로 보아 액을 막는 용도로 조성하는 것으로 보인다. 전북에서는 도탐, 경상도에서는 밥무덤이라는 독특한 이름으로 불린다. 보통 돌탑이라고 각각 칭하기도 하지만 일반적이지는 않다.

돌탑의 용도는 다양하지만 마을로 들어오는 액이나 질병을 막는 용도가 가장 크다. 각종 살煞을 방어하는 것이다. 지금이야 사라졌지만 마을을 출타한 사람이 호랑이에게 물려 죽는 호환虎患을 막는 곳으로 인식되었다. 화기火氣를 막음으로써 신앙의 대상물로 여겨지기도 했다. 그러나 근본적으로 돌탑은 대개 마을 앞의 허한 방위를 막으려고 쌓았다. 또 특정한 모양의 지형을 보완하기 위해 쌓은 비보물裨補物이다.

돌탑은 장승, 솟대와 함께 세운다. 혹은 당산목과 같이 세우거나 수구를 막는 풍수림 사이에 세우기도 한다. 대표적인 것이 지형이 음한 곳에 세우는 비보물이다. 돌탑은 신앙적인 측면도 있으나 비보풍수의 용도가 강하다.

인성리 방사탑 찾아가는 길

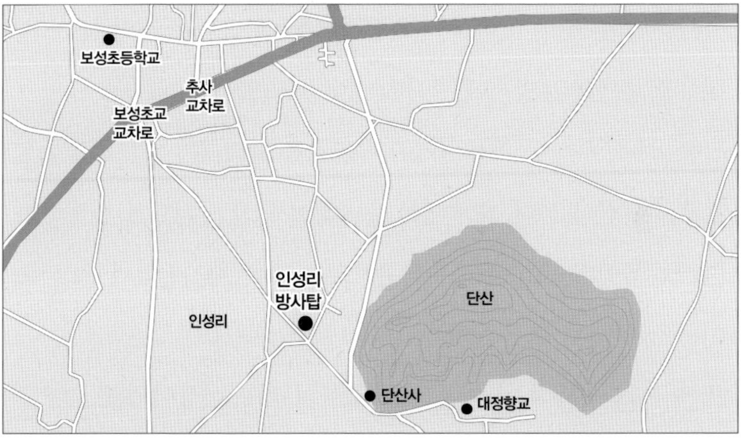

제주시 서귀포시 대정읍 인성리 29-1. 인성리에서 단산이라 부르는 바굼지오름 방향으로 대략 500m를 가면 방사탑이 나온다.

산이 도망가는 걸 절이 막는다고?

청도 하면 감, 그중에서도 씨 없는 감이 유명하다. 반시盤柹로 유명한 청도에는 덕사德寺라는 절이 있다. 경상북도 청도군 화양읍 소라리 산1번지에 있는데 대부분 큰 산의 1번지에는 사찰이 있을 확률이 높다.

대구 방향에서 부산을 향해 중앙고속도로를 달리다가 청도나들목으로 나가면서 오른쪽 산을 본다. 대구에서 출발하여 부산 방향으로 진행하는 쪽에서 보면 오른쪽이다. 고속도로 오른쪽으로는 고속철도가 있다. 그 뒤로 길쭉해 보이는 산이 바로 주구산走狗山이다(지도에는 덕절산으로 나온다).

주구산이라니 이름이 참 이상하다. 국토의 70% 이상이 산으로 이루어진 산지국가인 우리나라에서 이상한 이름은 수없이 많다. 그렇게 따지면 주구산이 특별하게 이상할 것도 없다. 그래도 의미는 있을 텐데 주구산走狗山이라면 개가 달리는 산이라는 뜻이다. 그럼 개가 달리지 낮잠이나 잔단 말인가?

나들목을 나서 청도시내로 들어가는 청도대교를 지나자마자 곧 차의 방향을 틀어 강변으로 이어지는 길로 들어선다. 주구산에 있는 절 덕사를 찾아왔

청도 주구산(덕절산)

개가 달리는 산이라는 이름의 주구산이다. 다가가면 산이 마치 떡을 쌓아놓은 듯 보인다. 떡절이라는 이름은 산의 모습에서 기인했을지도 모른다.

기 때문이다. 오래전에도 들른 적이 있어 덕사를 찾기는 어렵지 않다. 하지만 다리를 건너 덕사로 가기 전에 방향을 튼다. 앞쪽으로는 청도시내가 보이고 오른쪽으로는 강 건너 산이 보이는데 그 산이 바로 주구산이다.

청도읍에서도 찾아가는 길이 있다. 그런데 대남병원 앞에서 좌회전해 길을 따라가다 보면 청도천 교각 아래에서 길이 끊어지고 만다. 청도대교를 건너 강가로 길을 잡아 찾아들어도 마찬가지다. 어쩔 수 없이 한참을 제자리에서 헤매는데 그건 비싼 대가라고 생각하자. 지도를 찾아보면 길이 있는데 눈에 보이지 않는다. 차에서 내려야 하지만 차에 앉아 찾으려고 하니 길이 보이지 않는다.

사실 익숙한 사람은 찾기가 쉽다. 하지만 누구나 찾을 수 없는 이유가 있다. 들어가는 입구가 잠수교潛水橋이기 때문이다. 가뭄이 들면 물이 빠지니 다리가 드러나 잘 보인다. 그러나 보통의 경우 강이 마르지 않아 다리가 물에 잠겨 보이지 않는다. 다리를 건너려면 차를 몰고 들어가는 것이 상책이지만 비가 많이 오면 그마저 통제된다.

따라서 천천히 걸어가며 살피는 것이 가장 좋다. 물가에서 덕사로 오르는 길은 100m가 조금 넘을 것 같다. 덕사가 자리한 주구산은 재미있는 산이다. 산의 양옆이 사람이 쌓은 듯 석벽이다. 수직의 벽이 떡을 켜켜이 쌓은 듯 보인다. 예전에 이곳에 자리했던 절을 병사餠寺라고 불렀다고 한다. 병餠은 떡을 의미하는 글자이다. 산을 이룬 바위가 떡을 쌓아놓은 듯 보여 병사라 불렀을 것이다.

주구산은 누가 보아도 석벽石壁으로 되어 있다. 사람이 기어오르기 어려울 정도로 가파른 석벽으로 되어 있어 예부터 천혜의 요새를 이룬 곳으로 이름을 얻었다. 그래서 정상 어름에는 이서산성伊西山城이 있었는데 달리 주구산성이라고도 했다.

《삼국유사三國遺事》의 이서국伊西國 조條에는 "정관貞觀 6년 임진壬辰 신라 선덕여왕 즉위년인 632년에 이서군 금오촌의 영미사에서 운문사에 납전을 하였는데, 금오촌은 지금의 청도군 땅이며 청도군은 옛 이서군이었다"라고 되어 있다. 이로 미루어 이서국이 멸망한 뒤에도 선덕여왕 대에 이르기까지 청도지역이 이서군으로 존속했음을 알 수 있다.16)

달리 떡절이라고도 하는 덕사는 이 이서산성이 있던 주구산에 있는 절이다. 대한불교 조계종 제9교구 본사인 동화사桐華寺의 말사로 언제 누가 건립했는지 전하는 문헌 기록이 없어 창건 시기와 창건자는 정확히 알 수 없다.

16) 이부용, [경북 역사 여행] 철의 도시 '이서국', 대경일보, 2018. 7.

그러나 통일신라 말에서 고려 초에 창건되었고 조선 전기에 무학대사가 중창하였다고 한다.

주구산은 달릴 주走, 개 구狗, 산 산山으로 개가 달리는 산이다. 여기에는 여러 이야기가 전하는데, 이 산은 청도를 지키는 산으로 청도의 방어막이다. 그런데 개가 달려 도망가 버리면 방어를 할 수 없다. 청도 사람들은 개가 도망가면 천하의 명당이 없어져버린다고 해석한 듯하다. 그래서 개의 입에 떡을 물린 형태로 지은 절이 바로 덕사라고 한다. 개의 입에 떡을 물려 막아서 개가 달리지 못하게 한다는 것이다.

실제로 덕사가 위치한 주구산의 형상이 달리는 개처럼 생겼으니 옛사람들이 겁을 낼 만도 했다. 철저하게 물형론으로 파악한 것이다. 한국 풍수에서 물형은 매우 중요하다. 형상으로 보아 달아나는 개이니 잡을 필요가 있었다. 개가 도망가지 않고 머물게 하기 위해 건립한 사찰이라는 이치가 그럴듯하다.

개가 떡보다 생선이나 고기를 좋아한다는 것을 생각하면 육사肉寺나 어사魚寺가 어울릴 듯한데 왜 떡을 의미하는 이름을 지었을까? 떡에는 바위가 떡처럼 켜켜이 쌓여 있거나 제사를 지낸다는 의미가 있었을 것이다. 떡은 제사 지낼 때 사용하니 이치에 맞는다.

이 산이 주구산이라는 이유와 떡절이라는 이유가 누구 하나의 생각으로 정착된 것은 아니다. 1576년(선조 9) 청도군수로 부임한 황응규黃應奎라는 사람이 나름대로 풍수지리 지식이 풍부했던 모양이다. 그는 이 산을 달리는 개의 형국으로 보았으며 청도의 정기가 빠져나가는 것을 막기 위해 무엇인가가 필요하다고 판단해 절을 중창하고 이름을 지었다.

달아나는 개에게 떡을 주어 머물게 한다는 의미로 절 이름을 떡절이라고 하였다. 처음에는 한자로 병사餠寺라고 하였으나 언제부터인지 덕사로 부르게 되었다고 한다.

덕사는 오래도록 역사를 이어왔다. 1816년(순조 16)에 장옥대사가 영산전靈山殿과 명부전冥府殿을 중건한 기록이 있다. 역사가 오래되다보니 사찰 건물이 퇴락하자 근래에 건물들을 다시 지었다. 덕사에 전하는 유물로는 영산보전에 경북 유형문화재 제399호인 석조여래삼존상과 16나한상이 있으며, 명부전에는 경북 유형문화재 제400호인 지장보살삼존상과 시왕상이 있다.

정리해보면 주구산의 형국이 마치 달리는 개 모양이라는 것이다. 달아나는 개가 머물게 해야 좋다는 풍수지리적 관점이 작용했고 개를 멈추게 하려고 절을 세웠다. 개가 좋아하는 떡을 준다는 의미에서 절 이름을 떡절이라고 불렀다.

이 이상하고도 어설픈 이야기가 사실인지 의심이 든다. 개가 떡을 좋아한다는 말도 이해되지 않는다. 개를 멈추게 하는 데는 더 좋은 방법이 많았을 것이다. 아무리 생각해도 이러한 전설은 덕사라는 이름에 부합하도록 만들어졌을 테지만 확실히 알 수 없다.

풍수적으로 따져 물형으로 개가 달아나는 형국이라는 것은 분명해 보인다. 이 산에 몇 번 올랐지만 같은 생각이 든다. 그러나 떡절이라는 이름은 이해가 안 간다. 애써 이름에 부합하는 이치를 찾아내면 아마도 주구산에 떡처럼 쌓인 바위 때문일 것이다. 더구나 덕사를 개의 입에 물린 떡의 개념으로 푸는 것은 이치에도 맞지 않는 것 같다.

덕사가 지어진 곳은 산의 끝자락이다. 뱀으로 치면 머리요, 개로 쳐도 머

덕사에서 보이는 청도

덕사는 청도의 측면을 바라본다. 만약 이 산이 내달려 도망가면 청도를 비껴가서 도시의 한 부분이 허해질 것이다. 이런 이유로 비보가 필요했을 것으로 보인다.

청도 덕사 위치

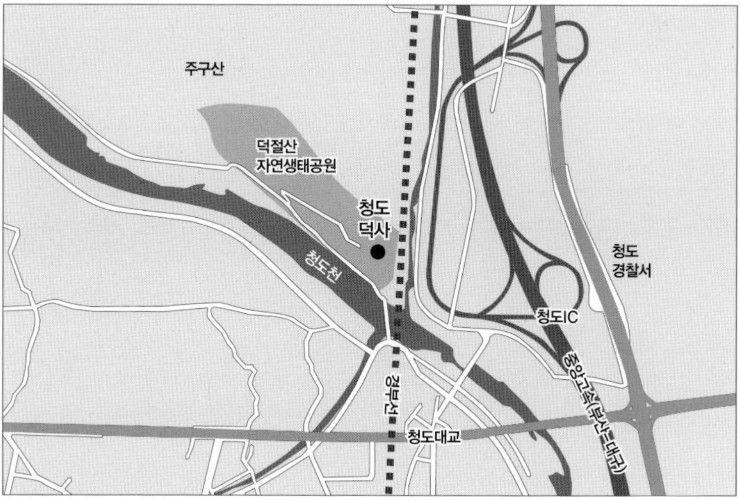

청도를 향해 길게 늘어진 형상으로 주구산이 자리하고 있다. 이 주구산 끝자락에 덕사가 있다.

리다. 우리 비보풍수에는 진압풍수라는 이치가 있다. 진압은 누른다는 의미이다. 그러니 주구산이 개의 형태를 닮았다면 떡을 주는 개념이 아니라 달아나지 못하게 머리를 눌러 멈추게 하는 이치가 더욱 효율적이다. 머리에 절을 세워 개가 달아나지 못하게 하였다는 풍수지리의 이치가 더욱 올바를 것이다.

도시 한가운데에 철당간이 서 있는 이유는

절에서 간혹 하늘을 찌를 듯 높이 솟아 있는 기둥을 볼 수 있다. 마치 양철통 비슷한 쇠로 만들어진 통을 이어붙인 형태로 만들어졌으며 깃발을 거는 깃봉 형태이다. 그런데 깃봉으로 보기에는 지나치게 굵다. 어림잡아 5층은 넘어 보이는 이 독특한 기둥은 일종의 깃봉으로 기를 거는 깃대 역할을 한다. 이름 하여 당간이라 하며 이 깃대를 고정하는 돌을 당간지주幢竿支柱라고 한다.

이렇게 높이 솟은 당간지주는 공주公州에서 유명한 사찰인 갑사甲寺에 있는데 아마도 이곳의 철당간鐵幢竿이 가장 유명할 것이다. 물론 당간지주가 갑사에만 있는 것은 아니다. 안성의 칠장사七長寺에 자리한 당간도 그 위용을 자랑한다. 대부분 절 앞이나 절 입구 혹은 경내에 세워졌는데 하나같이 위용을 자랑한다.

당간은 당幢을 거는 장대이다. 당은 군대에서 의장용으로 쓰이는 일종의 깃발이다. 그러나 불교에서는 법회法會와 같은 행사가 있을 때 절에 다는 기를 말한다. 혹은 멀리서도 절을 찾아올 수 있도록 달아두는 기를 당이라고 한다. 이 깃발을 달아두는 장대가 당간이고, 이 당간을 받치는 받침대가 당간지주이다. 보통 돌 두 개를 한 쌍으로 하여 당간을 고정한다.

우리나라는 사찰이 많고 불교가 국가의 국시國是로 받들어져 영화를 구가하던 시기가 있었으므로 당간이 많았을 것으로 유추하지만 이 땅에 당간이 몇 개 있었는지는 알 수 없다. 다만 당간은 많이 남아 있지 않지만 당간지주는 제법 많이 남아 있다.

당간은 보통 사찰 입구에 세워져 있지만 공주 갑사와 같은 몇몇 사찰에는 경내 깊숙한 곳에 당간이 있다. 당간지주보다 규모는 조금 작지만 비슷한 형태로 주불전主佛殿 앞에 자리하는 괘불대掛佛臺는 당간지주와 용도가 다르다.

사찰에서 사용하는 깃대의 일종인 당간은 지역이나 시기에 따라 그 이름을 달리하는데, 주로 사용되는 이름이 찰간刹竿, 장간長竿, 정간旌竿, 기간旗竿, 치간幟竿, 번간幡竿, 범장帆檣 등이다. 이름에서 예측할 수 있듯 하나같이 깃발을 나타내는 글자이다. 주로 나무, 돌, 구리, 무쇠 등으로 만들지만 현재까지 남아 있는 것은 견고함이 으뜸이고 비바람을 견뎌낸 철당간뿐이다.

당간 끝에는 깃발인 당을 달아두었는데 당은 천으로 만들어져 오래 보전되기 어려웠다. 당은 물론 당간도 대부분 사라지고 지탱하는 지주支柱만 남아 있다.

공주 갑사의 깊숙한 대나무 밭에 숨어 있는 공주 갑사 철당간公州甲寺鐵幢竿은 우리나라 철당간의 대표격으로 보물 제256호로 지정되어 있으며, 통일신라시대 작품으로 추정한다. 안성의 칠장사 철당간도 귀한 유물이다. 독특하게 시내 중심에 자리한 청주 용두사지 철당간淸州龍頭寺址鐵幢竿은 고려시대에 만들어졌을 것으로 보는데, 유물로서 가치가 가장 뛰어나 국보 제41호로 지정되어 있다. 특이하게 돌로 만들어진 당간도 있는데 나주羅州 동점문東漸門 밖 석당간石幢竿은 석제당간石製幢竿으로, 보물 제49호로 지정되었다.

현재 남아 있는 당간지주들이 하나같이 석제인 것으로 보아 석제당간이 많이 남아 있을 것으로 여겨지지만 실제로 남아 있는 석제당간은 10여 기가 되지 않는다. 대표적인 석제당간으로는 담양 객사리 석당간潭陽客舍里石幢竿이 보물 제505호로 지정되어 보호를 받고 있다. 물론 비지정인 당간이 몇 기 있는데 작품성이나 규모가 덜하기는 하지만 남아 있는 유물이 적고 흔한 예가 아니므로 문화재로 보호했으면 하는 안타까움이 있다.

당간은 단순히 절의 위치를 알리는 용도로만 이용한 것은 아니다. 또 불교의 융성을 나타내는 유물만은 아니다. 당간은 매우 중요한 의미가 있었을 것으로 보이는데, 학자들은 당간에 파사현정破邪顯正의 의미가 있었을 것이라고 생각한다. 파사현정은 사도邪道를 파괴하여 정법正法을 드러낸다는 의미다. 달리 해석하면 삿된 것을 파하며 정도를 나타낸다는 의미가 되겠다. 어쩌면 시대상으로 마魔를 쫓아내는 종교의 의미가 불교를 나타내는 것이었는지도 모른다.

당간의 의미에 대해서는《범어사창건사적梵魚寺創建史蹟》에 좀 더 자세히 나와 있다. 철당간은 마치 양동이 형태를 한 원통형 철 구조를 쌓아올리는데, 각각 하나의 이어짐을 절節이라고 하였다. 대부분 철당간은 33개 원통형 주철鑄鐵로 이루어져 있다.《범어사창건사적》에 기록되어 있는 것처럼 33칸 원통형 주철鑄鐵은 33범천梵天을 상징한다고 한다.

충청북도 청주시 상당구 남문로2가 48-19에 자리한 청주 용두사지 철당간은 철제로써 20개 원통형 주철鑄鐵을 상하가 서로 물려 이어지게 쌓아올렸는데, 특히 밑에서 세 번째 원통 표면에 양주陽鑄된 용두사당간기龍頭寺幢竿記 393자에 962년(광종 13)이라는 주조연대를 밝혔다. 이 당간기에 따르면 애초에는 30단 주통이었으며 높이는 60자(18.18m)였음을 알 수 있다.[17]

보통 당간이 절의 입구나 경내에 세워진 것과 달리 청주 용두사지 철당간은 도심 중앙에 있다. 오랜 세월이 흘렀으니 여러 가지 의견이 분분할 수 있다. 혹자는 원래 이 자리가 절터라고 주장한다. 그렇게 살핀다면 용두사지라는 말이 절터를 암시한다고 볼 수 있다. 1962년 12월 20일 국보 제41호로 지정된 이 당간은 당시 청주지역의 대표 호족豪族세력인 당대등堂大等, 호

청주 용두사지 철당간

철당간이 도심 중앙에 자리한 이유는 단순히 불교사찰이 자리하였던 곳이기 때문만은 아니다.

17) 한국학중앙연구원, 《한국민족문화대백과》 참조.

장戶長 김예종金芮宗의 원願으로 짓기 시작해 그 종형從兄인 김희일金希一이 완성했다. 그리고 철통鐵桶 30단段에 60척尺 높이로 건립되었음이 〈주성기舟城記〉에 기록되어 있다.18)

청주 용두사지 철당간이 도심 한가운데 있다보니 부근에 청주시청 제2청사가 있고 충청북도청도 지척이며 청주중앙공원과도 가깝다. 처음 찾아갈 때는 청주를 가로지르며 흐르는 무심천과 가깝다고 생각했으나 새삼 생각해보면 약간 거리가 있다.

보통 철당간은 절 앞에 세우므로 이 당간은 다른 목적으로 세운 것은 아닌가 생각할 필요가 있다. 청주 용두사지 철당간에는 연기설화緣起說話가 있다. 보통 연기설화는 다양해서 철당간을 세운 것에도 연기설화가 있지만 절을 찾아 들어가는 물을 건널 수 있게 다리를 세웠다는 연기설화가 가장 많다. 특히 불교에서 물을 건너게 해주는 공덕은 매우 중요하게 여기는데 다리를 세우는 공덕을 매우 칭송한다. 이를 월천공덕越川功德이라 한다. 절을 세우는 연기설화와 탑을 세우는 연기설화도 많은 편이나 당간을 세우는 연기설화는 적은 편이다.

청주 용두사지 철당간의 연기설화를 요약하면 다음과 같다. 팔도를 순례하던 운등사雲燈寺 주지 혜원蕙園스님의 꿈에 부처님이 나타나 용두사에 들어가 배가 떠내려가지 않도록 돛대를 세우라고 말씀하셨다. 여러 인연으로 혜원스님이 목암산牧岩山에 올라 청주를 살폈다. 그러던 중 고을이 북쪽으로 움직이는 착각을 느꼈다. 급히 산을 내려온 혜원스님은 용두사 경내에 지주支柱를 모아 김예종에게 철당간을 세우도록 하였다.

18) 한국학중앙연구원, 《한국향토문화전자대전》 참조.

일리 있는 이야기다. 청주의 옛 지명은 주성舟城이다. 지금도 청주에는 주성이라는 지명이나 건물, 지역 이름이 많다. 예부터 주성이라는 이름을 썼는데 주성교육박물관 등이 대표적 건물이다. 주성강당酒城講堂19)은 이름을 일부러 그리 썼는지 알 수 없으나 주성이라는 이름이 의도적이라는 느낌을 준다.

주성舟城은 배의 성이라는 말이다. 달리 말하면 배처럼 생긴 성이라는 의미다. 성은 마을을 의미하고 시진市津을 의미하니 지금으로 말하면 도시, 배의 도시라는 말이다. 주성이라는 이름으로 불린 이유는 청주의 형상 때문이다. 청주의 형상이 마치 물위에 떠 있는 모습이기 때문이다. 이는 물형론적物形論的인 개념이나 예부터 터에 대한 개념에서 자상字象과 물상物象은 선조들이 사용하던 것이다. 주성이라는 별칭은 풍수지리적으로 형국을 따져 붙인 것이다. 배가 강을 거슬러 지나가는 모양이라는 의미인데 풍수지리에서는 이러한 지형을 행주형行舟形이라고 한다. 그렇다면 주성이라는 이름이 이해가 간다. 무심천無心川은 청주 시가지를 가운데로 뚫고 지나가는 물길이다. 보통 행주형은 섬과 같은 형국일 가능성이 높은데 때로는 물이 마을이나 도시 중심을 훑듯 지나가는 경우가 해당한다. 멀리서 볼 때 물과 산 때문에 연꽃처럼 보이는 경우도 행주형이 될 가능성이 높다.

문제는 행주형의 지세인데 배가 이동하는 형국으로 물길을 헤치고 나아가는 배의 형상을 했다. 평양이나 안동 하회마을이 우리나라의 대표적인 행주형으로 알려져 있다. 충청남도 논산시 상월면 대명리 띠울도 행주형이다. 그런데 행주형의 터가 이동하고 흔들린다는 것이다. 터는 이동하면 안 된다.

19) 1997년 1월 3일 충청북도 문화재자료 제17호로 지정되었으며 한산 이씨 묵방삼파 종중에서 소유·관리하고 있다. 목은영당(牧隱影堂) 안에 있는 건물로 유학자들이 학문을 하는 곳으로 쓰였다. 고려 말기의 문신이자 성리학자인 목은 이색(李穡)의 영정이 봉안되어 있다(두산백과 참조).

따라서 터를 고정하거나 움직이지 않게 해야 한다. 그래야 터가 안정된다.

터를 안정시키고 올바른 물길의 행로가 이어져야 하므로 이런 곳에는 우물을 파지 않는다. 어느 곳이나 행주형으로 알려진 마을은 우물을 파지 않고 마을 바깥에 있는 샘의 물을 길어서 식수로 사용했다. 마을이나 집에 우물을 파는 것은 배의 밑바닥에 구멍을 뚫는 것과 같아서 배가 가라앉는다고 생각했다. 또 다른 조치는 배가 올바로 순항하고 항행할 수 있게 돛대를 세우는 방법이다. 대부분 마을에서는 마을 중앙에 느티나무와 같이 크게 자라는 나무를 길러 돛대 역할을 하도록 했다. 그러나 청주에서는 철당간을 세워 행주형 돛대로 삼는 비보풍수를 적용하였다.

청주 용두사지 철당간 위치

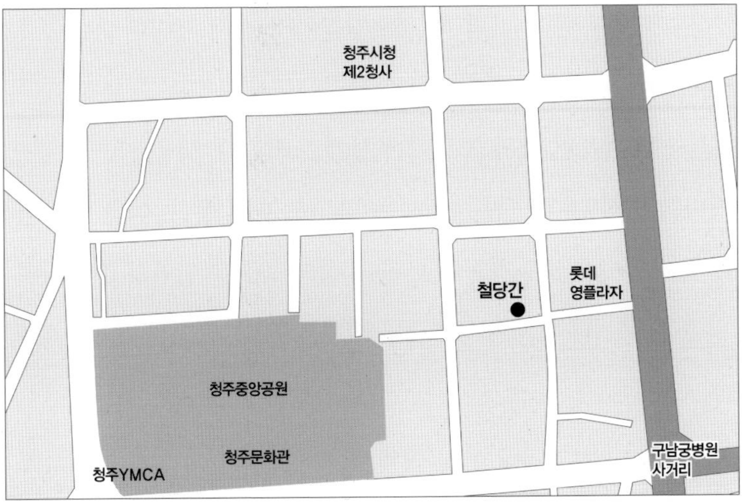

청주문화관이 있는 청주중앙공원에서 가깝다. 큰 도로에서는 롯데 영플라자를 찾아 뒤로 돌아가면 보인다.

댓돌에 바다 생물을 새긴 이유는

남도의 거찰巨刹 미황사美黃寺를 찾아간다. 미황사로 달려가다 보면 멀리서부터 달마산達摩山의 자태가 시선을 잡는다. 달마산은 한반도 산줄기 중에서도 마지막 맥에 속한다. 마치 바다로 침몰하기 전의 거대한 배처럼 한반도 기맥의 마지막에 솟아오른 거대한 봉우리다.

달마산을 바라보면 바위 능선이 무섭게 느껴진다. 서울 인근 도봉산道峯山 능선이나 설악산雪嶽山 바위 능선과는 다른 느낌이 든다. 이곳 달마산이 지나치게 호젓하기 때문일지도 모르겠다. 산의 능선을 장악하고 세워진 바위들이 공룡의 등이나 닭의 볏을 연상시킨다. 마치 선인장이 빼곡하게 세워진 듯 보이기도 한다.

달마산은 절경으로 하늘과 땅 사이에 자리한 요지경이다. 바위들이 들쭉날쭉한 선을 그으며 한참이나 이어져 마치 병풍을 세운 것 같다. 예부터 전해오는 말에 이르듯, 도산검림刀山劍林은 아니라 해도 불꽃의 향연이라는 말은 어울릴 것이다. 산정상과 능선이 바위로만 이루어져 있을 뿐 능선 어느 곳에서도 나무가 그다지 보이지 않는다. 피어오르는 불꽃 모양의 바위 봉우리가 묘한 시선을 보내며 유혹하는 것 같다. 바위의 색이 그대로 드러나서 회색빛으로 다가오는데 빛을 받는 오후에는 마치 꿈속 같은 느낌이 든다.

미황사 곳곳에는 문화재적 가치가 있는 유물이 있다. 그중에도 대웅전大雄殿은 소상하게 살필 이유가 있다. 미황사 대웅전은 1754년 세워진 불전佛殿으로 이전에 세워진 불전은 불타 없어졌다. 대웅전은 평면 구성, 공포의 뛰어난 장식, 법당 내부의 화려한 천불도千佛圖와 다양한 문양, 우수한 조각 기법 등이 찬사를 받는다. 학자들은 18세기 이후 불전의 특징을 잘 보여주는 당우堂宇로 평가한다. 보물 제947호로 지정되어 보호를 받을 수 있으니 고마울 따름이다.

살필 것이 많은 대웅보전에서 풍수지리를 살피러 온 방문객이 눈여겨볼 것은 주춧돌이다. 대웅보전은 돌을 이용하여 기단을 높직하게 쌓았다. 기단

해남 미황사 대웅전 주초석

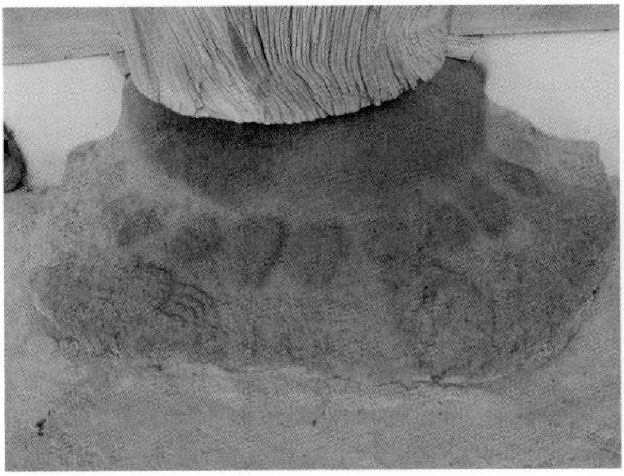

미황사 대웅전의 주초석에는 바다 생물인 거북과 게를 새겨놓았다. 단순하게 바닷가라는 의미가 아니라 바다 생물이 물을 불러오는 비보의 의미가 있는 것으로 보인다. 특히 거북은 장수를 기원하는 의미가 깃들인 것으로 파악할 수 있다.

위에는 연꽃잎을 새긴 둥근 주춧돌을 놓았다. 불교에서 연꽃 문양은 탑이나 부도에도 사용되고 석등이나 단청에도 사용된다. 연꽃은 그야말로 청정의 상징으로 불교와는 떼려야 뗄 수 없다. 미황사 대웅전의 기둥은 가벼운 배흘림이다. 대웅전 지붕을 받치는 기둥은 모두 열두 개다. 둥근 기둥은 무거운 지붕을 받치고 있다. 열두 기둥은 12산十二山 혹은 12방十二方을 의미하는지도 모르겠다. 혹은 12지十二地를 나타내는지도 모른다. 사실 미황사를 여러 번 방문한 이유는 이 주춧돌을 보기 위해서라고 해도 지나친 말이 아니다. 미황사의 대웅보전에서 가장 주의를 기울이고 유념해서 보아야 할 것이 이 주춧돌이 아닌가 생각한다.

혹자는 건물의 주춧돌이 그리 대단하냐고 물을지도 모른다. 기둥이 있으면 당연히 주춧돌이 있는 것 아닌가? 주춧돌에 연꽃 문양이 있는 것도 당연한 것 아닌가? 그렇게 생각할 수 있다. 미황사 대웅전을 받치는 열두 개 주춧돌 가운데 여섯 개는 자연석이다. 나머지 주춧돌 여섯 개에는 나름 노력한 흔적이듯 투박하게 연꽃무늬를 새겨놓았다. 어쩌면 오랜 세월이 흐르다 보니 풍화되어 투박하게 변했을지도 모른다. 어쨌든 가장 신경 쓰이는 것은 바로 이 연꽃무늬가 새겨진 주춧돌이다.

미황사 대웅전 주춧돌에는 어느 사찰에서도 볼 수 없는 특이함이 있는데, 바로 연꽃무늬 사이에 게와 거북을 도드라지게 새겨놓은 것이다. 수많은 절을 돌아다녔지만 주춧돌에 바다 생물을 새겨놓은 경우를 보지 못했다.

여기에는 어떤 이유가 있을까? 미황사가 바닷가에 있는 절이라서 그럴 수 있다고 주장하는 사람도 있다. 그럼 왜 다른 바닷가의 절들에는 이런 조각이 없을까? 바닷가에 있는 절이라 주춧돌에 거북이나 게를 새겼다면 우리나라 절 곳곳에서 이런 주춧돌이 발견되어야 한다. 미황사보다 더 바닷가 가까이 자리한 절도 많은 이치를 따진다면 전국적으로 이런 문양이나 주춧돌이 많아야 한다.

다른 학자들의 다양한 의견도 신뢰감이 간다. 〈미황사사적비〉에 새겨진 글자도 해석할 이유가 있다. 신라 경덕왕 때 인도 우전국의 왕이 배에 경전과 불상을 싣고 와서 봉안하면서 미황사가 창건되었다는 설화다. 지금까지 우리 불교는 중국을 거쳐 전래되었다는 것이 통설이라는 점에서 이 설화는 매우 중요하다. 이 설화는 우리나라 불교가 인도에서 바다를 거쳐 직접 건너왔다는 해양도래설海洋途來說을 뒷받침한다. 많은 학자가 이 주춧돌의 게와 거북이 이 이론을 증명하는 흔적이라고 견해를 밝혔다.

여러 번에 걸쳐 미황사를 드나들며 풍수 공부를 하다보면 재미있는 주장을 해도 되겠다는 생각이 든다. 즉 달마산은 미황사의 주산으로 매우 가까이 있는 편인데, 바위로 이루어져 일견 화형체火形體로 보인다. 화형산火形山은 불을 의미하는 산이니 반드시 비보裨補가 필요하다.

조선은 건국 후 서울을 한양으로 옮겼다. 경복궁景福宮을 지으며 가장 두려워한 것이 화기火氣다. 물론 조선시대 건축물이 흙과 나무로 지어져 화재 위험이 큰 것이 사실이지만 풍수적으로 관악산冠岳山이 화형산이라는 것이 문제였다. 화형산의 화기가 궁궐에 미칠까 두려웠던 것이다. 그래서 조선은 경복궁을 건립하며 여러 가지로 비보를 하였다.

미황사라고 다르지 않았을 것이다. 더구나 비보풍수를 발전시키고 전개한 세력은 불교도였다. 비보풍수가 본격적으로 역사 속으로 들어와 활동한 것은 나말여초羅末麗初의 승려 도선국사道詵國師 때부터다. 도선국사의 비보풍수는 오랜 세월을 건너 현재까지도 이어지고 있다. 그렇다면 미황사를 지을 때도 혹은 그 이후에도 비보풍수의 영향을 무시할 수 없었을 것이다. 우리의 전통 건축물은 화재에 취약하다. 따라서 집을 지을 때 일정한 수준의 다양한 화재비보火災裨補를 했는데 상량문도 그런 이치에 부합하는 것이다.

화재를 예방하는 비보는 두 가지 방법으로 전개한다. 하나는 불의 기운을 불로 막는 방법이다. 강한 불은 물로 끌 수 없으므로 맞불을 놓는 이치가 바로 그것이다. 또 하나는 불을 물로 끄는 방법이다. 집 안에 물을 의미하는 그림을 걸거나 물에 사는 짐승과 생물을 그려 붙인다. 혹은 그에 해당하는 글씨를 쓴다. 순천 선암사 대웅전 서까래에 바다를 의미하는 '해海'자를 그려 놓은 것이 이에 해당한다.

미황사는 거찰巨刹이다. 주산主山이 우람하고 힘이 강하다는 것은 의심할 여지가 없다. 그러나 바위로 이루어진 주산의 형태를 때로는 화형火形으로 볼 수 있다. 이는 이 터가 화재로 소실될 가능성이 많다는 것을 보여준다.

도선국사의 맥을 이은 한국 불교의 선지자先知者들이 화재를 방어하기 위한 비보를 하지 않았을 리가 없다. 조금 해학적이지만 이 게와 거북은 물속에 사는 생물이다. 특히 거북은 바다에서 사는 생물이지만 북쪽을 의미하고 물을 의미하는 현무玄武이다. 산지사찰은 산불이나 부주의에 따른 화재에 취약하다. 건물이 층층으로 있기에 불이 번지는 속도도 빠른데 이 생물을 새김으로써 화기를 방어한 것으로 살필 여지가 충분하다.

해남 미황사 찾아가는 길

미황사 부근에는 큰 도로가 없어 서정초등학교를 먼저 찾아가는 것도 하나의 방법이다. 이곳에서 서정지를 지나 계속 오르면 미황사에 도착한다.

그곳에는 담이 있었다

고택古宅을 살펴보다가 문득 고개를 주억거렸다. 담 또한 비보풍수가 아닐까 하는 생각이 들었다. 우리는 담이라는 존재를 무시하거나 그저 그렇게 세웠을 것이라고 가볍게 여기는 경우가 있다.

고택이나 전통가옥 혹은 전래된 양반兩班들의 가옥에는 하나같이 담이 둘러쳐져 있다. 우리가 잘 알고 있거나 유명한 고택지인 안동 하회마을이나 경주 양동마을 등에서도 양반가옥을 둘러싼 담을 볼 수 있다. 담의 존재를 사전적으로 파악한다면 그 답은 명백하다. 담을 쌓는 목적으로는 방어防禦가 제일 중요하다. 밖으로부터 안을 보호하는 이치가 담에 있다. 적의 침입을 막기 위한 구조물이다.

담이라는 구조물은 역사가 아주 오래되었다. 담은 축소된 성城이다. 큰 입을 나타내는 구口에는 원래 담을 나타내는 의미가 있다. 이 구조가 커지면 성城이 된다. 담은 밖에서 안이 들여다보이지 않도록 하는 중요한 구조물이다. 때로 담은 공간을 서로 나누는 구별점이다. 따라서 한 집 안에서도 다른

안동 하회마을의 담

담의 가장 기본적인 기능은 내부자를 보호하는 것이다. 아울러 내부의 비밀이 새어나가는 것을 방어하는 것이다.

성격으로 나누기 위해 담을 쌓는다. 안채와 사랑채 혹은 문간채와 같이 성격과 계급을 표시하는 용도로 담을 쌓았다.

우리나라의 일반적인 지형적 특징이 담의 생성이나 형태에 영향을 미쳤다. 우리나라는 국토의 70% 이상이 산이다. 큰 도시를 제외하고는 어디에서나 둘러 보이듯 사방이 산으로 둘러싸여 있다. 넓은 평야도 흔하지 않다. 구릉성 산지도 많지 않다. 그러나 대부분 그다지 높지 않은 저산성低山性 중기복 산지에 해당한다.

우리의 전통마을에서 보이듯 낮은 산지가 마을을 둘러싸고 있다. 이것은 사람들에게 공간 지각에 대한 견해와 눈을 가지게 한다. 즉 이 땅에 사는 사람들에게 일정한 거리의 산지가 하나의 경계로 작용하고 우리의 일관된 시선은 그 경계선을 기준으로 한정한다. 이러한 시선에는 장단점이 있다. 안으로 파고드는 일정한 패턴은 내부 결속을 다지게 하지만 밖으로 전진하지 못하는 시선은 부정적 요인을 제공한다.

풍수지리에는 국局이라는 개념이 있다. 음택陰宅에서는 사신사四神砂에 둘러싸인 공간이다. 양택陽宅에서 적용하면 마을을 둘러싼 공간이다. 이를 중심에서 바라보면 마을은 원형 공간 안에 있다. 우리의 전통적 마을의 관점에서 산으로 둘러싸인 원형 공간은 그 크기가 크고 작음의 차이는 있지만 안정감을 준다. 이 국의 개념은 누구라도 긴장을 느끼지 않을 정도의 구조를 가진다. 바람이 새어드는 것을 차단하여 안정감이 뛰어나다. 이러한 이치를 풍수지리에서는 교쇄交鎖라고 하거나 장풍藏風이라고 한다. 전통적 개념에서는 사람이 안정할 수 있을 정도의 적정 규모가 국이다.

우리 전통적 개념에서 담은 어떤 것인가? 담은 자연과 어울리고자 하는 것이다. 우리의 담은 비교적 산의 능선과 닮았다. 그러나 힘을 지닌 자의 담은 각지고 위압적으로 변한다. 이는 성城의 개념이다. 우리는 산으로 이어진 공간 속에서 이웃을 하나의 가족 개념으로 이해하고 살아왔다. 즉 담이 없는 사람끼리는 산 안쪽의 공간을 하나의 공간으로 인식하고 이웃과 격이 없이 소통하며 지낸다. 그러나 담이 만들어지면 격이 생기고 구별이 이루어진다. 그래서 사람과 사람 사이에 담이 생긴다는 말을 한다.

담과 그 유사성을 살펴보면 우리가 담이라고 생각하는 모든 것이 다 담은 아닐 수 있다. 산간 지방이나 농촌의 주택에서 널리 사용하는 담의 형태가 있다. 살아 있는 나무를 대지垈地의 경계에 심어 구별하는 방법이다. 흔히 남쪽 지방에 탱자나무를 심는 경우를 볼 수 있다. 그밖에 가시나무, 개나리 등을 심는데 이는 생울이라는 울타리의 일종으로 담과는 다르다.

일반적으로 울타리는 나뭇가지를 잘라 세워 경계를 지은 형태이다. 나뭇가지, 풀대, 싸리나무, 수수깡, 대나무, 옥수숫대와 같은 재료를 사용한다. 이를 엮어 사용하기도 하고 바닥에 꽂기도 한다. 그러나 이 울타리는 담이 아니다. 현대 건축에서 펜스와 같은 구조는 담이 아니라 울타리에 속한다.

판장板墻도 허술하면 담이 아니다. 판장은 굵은 나무기둥을 일정한 간격으로 세우고 기둥과 기둥 사이에 일종의 가로대를 대고 널빤지를 붙인 것이다. 판장도 견고하고 바람이 새어들지 않으면 담으로 볼 수 있다. 요즈음 건축에서 방부목防腐木과 같은 단단한 목재를 이용하여 판장을 만든다면 담의 기능에 속한다고 할 수 있다.

우리나라 전통가옥에서 가장 많이 사용하는 담의 형태는 돌담으로, 석장石墻이라고 한다. 민가용이나 평민용은 크고 작은 막돌을 허튼층쌓기로 쌓는데 높이가 어깨 정도에 불과하여 밖에서 안이 보인다. 상부는 그대로 두거나 짚으로 이엉을 엮어 덮기도 한다.

같은 돌담이라도 양반가옥의 돌담은 민가의 돌담과 격이 다르다. 물론 향리鄕里에 자리 잡은 양반의 가옥을 에워싼 돌담 중에는 평민들의 돌담과 다르지 않은 경우도 있다. 그러나 그런 경우에도 담 높이는 차이가 심해서 양반가옥의 담 높이는 밖에서 안을 볼 수 없는 정도다.

돌담 중에는 각진 돌로 쌓은 담도 있는데 이는 서울의 중상류 주택에서 보인다. 지방의 양반가옥을 둘러싼 담도 각진 돌로 쌓은 경우가 있다. 각진 돌은 다듬은 것으로 사괴석四塊石이라고 한다. 궁궐宮闕은 물론이고 사찰寺刹, 문묘文廟 등의 건축에 사용한다. 사고석은 대부분 바른층쌓기로 쌓으며 윗면에

안동 하회마을 담의 비보적 용도

담은 가구와 가구의 독립성을 보장하며 불이 났을 때 불길을 차단하는 비보적 기능을 한다.

는 기와지붕을 하는데 사고석담이라고도 한다.

토담도 전통적인 담으로 지역에서 나오는 진흙을 사용한다. 진흙에 지푸라기와 석회를 섞어 견고함을 추구한다. 단단하게 하려고 담 중간중간 잔돌을 섞기도 한다. 양반가옥에서는 흔하지 않지만 간혹 나타난다. 양반가옥 토담에서 간혹 안팎으로 널빤지로 틀을 만들고 그 사이에 진흙과 돌, 지푸라기, 석회 등을 섞어서 굳힌 것이 있는데 이는 우리의 전통기법인 토성의 판축법版築法을 응용한 듯하다. 담이 굳으면 판장을 떼어내며 이를 판담이라고 달리 부르기도 한다.

벽돌담은 양반들의 담 구성에서 가장 많이 사용하는 담장 축조법으로 벽돌을 쌓아 만든다. 중상류 주택과 궁궐에서 널리 쓰였으며 검은빛 회색 벽돌과 붉은 벽돌을 주로 쓰는데 궁궐에서는 붉은 벽돌도 썼다. 벽돌을 쌓은 다음 암키와와 수키와로 지붕을 만들기도 했다. 처마에는 막새기와를 쓰기도 하고 수키와에 아귀토를 물리기도 했다. 지금도 양반가옥이나 궁궐에서 흔히 볼 수 있지만 평민가옥에는 없다.20)

그밖에 축조방법에 따라 영롱담[玲瓏墻]이 있다. 벽돌로 쌓은 담 중간에 벽돌을 빼내 구멍을 낸 담이다. 화초담[花草墻]은 담의 벽에 꽃무늬를 넣은 것으로 달리 화문담[花文墻]이라고 하는데 주로 길상문자吉祥文字나 꽃무늬를 넣었다. 경복궁景福宮 교태전交泰殿 뒷벽에서 보듯 궁궐의 담이나 벽에는 사슴이나 학과 같은 십장생十長生을 새겨 넣기도 했다.

담은 대단히 풍수적이다. 우리의 전통적 개념에서 담은 단순히 경계하는 용도로만 쌓은 것은 아니다. 경계나 방어를 목적으로 쌓아올린 것이 1순위라는 측면에서 담은 성城과 같고 목책木柵과 같다. 방어가 목적이니 밖에서 보이면 안 되므로 높이가 중요하다.

우리의 집터는 궁극적으로 배산임수背山臨水를 선호한다. 뒤가 높고 앞이 낮은 구조다. 평지에 자리한 건물의 양기지陽基地도 있지만 구릉에 자리한 양기지도 많다. 양동마을에서 보이듯 양반들의 가옥은 약간 기울기가 있는 구릉지에 많다. 혹은 배산임수가 이루어진 정형성을 지닌 양기지가 많다.

우리 전통가옥에서 기울기가 약간 있는 구릉지에 건축된 집은 안에서 밖을 보면 담이 나지막하다. 그러나 밖에서 보면 담이 매우 높다. 담 안의 대지가 담 밖의 대지보다 높은 것이다. 따라서 담 안에서는 밖을 보기가 쉽지만 밖에서는 안을 볼 수 없어 양반의 생활이 밖으로 드러나지 않는다. 안의 대

20) 한국학중앙연구원, 《한국민족문화대백과》; 한국콘텐츠진흥원, 문화콘텐츠닷컴(문화원형백과 한국 전통의 담), 2010 참조.

지가 밖보다 높은 것이 당연하지만 만약 대지 높이가 비슷하면 안에서는 확確을 놓아 발디딤을 해서 밖을 살필 수 있었다. 또한 담에 창을 내어 밖을 살피는 구조도 있었다.

담에는 이중성이 있는데 높은 담은 성채城砦의 의미가 있다. 외부에서는 방어적으로 느껴질 수밖에 없는 구조다. 담 안의 대지大地가 담 밖의 대지보다 높아 밖을 살피는 데 유리하다. 더욱이 몸채의 기단이 높고 바닥이 한층 더 높으므로 손쉽게 자연적인 공간과 유동할 수 있다. 이 담을 통하여 방어와 시선전개, 사전파악, 차경借景이 가능한데 이는 전형적인 비보풍수와 궤를 같이한다.

우리의 전통건물을 찾아보면 대부분 산과 인접해 있고 사찰은 대부분 깊은 산에 자리한다. 향교鄕校는 대부분 옛날부터 큰 고을에 있는데 배산임수의 법칙에 따라 산을 등지고 자리한다. 따라서 향교의 양기지는 산 아래이거나 산진처山盡處에 가까운 산 끝 부분이다. 이와 같은 이치는 향교와 유사한 기능을 하는 서원書院도 크게 다르지 않다. 그밖에 각 가문의 제각祭閣이 산 아래 자리한다.

산은 이 땅에서 살아가는 사람들에게 많은 것을 제공한다. 우선 나무 열매로 먹거리를 제공한다. 나무로 화목火木과 쟁기를 만들 수 있는 도구를 제공한다. 때로 무기 재료를 제공하고 궁극적으로 죽은 사람을 위한 묘의 터도 제공한다. 한겨울 차가운 바람을 막아주기도 한다. 산이 모든 것을 제공한다 해도 때로는 인간에게 재앙을 가져온다. 산불이 바로 그것이다.

산불은 매우 두려운 존재였다. 지금과 달리 방제도구防除道具가 없던 시절에는 산불이 나면 속수무책으로 당하고 때로는 무수한 인명피해가 일어날

안동 하회마을 양반가의 담

양반가의 담은 영역을 구별하고 분리하는 일종의 사신사(四神砂) 같은 역할을 했다.

수밖에 없었다. 산속에 지어진 사찰이나 산 근처에 지어진 건물들은 산불에 노출되면 화마火魔에 희생되었다. 우리 조상들은 삶의 터전을 지키고 산에 지어진 건물들을 지키기 위해 다양한 방비를 생각했다.

화재를 방어하는 도구는 흔하지 않았다. 가장 효율적인 방법이 화원火源과 분리하거나 일정한 간격을 유지하는 것이다. 담은 불길과 건물 사이를 가르는 아주 유용한 방법 중 하나였다. 산지형 사찰에서 경사傾斜를 극복하는 방법으로 축대형식의 계단을 쌓아 터를 안정시키는 방법이 있지만, 담은 불길을 차단하는 방법으로도 가치가 있었다. 따라서 산지에 지어지거나 산과 가까이 지어지는 건물들은 담을 둘러쌈으로써 화재를 피하고자 하였다. 이는 우리 건물이 목조로 이루어져 화재에 취약하기 때문에 비보용으로 취해지는 풍수의 한 단면이었다.

왜 마룻대에 용구(龍龜)라는 글자를 썼을까

집이 완성되어가니 상량문上樑文을 써달라고 한다. 지금이야 초대작가로도 활동하지만 성보는 풍수학자의 길을 가고 싶었다. 성보는 그림이나 글씨를 배워 작가가 되고 싶다는 생각에 서예書藝를 하고 문인화文人畵를 배운 것이 아니다. 사실 풍수지리를 배우면 음택陰宅도 살펴보아야 하지만 양택陽宅도 세밀하게 분석하고 살펴볼 줄 알아야 한다. 양택은 건축을 보는 것이다. 건축에서 개인의 집을 말하는 주택은 사람이 머물기 전에 다양한 행위를 한다. 그중 하나가 상량上樑이다.

애초에 서예를 배운 것은 상량문을 쓰고 건물 기둥에 현판懸板을 쓰고자 함이었다. 풍수지리를 배운다는 사람이 새로이 짓는 집에 초대받아 상량문을 써달라는 요청을 받았는데 손사래를 치는 것은 옳지 않다고 생각했다. 어쩌면 상량이야말로 집의 성주를 앉히는 일이라고 할 수 있다. 집에 생명력을 불어넣는 것이니 정성스럽게 대할 일이다.

상량이란 본래 기둥에 보를 얹는 일이다. 보를 얹고 그 위에 처마도리와

상량문

상량문에 용(龍)과 구(龜)라는 글자를 쓰는 것은 물을 다스리는 수신(水神)으로 하여금 화재를 방어하고자 함이다.

중도리를 걸고 마지막으로 마룻대를 올린다. 그런데 마지막으로 올리는 마룻대에는 일반적으로 상량문을 적는다.

상량문은 본래 글이 길다. 우리가 흔히 아는 간단한 상량문도 있지만 장문長文의 상량문도 있다. 대갓집이나 격식을 차리는 집의 상량은 종도리에 붓으로 쓰지 않고 네모 형태의 종이나 비단 같은 천에 먹으로 적는 것이 오랜 전통이자 이치다. 상량문은 접어서 종도리나 종도리를 받치는 부재인 장여에 홈을 파고 넣는다. 이런 상량문은 주로 반가班家에서 쓰였으며, 민가民家에서는 거의 쓰이지 않았다.[21]

한참을 달려 집을 짓고 있는 현장에 도착했다. 두 달 전 풍수적으로 여러 가지를 살펴준 집이다. 과거와 달리 요즈음은 집을 짓는 속도가 빠르다. 예

21) 국립민속박물관, 《한국민속신앙사전: 가정신앙 편》, 2011 참조.

부터 우리 조상들은 집을 지을 때 정성을 다했다. 터를 정하는 데도 신중했지만 터를 닦고 기둥을 세우는 하나하나에 정성을 쏟고 시간을 단축하기보다 다양한 이치에 신경 썼다. 이 집도 옛 방식으로 건축을 하려고 기초를 놓을 때 이미 지수화풍地水火風의 조치를 하였다.

도착해보니 간단한 제사 준비가 끝나 있었다. 벽돌집으로 짓지만 건축주가 지붕만은 전통식을 고집하여 상량을 하고 싶다고 하는데 오랜 인연이니 거절할 이유가 없었다. 다가가서 보니 상량문을 쓸 종도리가 받쳐져 있었다.

전통방식이라면 상량문을 길게 써서 홈을 파고 넣어야 하지만 사실 장문의 상량문은 일반적이지 않을 수도 있다. 예부터 상량대에 붓글씨로 간략하게 써서 내보이는 것이 일반적이다. 간혹 써야 할 내용이 많은 경우도 있는데 궁실, 관아, 학교, 사원 등이 그렇다.

상량문에 써야 할 내용이 많으면 상량대 면이 부족하므로 별지別紙에 상량문을 적을 수밖에 없었고, 결국 상량대에 홈을 파고 넣어 보장하는 방법이 나왔다. 이 홈에는 나중의 증개축이나 소실을 대비하여 수리할 수 있는 금붙이와 패물을 넣기도 한다.

어쨌든 성보는 짧은 묵서명墨書銘을 쓰기로 했다. 묵서명은 달리 상량기上樑記라고도 한다. 종도리나 장여에 글씨를 직접 쓰는 형태이다. 이러한 방법은 반가와 민가에서 가리지 않고 사용되었다. 상량문이 직접 쓰인 종도리는 상량보라고 하지만 흔히 마룻대라고 한다.

상량문의 종류는 다양하지만 처음으로 건물을 지어 올릴 때 쓰는 창건상량문이 가장 대표적이다. 중수하거나 개수하면 중수상량문이나 중건상량문을 쓴다. 분명한 것은 상량대를 새로 올리게 될 때만 글씨를 새롭게 쓴다는 것이다. 만약 상량대가 온전하여 다른 곳은 보수하였으나 상량대를 그대로 사용한다면 중수기를 남기더라도 상량문은 그대로 사용한다.

혹자는 상량문을 쓸 때 대들보를 올린다고 하는데 이는 틀린 말이다. 상량대는 동마다 어간御間이라 불리는 가운데 칸에 걸치는 마루도리[宗道里]를 말한다. 절대로 대들보에 쓰는 것이 아니다.

서둘러 상량문을 쓸 준비를 했다. 미리 갈아온 먹에 붓을 적시고 종도리에 올라앉았다. 상량문은 도리의 배 바닥에 쓴다. 목수가 대패질을 하여 배 바닥을 매끈하게 다듬어놓았다.

여염집에서는 종도리 배 바닥에 먹으로 글씨를 쓰는데 대청마루에서 올려다보면 상량문이 보인다. 그러나 공공건물에서는 종종 상량문이 보이지 않기도 한다. 마루도리 배 바닥이나 등덜미에 써도 결구結構하면 가려져 보이지 않는 것이다.

장황하게 쓸 수도 있지만 가장 근본적인 내용만 쓰기로 했다. 종도리가 그다지 길지도 않으니 간략한 것이 더 좋을 듯했다. 일반적인 묵서명은 먼저 조영造營의 내용을 적고 찬문讚文을 쓴다. 때로 집짓기에 관계한 사람들의 이름을 쓰기도 하지만 요즈음 일반 상량이 아니다.

마룻대 한 끝에 '龍'이라고 썼다.

"西紀二千十八年戊戌七月初二日卯時立柱上樑.應天上之三光備人間之伍福."

마지막으로 한자를 썼다.

"龜."

박수소리가 내 일의 마지막을 알렸다. 다행히 글씨가 마음에 들었다. 월

상량문의 용(龍)

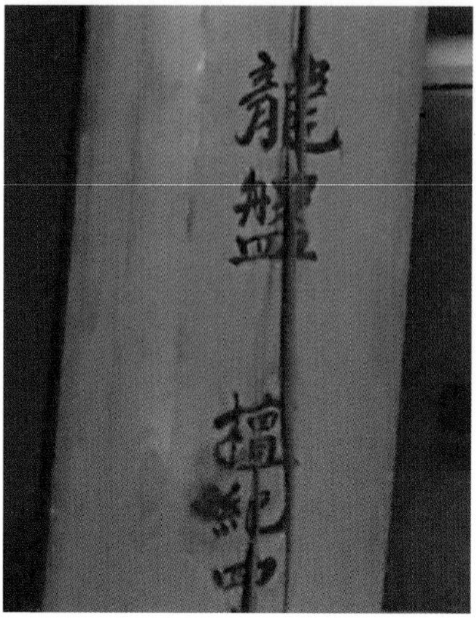

용은 물을 부르는 수신(水神)이다. 예전 건축물은 흙과 나무로 지어져 화재의 위험성이 컸다. 물을 다스리는 용자는 화재를 예방하고자 하는 비보풍수의 일환으로 문자비보에 해당한다.

月자와 일日자를 조금 변형해서 전서체篆書體를 넣었는데 행서行書와 잘 어울렸다. 곧 마룻대를 올리기 위해 제사를 지내고 양옆에 밧줄을 묶었다. 보통 이러한 행사로 집을 짓는 사람들에게 술과 고기를 내는 좋은 전통도 있다.

"참, 선생님. 상량문 양옆에 쓰는 글씨에는 무슨 의미가 있어요?"

목수생활을 그리 오래하지 않았기에 그렇게 물었을 것이다. 집을 짓는 사람들은 대부분 상량문 양옆에 쓰는 두 글자인 용龍과 구龜의 의미를 모르지 않는다.

"비보풍수입니다. 불이 나지 말라고!"

내 대답은 비교적 간단했다. 우리나라 집은 대부분 흙과 나무로 짓는데 목재건축물의 가장 큰 약점은 불이다. 나무로 지은 집은 화재에 취약할 수밖에 없다. 어떤 방법을 쓰든 불을 막아야 하니 불을 진압하는 비보풍수가 필요했다. 그러나 일반 주택에서 불을 막는 비보풍수를 한다는 것은 쉬운 일이 아니다. 따라서 글자를 이용해 불을 억제하고자 한 것이 바로 용龍과 구龜 두 글자이다.

용龍은 비를 불러오는 영물이다. 비를 부른다는 것은 결국 화마火魔를 제압하는 강한 기운을 부른다는 것이다. 용은 변화를 의미하기도 하지만 그보다 물을 다스리는 기운이니 화마를 제압하는 데 도움이 된다고 본다. 구龜는 물에 사는 대표적 생물이다. 더불어 거북은 수명이 긴 생물로 알려져 있으니 이 집에 사는 사람들의 장수를 기원하여 써넣는 글자다. 더구나 거북을 나타내는 구龜는 북방北方의 신이다. 북방은 수水를 나타내고 검은색을 의미한다. 상량문 양옆으로 용龍과 구龜 두 글자를 써넣어 화마로부터 집을 보호하고자 하는 간절함이 문자비보로 이어진 것이다.

PART 2

비보풍수(裨補風水)

비보풍수(裨補風水)

풍수지리라는 측면에서 살피면 인간이 살기 위해 선택한 어떤 지세地勢라도 완벽한 곳은 없다. 인간의 생각 속에 있는 한계적 사상의 풍수지리 감각으로는 어떤 지형을 살펴도 오히려 지나치거나 부족하다. 따라서 곳곳에서 느끼거나 살핀 지리 경험과 인간이 지닌 지혜를 바탕으로 이를 보완하는 것이 핵심이다. 물론 음택과 양택은 차이가 있음도 살펴야 한다.

'풍수무전미風水無全美'라는 말이 있다. 세상에 완벽한 땅은 없다는 뜻이다. 사람의 욕심에 한이 있으랴! 땅이 아무리 천하의 이치를 반영하고 지기地氣가 뛰어나다 해도 인간의 상상 속을 이겨낼 수는 없다.

인간의 욕망과 이상은 자연 이상의 자연을 요구한다. 이 때문에 풍수지리에서는 부족한 곳을 보충하거나 지나친 곳을 진압하는 비보압승론裨補壓勝論이 자연적으로 발전했다. 비보는 부족한 것을 보완해 실實한 곳으로 바꾸는 풍수적인 방법이다. 압승은 강한 기운을 눌러주는 풍수의 한 가지 방법이다.

명리학命理學의 용신법用神法에서 억부용신抑扶用神을 사용하듯 풍수지리에서는 비보풍수裨補風水를 사용한다. 비보의 형태는 다양한데 재료도 다양하고 사용하는 방법도 다양해서 목적에 따라 각각의 재료를 사용한다. 나무를 이용하는 수목비보樹木裨補만 하더라도 수구水口에 나무를 심거나 보호하는 동수洞樹가 있고 당산나무나 당산림堂山林, 제언림堤堰林, 풍치림風致林이나 방조어부림防潮魚付林도 있다. 마을의 중심이나 마을 입구에 심어 기르거나 보호하는 마을 나무가 있고 개별적으로 사용하는 장승이나 솟대도 있다.

비보풍수는 나무만 이용하는 것이 아니다. 사찰을 이용하기도 하고 탑이나 당간지주도 이용한다. 때로 바위나 돌을 이용해 비석을 세워 비보하고 불상도 이용하여 비보한다. 가내家內로 들어가면 그림이나 글자로도 비보한다.

비보풍수의 형태는 다양하다. 지역에 따라 다르고 지형에 따라 달라지기도 한다. 경사가 심한 계곡에 절을 지은 것은 비바람에 물이 불어난 것을 알리거나 막기 위함이요, 깊은 골짜기 입구에 마애불磨崖佛을 새기거나 미륵불彌勒佛을 세운 것은 계곡의 한기寒氣와 풍살風殺을 방어하기 위함이다. 행주형行舟形 마을에는 당간지주幢竿支柱나 솟대를 세워 돛을 대신한다. 지세가 음陰하면 당간지주를 세우거나 탑을 세우는데 이는 양물陽物의 형상화가 이루어진 현상이다.

비보 형태는 다양하게 발전한다. 허한 곳을 가리기 위해 수목비보로는 부족하다고 여기면 인공적으로 산을 만드는 조산造山을 통해 바람과 물의 흐름을 조절한다. 때로는 경관을 좋게 하는 방법으로 나무를 심고 조산을 한다. 물의 흐름을 바꾸기 위해 제언을 조성하고 그 위에 나무를 심는다. 화기火氣가 지나치게 강하거나 산이 마을을 보호하지 못하는 형상이면 절을 짓거나 탑을 세워 진압한다. 때로는 산이나 마을의 이름을 바꾸기도 하고 부족한 부분을 메우기 위해 작은 언덕을 만들기도 한다.

우리 풍수에서 비보풍수는 매우 중요한 영역을 차지한다. 또 음택풍수의 영역이 좁아지고 양택풍수의 영역이 넓어지고 있으며 비보풍수의 역할과 영역도 커지고 있다. 양택풍수에서 비보풍수는 풍수적으로 부족한 부분을 보완하면서 발달하며, 그러한 예는 실생활에서 심심치 않게 볼 수 있다. 예를 들면 고종황제高宗皇帝 시기에 광화문光化門을 수리하며 화재를 막기 위해 불의 기운을 억누르는 해치상을 세운 것과 같다.

상징적인 의미도 풍수에서는 차용한다. 민간에서는 마을을 에워싼 산줄기가 지나치게 약하고 낮으면 흙을 날라 언덕을 조성하거나 돌탑을 쌓는 행위가 이에 해당한다. 심지어 인공적으로 산을 만들기도 하는데 조산造山이라는 말의 근원이다. 풍수지리의 범위는 매우 넓다. 부족한 지세에 좌절하지 않고 이를 보완하여 생활의 안정과 편리성을 추구한 우리 조상의 지혜가 바로 비보풍수로 나타났다.

풍수는 매우 다양한 목적으로도 이용되었는데 사람들이 모를 뿐이다. 아니, 늘 사용하고 있기 때문에 애써 신경 쓰지 않았을 뿐이다. 우리 주변 곳곳에는 다양한 비보풍수가 적용되고 있다.

예를 들어보자. 경기도 여주시驪州市에는 고찰古刹 신륵사神勒寺가 자리하고

여주 신륵사 다층전탑

벽돌을 구워 쌓은 전탑은 우리나라에서 흔하지 않은 탑의 형식이다. 이 탑은 남한강의 홍수를 방어하는 의미의 비보사탑이다. 따라서 이 탑이 세워진 여주 신륵사도 비보사찰이다.

있다. 신륵사는 한강과 닿아 있다. 사찰 바로 앞에 한강이 유유히 흐르니 절의 영역이 강가에 닿아 있다. 강이 휘몰아치듯 곡선으로 달려와 사찰의 청룡방향 땅을 치고 들어온다. 강한 물살에 땅이 파여 나가고 말 것 같으나 강한 바위가 막고 있다. 바위가 막고 있으니 어떤 비바람이 몰아오거나 파도가 밀려와도 더는 파여 나가지 않는다. 바위로 이루어진 신륵사의 청룡방향 지각 끝에는 강월헌江月軒이라는 정자가 있다. 강월헌 뒤쪽에는 고려시대 축조된 다층전탑多層塼塔이 남한강을 바라보고 있다. 전탑으로 규모가 제법 큰 이 탑은 안동시내에 세워진 탑들을 생각나게 한다.

전탑은 벽돌을 구워 쌓은 탑이다. 우리나라 곳곳에서 볼 수 있는 일반적인 석탑石塔이 아니다. 절에 탑이 있는 것이 새로운 일이나 신기한 일은 아니다. 누구나 그렇게 생각한다. 많은 사람이 탑이 절의 전유물이라고 생각한다. 그러면 이 탑도 그냥 절에 세워진 탑 이상의 의미가 없는 것인가?

사찰에는 탑이 많고 다양한 탑이 전 세계에 있지만 신륵사 강가의 전탑에도 불교 사상 이상의 의미가 있다. 이 전탑은 고려시대에 세운 탑이라서 의미가 있는 것이 아니다. 그보다 근본적인 의미는 남한강의 홍수를 상징하는 용마龍馬를 제어하기 위한 탑으로 사찰비보寺刹裨補라는 것이다.

경상도 경주에는 손씨와 이씨 집안에서 인재가 많이 나온 전통마을인 양동마을이 있다. 양동마을은 우리의 풍수에서 빼놓을 수 없는 역사를 자랑한다. 일본의 강제 점령시대 일인들은 이 마을을 해치고자 했다. 마을 앞의 산을 자르고 기찻길을 놓으려고 했다. 그러자 온 마을 사람들이 누워서 항거했다. 기가 전달되는 길목인 산줄기를 파헤치면 마을이 피폐해진다. 기가 사라지거나 빠져나가기 때문이다. 양동마을 사람들은 죽기를 각오하고 대항

하는 방법으로 마을의 변형을 막아냈고 결국 마을 앞의 산은 잘리지 않았다.

천년의 땅을 그렇게 지켜냈지만 이제는 길을 뚫고 철도를 놓고 산업단지를 만들기 위해 산을 자르고 있다. 양동마을도 도로가 나며 지세가 잘려나가고 있다. 일제강점기에 목숨을 걸고 지킨 마을이 이제는 개발과 교통의 편리성이라는 논제 앞에 무너지고 있다.

풍수에서 가장 중요한 것은 기를 다루는 것이다. 마을을 살필 때도 기를 살핀다. 마을의 가장 좋은 입지는 바람이 멈추는 곳이다. 주산과 청룡, 백호, 안산을 지칭하는 사신사四神砂에 에워싸여 바람이 차단되어야 한다. 바람에 기를 잃지 않는 곳이다. 전후좌우에 산이 있어 바람을 막아야 한다.

풍수를 아는 누군가 어떤 마을을 지나며 입을 열었다.

"이 마을은 입구가 휑해서 바람이 불어오는걸. 풍수가 좋지 않으니 동구밖에 숲을 조성하는 것이 좋을 거야!"

이것이 만약 조선시대의 일이라면 마을 사람들은 하나같이 긴장했을 것이다. 조선시대 풍수사는 대부분 지식인이었다. 지식인의 말에는 힘이 있고 영향력이 있어서 그들이 하는 말은 민초民草에게 매우 중요하게 여겨졌다. 마을 사람들은 이런 말을 한두 번 들은 것이 아니었으므로 이제는 결정을 해야 했다. 마을 사람들은 곧 회의를 열었다. 설왕설래했지만 방법은 이미 정해졌고 마을 입구에 나무를 심기로 했을 것이다.

풍수사는 마을의 기상氣相과 지리를 파악하고 경관과 생태적인 면을 파악한 뒤 말한 것이다. 환경을 관리하기 위해 숲을 조성하라고 말이다. 이는 결국 환경전문가가 당시 상황을 살펴 조언한 셈이다. 흉한 지세를 명당으로 바꾸는 것이 비보풍수의 역할이다.

명당은 자연적으로 만들어지지만 100점짜리 명당은 없다. 명당의 정의는 다양하지만 우리 인식에 명당은 좋은 땅을 의미한다. 왕의 정전正殿 앞의 넓은 땅이라는 사전적 의미는 접어두자. 혈을 에워싼 사신사四神砂 내의 땅이라는 말도 접어두자. 소명당, 중명당, 대명당의 정의도 접어두자. 우리에게 명당은 좋은 땅이라고 인식될 뿐이다.

그에 의지해서 파악하면 해가 따스한 땅, 바람이 막힌 땅, 늘 온기가 넘치는 땅이다. 이 땅에 불합리한 부분이 나타나지 말라는 법은 없다. 앞이 열려 있거나 오른쪽 산이 낮거나 왼쪽 산이 낮을 수 있다. 이때는 비보풍수가 필요하다. 낮은 산을 높이는 조산비보가 필요하고 험한 곳을 가리는 수목비보도 필요하다.

비보풍수의 정의

세상에 온전한 것이 얼마나 있을까? 흠이 없는 물체가 얼마나 있을까? 자연은 온전할까? 그렇지 않다. 세상 이치가 그러하듯 세상 어디에도 완벽한 것은 없다. 완벽에 가까운 것이 있을 뿐이다. 자연도 그렇다. 자연이 온전하다는 생각은 버려야 한다. 풍수지리 이론도 완전에 가까울 뿐이다. 자연에도 결함이 있다. 풍수적 결함 말이다. 비보풍수裨補風水는 풍수적 결함을 보완하기 위하여 인위적으로 고치는 술법을 말한다.

비보풍수는 지극히 인간적이다. 어떤 지형이나 산세山勢가 풍수적으로 부족하다고 하자. 아름답다고 해서 완벽한 것은 아니어서 세상에 완벽한 지세는 찾기 어렵다. 당연히 허점이 있다. 이를 보완하는 풍수적 비법이 바로 비보풍수이다. 이를 달리 비보압승裨補壓勝, 비보염승裨補厭勝이라고도 일컫는다. 다양한 적용을 통해 비보풍수의 종류가 다양함을 알 수 있다.

비보풍수는 다양한 각도와 실용적 범위에서 여러 가지 목적으로 적용된다. 다각적인 방법으로 실행한다. 그 목적과 시기도 제각각이다. 용맥龍脈, 장풍藏風, 득수得水, 형국形局 등에 적용한다. 풍수의 모든 주요 이론에 적용한다. 인테리어도 비보풍수의 범주에 포함된다. 풍수의 부족한 부분에 적용한다.

비보풍수는 범위가 넓다보니 적용 방법도 다양하고 적용에 따른 이름도 다양하다. 나무를 심어 비보하는 방법은 가장 기초적이고 많이 쓰이는 것이다. 전국 곳곳에서 나무를 이용해 비보하는 수목비보가 눈에 보인다.

용맥이 약하다면 흙을 퍼다 새로 쌓아서 형태를 외양상 튼튼하게 바꾸고 산이 낮아 바람이 새어 들어오면 흙을 쌓아 산을 높였다. 때로는 돌탑을 쌓았다. 단순히 바람을 차단하는 데에 그치지 않고 조산造山이라고 해서 산을 새로 만들기도 했다. 비보풍수의 전형이다. 지형에 따라서는 산을 만들지 못할 수도 있고 형태적으로 산을 만들기가 여의치 않을 수도 있다. 이때는 돌탑을 세우거나 돌기둥을 세웠다. 돌로 성을 쌓기도 하고 망주석望柱石을 세워 주변을 보호하기도 했다.

수목비보와 가산비보에 솟대를 부가하고 주변에 가능한 한 나무를 심거나 보호하여 산처럼 여겼다. 평지로 이어져 산이 없거나 나무를 심기가 거북할 때는 지명에 산을 의미하는 글자를 넣어 산이 있는 것처럼 의식하였다. 또는 기둥을 두 개 세우고 줄을 걸어 수구막이, 수구메기라는 이름으로 물이 빠져나가는 곳을 막았다는 의식을 치르기도 했다.

마을을 에워싼 청룡과 백호가 낮을 수도 있고 마치 흙을 파내기라도 한 것처럼 움푹 파인 지형이 있을 수도 있다. 바람이 새어드는 지형이라면 비보가 필요하다. 인위적인 방풍防風이 필요하다. 그러면 나무를 심고 흙을 날라다 쌓아 청룡과 백호를 보충하여 바람막이를 했다. 마을로 스며드는 바람을 차단했다. 이러한 수목비보와 조산풍수는 다양하게 널리 사용되었다.

바람이 스며들면 숲을 조성했는데, 마을 앞이 허하게 열리면 바람이 들어오거나 풍파가 있다고 판단해 크게 자라는 나무를 심어 산을 대신하는 방법이다. 또 이 산을 해치지 못하도록 당산목堂山木을 정하여 당산림堂山林으로 삼았다. 지역에 따라 버드나무, 느티나무, 팽나무, 은행나무 등이 사용되었다.

사람이 살기에 완벽한 땅은 없다. 흔히 마을 앞으로 빠져나가는 물이 보이면 재산이 새어나간다고 한다. 바람이 새어 들어올 수도 있는데 이때는 나무를 심었다. 또 어디가 허하다면 숲을 만들어 보완했는데, 숲을 조성하는 것은 가장 많이 사용되는 비보풍수 수법이다. 비보풍수는 대단히 인간적이다. 모든 풍수적 단점을 풍수원리를 원용하여 인공적으로 보충하고 고치는 방법이다.

산의 형세가 나쁘다고 하여 혹은 인간이 살기에 불편하다고 하여 버리는 것이 아니다. 자연은 소중하다. 인간은 자연에 깃든다. 부족하면 보충하거나 막아서 쓰는 방법을 선택하는 것이 비보풍수다. 가능한 한 풍수지리에 입각한 양기지陽基地를 찾아 이용하지만 부족함이 있으면 보충한다. 우리 조상들은 땅을 살폈더니 형세가 나쁘다고 해서 포기하거나 버려두지 않았다. 세상에 인간이 원하는 완벽한 땅은 없다. 오히려 적극적으로 여러 가지 방법으로 보완해서 사용하려 했다. 이 비보풍수의 지혜 속에는 산을 사랑하고 아낀 조상들의 마음이 알알이 맺혀 있다.

비보는 생활에 적용하는 것이고 인위적인 용사用事이며 사람의 적극적인 의지이자 적응의 보편성이다. 철학적으로 인간이 자연환경과 상생하고 조화하고자 하는 노력이다. 자연과 관계를 맺으려는 적극적인 삶의 행위이다. 이것은 능동적인 풍수 전통이자 자연과 인간이 이루는 유기적 통합생명의 상호조절 원리에 해당한다.

우리 풍수에는 산을 중시하는 사상이 들어 있다. 이를 산신사상山神思想이라고 한다. 땅을 중시하는 지모사상地母思想이라고도 한다. 이 사상이 우리 풍수의 원류源流이다. 우리 민족은 인간이 산과 연결되어 있다고 믿었다. 산이 살아 있는 존재와 같다고 인식했다. 산의 표피는 인간의 거죽과 같다. 바위는 인간의 뼈와 같다. 그래서 흙으로 이루어진 산은 육산肉山이라 했고, 바위산은 골산骨山이라 했으며, 산줄기 안에 맥이 있다고 생각했다. 산을 살아 있는 사람처럼 기가 흐르는 존재라고 인식했다. 이것이 전통적인 풍수지리 사상이다.

우리 조상들이 산신사상이나 지모사상을 가지고 있었던 것이 단순히 풍수지리 때문만은 아니었다. 그러나 이러한 사상이 풍수지리와 관련 있는 것은 분명하다. 우리 조상들은 산을 조상의 시작으로 보았다. 이러한 사상이야말로 산을 중하게 여기는 근본이 되었다. 이러한 사상이 산을 숭배하게 만들었다.

우리 조상들은 산을 살아 있는 존재로 믿었다. 죽으면 당연히 산의 품에 안기는 것이라고 여겼다. 이러한 행위는 죽어서 조상에게 돌아가는 것을 의미했다. 죽어서 산에 묻히는 것을 조상의 품으로 돌아가는 것이라고 여겼다. 따라서 장례풍습葬禮風習은 풍수 이전에 우리 민족의 가슴속 깊은 곳에 뭉쳐 있는 사상이자 의식이었다.

우리 조상들은 산을 하나의 맥으로 보았는데 이는 인간관계의 맥을 의미하기도 했다. 한반도의 산은 모두 하나의 맥으로 이어졌다고 보았으며 이런 인식은 결국 인간 세상에서 맥을 잇는 것과 다를 바 없다고 보았다.

조선시대에 쓰인 《산경표山經表》22)에는 우리 산의 맥을 나타냈다. 1대간大幹, 1정간正幹, 13정맥正脈이 그것이다. 이 산맥의 이어짐이 인간사의 흐름을 대변한다. 모든 산은 그물처럼 연결되어 있다. 백두산白頭山은 출발이며 시작이다. 한반도의 모든 산을 연결하는 시조始祖이고 출발점이다. 산의 이어짐은 우리 뿌리가 하나의 조상으로부터 이어지는 것과 같다는 사상을 합일했다. 결국 산은 우리 삶과 같은 궤적으로 인식되었다.

커다란 궤적에서 산의 흐름과 인간사의 흐름은 일맥상통한다. 우리 조상이 면면하게 이어지듯 산줄기도 하나의 맥으로 이어져 있다고 믿었다. 산은 독립한 것이 아니라 면면부절綿綿不絶로 이어져 있다. 이는 우리 산을 형상화하는 사상이다. 이러한 사상으로 우리 산에서 어른은 백두산이고 백두산이 그 시작으로 인식되었다.

백두산에서 출발한 산줄기는 거대한 등줄기처럼 남으로 뻗어 지리산智異山으로 이어지니 백두대간白頭大幹이다. 예부터 우리 조상은 이 줄기가 우리 땅의 허리라고 인식했다. 그리고 백두대간으로 흘러가는 중 곳곳에서 솟아오른 산은 중시조中始祖로 살폈다. 산에서는 이를 중조산中祖山이라고 한다. 이러한 산에서 뻗어나온 산줄기를 정간正幹이나 정맥正脈으로 살폈다. 이는 우리 인간사에서 형제兄弟가 갈라짐을 의미한다.

산을 파악하니 산맥은 뼈와 같다. 백두대간이 등줄기이고 각 정간과 정맥이 팔뼈, 다리뼈이다. 정말로 13정맥은 갈비뼈와 같다. 그 사이로 흐르는 물은 핏줄기다. 수많은 산줄기가 정맥이 되고 지맥을 이루어 전 국토에 퍼져나

22) 조선 영조 때 여암 신경준이 조선의 산맥 체계를 도표로 정리한 책이다. 우리나라 옛 지도에 나타난 산맥들을 산줄기와 하천줄기를 중심으로 파악했으며 산맥 체계를 대간·정맥·정간 등의 표현으로 백두대간과 연결된 14개 정간·정맥으로 집대성하였다(이우평, 《Basic 고교생을 위한 지리 용어사전》, 신원문화사, 2002 참조).

간다. 이 산을 따라 4대강을 비롯한 강줄기들이 흐른다. 이러한 이치는 마치 인간의 몸이 뼈와 수많은 핏줄로 이어지는 것과 같다고 여겼다.

인간사세옹지마人間事塞翁之馬라는 말이 있다. 좋은 것이 있으면 나쁜 것이 있고 나쁜 것이 있으면 좋은 것이 있다. 나쁜 것이 때로 좋은 결과를 가져오기도 하고, 좋은 것이 나쁜 결과를 가져오기도 한다. 풍수도 이와 같아서 좋은 것만 있을 수는 없다. 수천여 리를 달리는 산세가 늘 단풍이 든 가을의 산처럼 아름답기만 할 수는 없다. 누구나 말하듯 완벽한 풍수는 없는 법이다. 때로 거칠고 험악하기도 해야 순하고 부드러운 산세도 만들어지는 법이다. 인간은 완벽한 풍수를 추구하고 또 완벽한 풍수를 찾아가지만 세상 어디에도 완벽한 풍수는 절대로 존재하지 않는다.

무릇 좋은 풍수적 지형이 있으면 나쁜 풍수적 지형도 있기 마련이다. 사람이 살 만한 곳이 있다면 살기 좋지 않은 환경도 있다. 비가 많이 오는 환경도 있고 적게 오는 지역도 있다. 인간은 살기에 용이한 터를 찾지만 모든 자연이 인간 친화적이지는 않다. 이에 사람들은 나쁜 풍수를 좋은 풍수로 만드는 방법을 선택하였다. 물론 그 이전에 나쁜 풍수를 피하는 것이 먼저였다. 그래서 취길피흉取吉避凶이다. 나쁜 지세를 피하는 방법을 선택하는 것이 옳다. 그러나 어쩔 수 없이 살아야 할 경우도 생긴다. 살 곳을 선택하는 방법에서 선택이 필수불가결한 상황도 있다. 이에 선인들은 나쁜 풍수를 좋은 풍수로 바꾸거나 해가 적은 지형으로 바꾸려고 시도했다. 지세와 위치를 바꾸려고 노력하였다. 이를 비보풍수라고 한다.

비보는 단순히 막거나 고치는 것만이 아니다. 부족한 것은 보충하고 단점은 보완하여 살기 좋은 땅으로 변화를 꾀하는 방법이다. 양기지 풍수에서 핵심 중 하나는 인위적으로 부족한 자연을 보충하는 방법이다. 인간이 살아가는 데 해가 적은 땅으로 바꾸는 것을 비보풍수라고 한다. 결국 비보풍수의 핵심은 부족한 지형을 보완하는 것이다.

비보 방법은 무궁무진하고 천차만별의 기법이 존재한다. 지금까지도 다양한 비보풍수 기법이나 방법이 시기를 달리하여 발견되거나 보완되며 이어졌다. 우리가 사는 곳곳에 조상들의 비보 흔적이 남아 있다. 가택家宅은 물론이고 음택, 심지어 궁궐이나 성벽의 축조에도 비보풍수가 이용되었다.

비보풍수는 우리의 전통적 문화이다. 세상이 변한다고 해서 없어질 문화가 아니다. 아니 더욱 강화될 것이다. 앞으로도 계속 만들어지고 개발될 것이다. 사람이 살아가며 부족한 것을 메우는 방법은 반복적이고 계속적으로 만들어질 것이다. 사회가 변하면 그에 어울리는 비보풍수가 나타난다. 비보풍수 방법은 시대를 따라 개선되고 또 개발된다.

도선국사(道詵國師)

한국 풍수는 도선道詵을 제외하면 이야기하기 어려워진다. 도선은 우리 풍수의 중시조격인 사람이다. 풍수를 이야기할 때 도선을 빗대는 것은 그가 이룬 업적 때문이다. 물론 그가 보여준 신이神異한 행적의 진위 논란은 있다. 그가 이루었다는 업적을 완벽하게 증명하기도 어렵다. 그러나 그의 이름이 존재하고 구전되어 내려오는 것은 그가 이 땅의 풍수지리에 미친 영향이 지대하다는 의미이다.

알려진 바에 따르면 도선은 신라 말 사람이다. 속세에 알려진 것처럼 그가 고려 초기를 거쳐 오래도록 생존한 것은 아니다. 도선의 생몰연대를 분명히 파악하는 것이 여러 신이한 행적과 유적을 판단하는 잣대가 된다. 도선은 국사國師로 불렸으며 신라 하대에 속하는 덕흥왕 2년(827) 지금의 전라남도 영암군靈巖郡 월출산 아래에서 태어났다. 전설이 그러하듯 신이성도 나타났다. 속성은 김씨 혹은 최씨라고 전해진다. 이러한 것들이 세월의 흐름에 묻혔다. 도선의 호는 옥룡자玉龍子인데 호와 이름이 심상치 않아서 신이성이 더해졌다. 달리 보면 전설적인 이름으로 인식될 수 있다.

그가 태어나고 자란 전라도 해안지방에서는 당나라와 교역이 활발했다. 신라시대의 여건으로 바닷가는 당의 선진문물을 빨리 받아들일 수 있는 교역의 요충지였다. 영암에서는 중국과 교역이 빈번했다.

도선이 언제부터 풍수를 배웠는지는 정확한 기록이 없어 알 수 없다. 다만 그가 행한 신이한 행적과 풍수적 업적만 전한다. 그러나 그의 행적은 어느 정도 추측이 가능한데, 시대성과 지역적 특이성을 고려할 수 있다.

중국과의 상관성을 비교해본다. 도선이 살던 당시 당나라에서는 풍수지리가 유행했다. 그 풍수지리설이 신라 사람들에게는 선진문물이었다. 물론 신라에도 전통 풍수가 있었다. 그러나 당나라 문물은 글로 쓰인 책이었다. 그 문물이 이 땅에 유입되는 과정에서 풍수지리도 도입되었다. 도선이 태어난 곳이 해안이었기 때문에 다른 지방보다 문물이 빨리 전파되었을 것이다. 중국 배가 난파되었을 수도 있다. 중국 상인들이나 풍수사가 다녀갔을 수도 있다. 어쨌든 바닷가는 다른 지방보다 빨리 풍수지리가 전래되었을 것으로 추측된다. 도선은 이러한 환경에서 자랐다. 도선이 자라면서 풍수지리에 관심을 두게 된 것은 이와 같은 배경이 있었기 때문이다.

도선은 승려의 길을 걸었다. 15세에 지리산 화엄사華嚴寺에 들어가 승려가 되었다. 불경을 공부하여 4년 만인 문성왕 8년(846) 대의大義를 통달하였다고 하니 대단히 빠른 성취다. 이 시기부터 신승神僧으로 추앙받았다. 20세가 되기 전에 신승이 되었으니 그의 지혜와 학습능력이 얼마나 뛰어났는지 알 수 있다.

도선은 배움에 전념하면서 이때부터 수도 행각에 나섰다. 당시 오교구산

五敎九山의 하나인 동리산桐裏山의 혜철惠哲을 찾아갔다. 혜철을 스승으로 모시고 무설설무법법無說說無法法을 배웠다. 23세에는 천도사穿道寺에서 구족계具足戒를 받았다.

당시 선승禪僧들은 지금의 승려들과 삶의 형태가 달랐다. 승려들은 어느 한 사찰에 머무르지 않았다. 스승을 찾아가 배우는 여정이 힘들었고 깨달음은 고행이었다. 가르침을 베푼 스님의 인가를 받으면 그 스승을 떠났다. 유명한 고승들은 혼자서 전국 각지의 명산을 떠돌아다니며 고행했다. 당시에는 이 방법이 승려가 해야 하는 수행이었다.

고행苦行이라고 했듯이 승려들은 탁발托鉢로 깨달음을 얻었다. 산천을 헤매고 자연을 벗했다. 이 과정에서 사람 이상의 이치를 깨우치고 많은 것을 얻었다. 자연을 접하며 순리를 배웠다. 산천을 돌며 산하에 대해 많은 걸 보고 배우며 산을 살피는 식견을 넓혔다. 따라서 당시 승려들은 지식인이었다. 승려들은 지리에 대한 안목을 넓힐 수 있었다. 도선도 그러했을 것이다. 우리나라에서 유명한 풍수사들이 대부분 승려였던 것은 이와 같은 이유 때문이다.

전설은 풍수지리에 통달한 도선이 전국을 답사하면서 한반도 산천의 순역順逆을 삼국도三國圖로 그려 작성했다고 하지만 진위는 알 수 없다. 그러나 사실이고 존재한다면 이것이야말로 산수의 형세에 따라 명당을 설정한 지도다. 명당을 중심으로 작성한 삼한三韓의 지도다. 하지만 그 흔적은 찾기 어려우며 전설처럼 전해지는 이야기일 뿐이다. 사실 유무를 떠나 전설만 남았다.

도선은 신라 말기의 어지러운 시대에 태어났다. 신라 말기는 국가의 황혼기黃昏期였고 혼란기였다. 이 시기에 지방 호족들은 힘을 과시하고자 했으며 왕의 통치나 권력의 지배에서 벗어나고자 했다. 이들은 대부분 자신이 거주하는 지역을 명당으로 내세웠다. 살 만한 곳이고 영화를 누리는 곳이라고 했다. 사람들을 끌어들여 세력을 부풀리는 데는 풍수처럼 요긴한 방법이 없었다. 그들은 다양한 주장을 하며 자신들의 세력을 과시하였다. 또 이러한 이치를 들어 세력 확장의 명분으로 삼았다.

신라 말의 통치 불안과 지방 호족의 발호는 신라의 운명을 벼랑으로 내몰았다. 왕권의 약화와 지방의 북새통 같은 명당론은 국론을 분열시켰다. 서로 자기 땅이 명당이라고 했다. 힘을 지닌 자들은 너나 할 것 없이 지방을 손에 넣었다. 이 때문에 오래도록 이어져오던 경주慶州를 중심으로 하는 전통적인 신라의 국토관國土觀이 와해되기에 이르렀다. 이제 수도가 반드시 경주가 아니어도 된다는 주장이 제기되었다.

신라의 국운은 날로 기울어갔다. 신라는 1,000년 역사를 자랑하지만 다시 일어서기 힘들 정도로 기울었다. 도선은 신라의 국운을 회복하려고 안간힘을 썼다. 이미 기울어가는 국운을 돌이켜보고자 왕권도 그에게 힘을 보탰다. 도선은 전 국토에 비보사찰을 건립하고 허약한 땅에는 탑을 세웠다.

우리 종교에는 항시 나라를 위하는 기본 사상이 들어 있다. 불교라고 다르지 않았으니 나라를 안정시키는 것이 중요했다. 도선은 국가를 운영하는 원리로 비보풍수사상裨補風水思想을 내세웠다. 이러한 그의 주장은 매우 설득력 있게 받아들여졌으리라 보인다.

비보풍수!

이것이 중국에서 수입된 풍수와 다른 한국의 자생 풍수다. 많은 학자가 중국 풍수가 이 땅에 전래되기 전에 고유의 풍수가 존재했다고 하는데, 설득력이 있는 주장이다. 이러한 과정에서 비보풍수가 우리만의 것이라고 주장하는 이론이 나왔다. 혹자는 비보풍수가 도선국사의 노력으로 마련되거나 존재했을 것이라는 주장을 설파한다.

과연 그럴까?

국시國是는 아니지만 중국에도 비보풍수는 있었다. 현존하거나 전래된 풍수지리 이론서들을 살펴보면 이를 알 수 있다. 중국에서 발간된 풍수지리서에는 땅을 고쳐 쓸 수 있다는 내용이 전혀 없는 것은 아니지만 거의 보이지 않는다. 그런 이유로 많은 학자가 비보풍수가 우리 고유의 풍수라고 주장하는데, 일리가 있다. 그런데 대만臺灣에는 풍수림風水林이 너무 많고 중국에도 풍수림이 제법 많다. 이를 어찌 해석해야 하는지는 시간과 연구가 필요하다.

도선은 부족한 풍수를 보완하여 적응하고 사용하는 비보풍수에 정성을 들였다. 도선은 불국토를 건설하고 민초의 평안을 이루기 위해 비보풍수를 전국으로 전파했다. 당시는 신라 말로 정치가 어지럽고 정국도 안정되지 못했으므로 무엇에든 의지해야 하는 시기였다. 암울한 시대적 위기에 따라 종교를 등에 업은 비보풍수가 전국으로 퍼져나갔을 것이다.

비보풍수 방법은 다양했는데 비보에 따라 허약한 땅에 탑을 세우고 비보를 목적으로 절을 지었다. 기세가 지나친 곳은 눌러주어야 하고 허한 곳은 막거나 가려야 했다. 도망가면 잡아야 하고 찌르고 들어오면 막아야 했다. 모두 비보풍수 범주에서 적용하고 사람이 살기 좋은 환경으로 만들고자 했다.

비보풍수를 설파하며 전 국토를 답사한 도선은 지방색地方色을 파악하고 기온의 변화를 느꼈을 것이다. 바람의 세기나 흐름은 물론 강수량降水量과 물의 흐름도 인식했을 것이다. 각 지역 사람들이 살아가는 데 필요한 것이 무엇인지 파악할 수 있었으리라. 그 과정에서 가난한 사람을 구제하고 결함이 있는 땅을 찾아냈다. 이 땅에 사찰이나 탑을 세워 보완했다. 이로써 도선은 우리 풍수지리의 중시조中始祖가 되었고, 그가 전개한 비보풍수는 전 국토에 뿌리를 내렸다.

훌륭한 인물이 태어나거나 거대한 업적을 이룬 인물이 출현하면 전설이 생기게 마련이다. 도선국사에 대한 전설이 여럿 있는데 그중 한 가지를 소개하면 다음과 같다.

도선국사는 전국을 여행하며 풍수를 연구하였다. 도선국사가 백두산에 올라갔다가 남쪽으로 내려가다가 송악松嶽(개경)을 지나가게 되었다. 송악 근처를 지날 때 왕건의 아버지 왕륭王隆을 만났는데 왕륭은 새로 집을 짓고 있었다. 도선국사는 그냥 지나가지 않고 말을 걸었다.

"제穧(느릅나무)를 심을 땅에 왜 마麻(삼베)를 심었을까?"

왕륭은 눈치가 빠른 사람이었다. 홀연히 깨달은 바가 있어 도선을 집 안으로 모셔 극진히 대접하고 자문을 했다.

"가르침을 주십시오."

결론은 그랬을 것이다. 도선은 이미 여러 가지를 알고 있었을 것이다. 신이한 행적을 보면 미래 세상에 대한 예견도 가능했을 터이다. 도선은 뒷산에 올라가 산수의 맥을 살펴보았다. 위로는 천문天文을 보고 아래로는 시수時數를 살폈다. 모든 것을 살핀 도선이 왕륭에게 말했다.

"(개경의 주산인) 송악산松嶽山의 맥은 멀리 임방壬方에 있는 백두산에서 출발하여 수모목간水母木幹으로 뻗어내려 마두馬頭에 떨어져 명당을 일으켰다. 그대는 수명水命이니 물의 대수大數를 따라 집을 육육六六으로 지어 삼십육구三十六區로 만들고 송악산이 험한 바위로 되어 있으니 소나무를 심어 암석이 보이지 않게 하면 천지의 대수가 부응하여 명년에는 반드시 신성한 아들을 낳을 것이니 이름을 왕건王建이라고 짓는 것이 좋겠다."

왕륭은 이에 따랐다. 도선국사가 했다는 이 말로 이미 이 시기에 좌향坐向을 논할 때 이기법理氣法에 따른 향법向法을 살핀 것을 알 수 있다. 또 소나무를 심어 암석이 보이지 않게 하라는 말은 흉살을 방어하기 위해 비보풍수를 활용했다는 의미다. 지금도 이 방법은 적용된다. 주변 산세가 험하거나 바위가 살벌하면 나무를 심어 가리거나 보이지 않게 하는 풍수적 이법은 이미 오래전부터 사용했다.

도선의 말처럼 1년 후 왕건王建이 태어났다고 한다. 그 인과관계는 분명치 않으나 도선국사 전설에 이 사연이 등장한다. 왕건은 성장하여 후삼국을 통일하고 고려를 세워 태조가 되었다.

도선은 왕건과 밀접한 관계를 이루어 활동하였다고 전한다. 그것을 증명하듯 도선이 왕건을 도와 고려를 건국한 것처럼 알려져 있다. 그래서인지 도선은 신라 말 고려 초 인물로 묘사된다. 그러나 이 전설에는 문제가 있다. 동시대 인물이라 해도 왕건이 천하를 호령하는 시기에 함께 움직였을 가능성은 매우 적다는 것이다. 도선국사가 한창 활동할 때 왕건은 어린아이였다.

왕건은 877년에 태어나 943년에 죽었다. 도선은 827~898년 사이의 인물이다. 전설을 인정한다고 보면 왕건의 아버지 왕륭에게 송악의 지세를 알려주고 비보풍수를 할 수 있도록 도와준 것은 사실일 수도 있다. 그러나 이 전설은 도선이 명당을 점지해주어 그 발복發福으로 고려가 삼한통일을 할 수

밖에 없었다는 필연성을 내세워 고려 왕조의 정당성을 확보하기 위해 꾸며 낸 것으로 추측된다.

도선이 실존인물이라는 것은 의심할 여지가 없다. 다만 전설은 전설로 가치가 있는 듯하다. 그렇다면 도선은 어떻게 풍수의 대가가 되었을까? 학문 계보는 스승에서 제자로 이어지는 법인데, 도선이 누구한테서 풍수설을 배웠는가 하는 데는 여러 가지 학설이 있다. 이 또한 전설적 요소가 적지 않다.

전설에 따르고 도선이 죽은 지 252년이 지난 후의 기록을 참조하면 이렇다. 고려시대에 최유청崔惟淸(1093~1174)23)이라는 사람이 지은 비문碑文에 도선 이야기가 들어 있다. 이 비문에 따르면 도선이 출가하여 지리산 구령에 머물 때 풍수와 인연을 맺은 것으로 나타난다. 도선이 구령에서 세상을 피해 숨어사는 이인異人을 만났는데 이 이인에게서 풍수를 배웠다고 한다. 이 이인은 도선에게 풍수를 가르칠 때 모래를 쌓아 산천의 순역順逆을 보여주면서 풍수를 전수했다고 한다. 옛 어른들 말씀대로 모래밭에서 손으로 산을 그려가며 학습하였다는 말이 어느 정도 신빙성 있는 일화라고 할 수 있다.

또 다른 주장도 있다. 도선이 당나라에 다녀왔다는 것이다. 도선이 당나라에 유학하여 승려 장일행張一行에게서 배웠다는데 이 주장이 오래도록 정설처럼 여겨졌다. 그렇다면 도선이 정말 중국에 유학하였고 장일행을 만났을까? 그리고 정말로 중국 풍수를 우리 풍수에 도입하였을까?

일반화된 도선의 풍수 유학에 대해서는 이설이 적지 않다. 도선의 행적을

23) 본관은 창원이고 자는 직재(直哉), 시호는 문숙(文淑)이다. 예종 때 문과에 급제해 직한림원이 되었으나 인종 초 이자겸(李資謙)의 간계로 파직되었다가 이자겸이 몰락한 뒤 다시 출사(出仕)했다. 1149년(의종 3) 참지정사판상서형부사 등을 거쳐 중서시랑 동중서문하평장사가 되었고 1172년(명종 2) 수사공집현전대학사판예부사에 이르러 사망했다. 경사(經史)와 불경에 밝았고 글씨도 잘 썼다. 저서로 《남도집(南都集)》, 《유문사실(柳文事實)》, 《최문숙공집(崔文淑公集)》, 《이한림집주(李翰林集註)》 등이 있다(두산백과 참조).

논할 때면 반드시 등장하는 장일행에 대해 자세하게 알아볼 필요가 있다. 장일행은 풍수지리의 영원한 고전으로 경전의 반열에 오른《금낭경錦囊經》에 주석을 붙인 인물로 선종禪宗 계통의 승려였다. 당나라 조정에서 봉신한 관료였는데 우리나라 벼슬로 따지면 이조판서吏曹判書에 해당하는 이부상서吏部尙書 벼슬에 올랐다. 하지만 그는 깨달은 바가 있어 벼슬을 던지고 입산수도하여 풍수지리와 천문지리에 정통한 대학자가 되었다.

장일행은 당나라 황제 현종玄宗의 칙명에 따라 승려 홍사泓師와 함께 진나라 사람 곽박郭璞이 저술한《금낭경》을 해석하였다.《금낭경》은 달리《장서葬書》라고 하는 풍수의 고전으로 형기론形氣論과 이기론理氣論을 모두 사용해 서술했다. 장일행은《금낭경》에 주해註解를 달고 산수의 형세를 설명하면서 실제 사례를 드는 실증법實證法을 사용하였다.

장일행은 대단히 박식한 학자였다. 장일행은 중국의 국토를 세밀하게 살펴 남쪽부터 북쪽까지 위도를 측량하였는데 당시로서는 상상조차 불가능한 업적이었다. 장일행은 다방면에 재주가 있고 학식이 뛰어나《구당서舊唐書》,《율역지律歷志》,《천문지天文志》를 저술한 것으로 알려졌다. 그는 당나라 전체를 지세에 따라 나누어 용도를 살피고 지세에 어울리는 구분을 하였다.

장일행의 중국 땅 지역 구분은 다음과 같다. 양자강 유역은 화식지지貨殖之地라고 하여 재화가 많이 나는 땅으로 구분하였다. 황하 중상류 지역은 용문지지用文之地로 구분하였는데 학자가 많이 나오는 땅이라는 의미다. 사천과 산서 지방은 지세가 험한 곳으로 용무지지用武之地라고 하였는데 무장이 많이 나오는 땅이라는 의미다. 그는 자연환경을 세밀하게 관찰하고 지세를 살필 줄 아는 지극히 합리적이고 과학적인 사람이었다. 그의 업적은 우리 땅을 살피고《택리지擇里志》를 지은 이중환李重煥이 생각나게 한다.

장일행은 당나라 현종의 명을 받아《멸만경滅蠻經》을 지은 것으로 알려져 있기도 하다.《멸만경》은 중국이 오랑캐라고 부르는 달단韃丹(타르타르)을 비롯한 흉노匈奴, 말갈靺鞨 등과 같은 국가들이 자꾸만 공격하여 수도 장안長安이 함락되고 국가가 외침에 시달리자 현종이 새로이 편찬하도록 한 책이다. 중국을 공격하는 오랑캐들이 이 책을 읽고 중국에서 인물이 난다고 판단하여 중국을 침략하지 않도록 하려고 한 것이다. 즉 중국의 풍수를 가짜로 만들어 퍼뜨린 책이 이름하여《멸만경》이라는 풍수서적이다.

전설에 따르면 도선은 중국으로 유학을 떠나 장일행을 만났다. 그에 관한 기록은 모두 한결같다. 도선이 저술한 것으로 알려진《유산록遊山錄》과 같은 서적에도 기록이 남아 있다. 정말 도선은 장일행을 만날 수 있었을까?

도선은 신라 덕흥왕 2년(827)에 태어났고 장일행은 당나라 현종 때 인물로 712년에서 756년까지 살았다는 것이 밝혀졌으니 도선과는 100년 정도 시간 차이가 난다. 도선이 태어나기도 전에 장일행은 이미 죽었기 때문에 도선이 중국으로 건너갔다 하더라도 그를 만날 수 없었다.

도선이 당나라에 갔다는 것도 의심이 든다. 도선의 전기傳記를 살펴도 당나라에 유학을 다녀왔다는 기록은 없다. 어떤 이론을 사용해도 도선이 당나라에서 장일행에게 풍수지리를 배웠다는 사실을 증명할 수 없다.

그 당시 이미 이 땅에는 토착 풍수가 있었다. 풍수는 지역의 문화로 일정 지역의 기후와 강수량, 기온에 따른 삶의 방식이다. 아울러 이때 중국에서 풍수지리 서적이 유입되고 있었을 것으로 보인다. 중국에서 풍수지리 서적을 도입한 사람들은 중국에 유학을 다녀온 불제자들이었을 것이다.

도선은 신라 말에 불교에 입문하였다. 신라는 오래도록 귀족 중심 불교인 교종敎宗을 신봉했지만 말기에 들어 교종이 쇠퇴하고 있었다. 불교 교리가 대중화되어 개개인이 스스로 진리를 깨닫는 교리로 변하고 있었다. 바야흐로 교종에서 선종禪宗으로 넘어가고 있었는데 선종은 새로운 불법으로 대부분 당나라에 유학한 승려들이 들여왔다.

당시 불제자들은 새로운 교리를 퍼뜨리고자 하였는데 매개체는 풍수지리였다. 불제자들은 선종을 일반 대중에게 전파하기 위해 풍수지리를 수단으로 삼았다. 중국으로 유학을 떠났던 불제자들이 당나라에서 배워온 풍수지리는 장일행과 연관되어 있는 풍수지리의 이법이었다.

역사적 기록으로는 도선의 중국행이 증명되지 않는다. 도선은 중국에 가지 않았던 것으로 유추된다. 추측은 가능한데 도선은 누군가에게서 장일행의 풍수법을 배웠을 것이다. 선배와 스승이 그 전수자일 것이다. 도선의 스승 혜철이 유력한데 혜철은 당나라에 유학을 다녀왔다. 도선은 혜철에게서 중국의 풍수지리를 배웠을 가능성이 높다. 물론 다른 선승禪僧들에게도 중국의 풍수이론을 간접적으로 배울 수 있었을 것이다.

뛰어난 인재였던 도선은 37세 되던 경문왕 4년(864)에 고향에서 가까운 곳으로 돌아온다. 도선은 지금의 전라남도 광양군인 희양현曦陽縣에 자리 잡았다. 백계산白鷄山은 산 모양이 흰 닭을 닮았다는 곳인데 이곳에 옥룡사玉龍寺를 짓고 35년간 머물렀다. 풍수를 배우고자 전국에서 학인이 구름처럼 모여들었다. 도선은 후학을 가르치다 효공왕 2년(898) 72세로 입적하였다.

도선을 추앙한 효공왕은 도선이 열반에 들자 요공국사了空國師라는 시호를 내렸다. 고려 현종은 대선사大禪師라는 칭호를 내렸고 숙종은 왕사王師를 추증했으며 인종은 선각국사先覺國師라는 시호를 내렸고 의종은 비를 세웠다. 도선은 열반에 든 후에도 추앙받을 만큼 이 땅의 풍수지리에서 없어서는 안 되는 선지자였다.

1997년 광양 옥룡사에서 도선국사 것으로 추정되는 유골이 물이 찬 석곽에서 발견되었다. 도선은 실존인물로 설화가 진실을 가리지는 못한다. 도선에 관한 설화가 옥룡사 비문 등에 실려 있다. 도선의 저서로는《도선비기道詵秘記》,《도선답산가道詵踏山歌》,《송악명당기松岳明堂記》,《삼각산명당기三角山明堂記》등이 전한다. 그러나 이들이 진실로 도선의 유작인지는 알 수 없다. 최근에는 후대에 도선의 이름을 도용한 작품이라는 주장이 강하게 힘을 얻고 있다.

비보풍수의 발달

비보풍수는 이 땅의 풍수에서 매우 중요한 위치를 차지한다. 산천은 풍수적으로 완벽하지 않다. 반드시 풍수적으로 갖추어진 지세에 의지할 수도 없다. 풍수의 비조로 추앙받는 옥룡자 도선국사가 전 국토의 순역順逆을 살펴 비보풍수를 전파하고 사탑寺塔을 세운 이후 전 국토에 비보설은 파도처럼 퍼져나갔다.

비보풍수는 도선국사의 비보사탑설裨補寺塔說에서 비롯한 것으로 알려졌다. 그러나 이전에도 비보풍수 방법은 있었을 것이다. 도선은 개발자가 아니라 진행자이고 발전을 시킨 사람일 것이다. 지세地勢가 약한 곳과 지나치게 강한 곳을 찾아 절을 세우고 탑을 세워 비보하는 풍수적 방법이 비보사탑이다. 이러한 이치가 비보풍수설로 발전하였다. 비보풍수는 현재도 유용한 풍수기법이고 발전 가능성이 많은 풍수이법이다.

비보개념에 대하여 전술된 자료를 고려 말 문헌《고려국사 도선전》을 참고해 살펴보겠다.

"만약 사람이 병이 들어 위급할 경우에는 곧장 혈맥을 찾아 침을 놓거나 뜸을 뜬다. 그리하면 곧 병이 낫는다. 마찬가지로 산천의 병도 그러하다. 절을 짓거나, 불상을 세우거나, 탑을 세우거나, 부도를 세운다. 이것은 사람이 침을 놓거나 뜸을 뜨는 것과 같다. 이를 이름하여 비보裨補라고 말한다."

도선은 신라 말에 생존했던 사람이다. 도선의 비보사탑설이 파생된 시기도 당연히 신라 말이다. 도선이 살아 있던 9세기 무렵은 신라의 국운이 점차 기울어가던 시기였다. 정권의 말기적 현상으로 사회는 불안정했다. 이때 필요한 사상은 귀족중심貴族中心의 사상과 왕도중심주의王都中心主義를 극복하는 사상이었다.

미래가 불안한 암흑 같은 사회에서 비보는 가장 적절한 사상이었다. 도선은 국토가 병들어 있으므로 산천을 점검해 병을 치유해야 한다고 주장했다. 그 방법으로는 약한 곳은 보충하고 강한 곳은 억눌러야 한다고 역설했다. 적절한 지점에 사탑寺塔을 설치해야 한다고 주장했다.

신라 왕실의 무능에 더하여 지방 호족豪族들이 힘을 키우느라 사회상은 암울하고 혼란했다. 왕권은 약해져 발호하는 호족들을 제압하기에 역부족이었다. 도선의 비보사탑설은 세력을 키우고자 하는 호족세력에게 적극 수용되었다. 내세의 평안을 비는 왕족은 물론이고 힘을 키우고자 안간힘을 쓰는 호족들도 비보사탑설을 받아들였다. 그들은 경쟁하듯 국토 곳곳에 절을 건립하였다. 도선의 비보사탑설은 혼란기를 이겨내는 방법에서 이 땅에 어울리는 비보풍수로 발전하였다.

고려가 건국된 후에도 도선의 비보풍수 사상은 가감이 있었지만 적극 수용되었다. 도선이 주장하는 비보풍수설은 주술적인 면이 있었지만 고려의 건국이념과 통치에 적극적으로 도입되었다. 고려는 〈훈요십조訓要十條〉[24]가 보여주듯 건국에서 비보풍수설을 충분히 활용했다.

이후로도 고려 왕실은 멸망에 이르기까지 풍수지리를 포기한 적이 없었다. 신종神宗 원년(1198)에는 산천비보도감山川裨補都監이 설치되었다. 국가가 관장하는 국책지리 기관이 적극적으로 풍수를 도입한 것이다. 결함이 있는 곳에는 성이나 제방을 쌓았다. 약한 곳은 보충하고 넘치는 곳은 눌렀다. 지맥을 손상하는 사탑이나 제방은 파괴하거나 철거하였다.

고려조 내내 풍수는 정치를 이끌었다. 수차에 걸쳐 천도에 대한 의견이 대두되고 봉기가 일어났다. 모두가 내세운 이치는 풍수였다. 지기를 따지고 천도를 따지는 과정이 모두 풍수와 연관이 있었다.

조선이 건국되자 불교가 탄압을 받으며 풍수지리의 입지도 흔들리는 듯하였다. 그러나 근본적으로 조선은 풍수지리의 이치를 포기하지 않았다. 또 풍수지리와 불교는 같은 학문이 아니다. 불교가 풍수지리를 이용했을 뿐이다. 조선조에 표면적으로는 숭유억불崇儒抑佛정책을 펴서 불교가 핍박받은 듯 보이지만 풍수지리를 핍박한 것은 아니다. 이 시기에 내적으로는 도선의 비보사상이 오히려 더 확산되었고 더욱 다양한 양식으로 민중에게 파고들며 발전하였다.

조선조에는 마을 중심의 비보풍수가 발전하기에 이르렀다. 흔히 조선조의 풍수는 음택풍수의 발전만 이야기하기 쉬운데 더욱 발전한 것은 마을풍수와 비보풍수이다. 더구나 이미 기록한 바와 같이 조선시대는 풍수지리가

24) 고려 태조가 자손들을 훈계하기 위해 942년(태조 25)에 지은 열 가지 유훈(遺訓)을 말한다. 고려 왕실의 헌장으로 태조의 신앙·사상·정책·규범 등을 보여주는 귀중한 자료다(한국학중앙연구원, 《한국민족문화대백과》 참조).

민중의 품으로 넓게 퍼져나갔다.

마을 중심의 비보풍수는 전국적인 현상이었다. 어느 마을에서나 광범위하게 비보가 이루어졌고 비보 형태도 다양해졌다. 숲을 이용한 비보, 못을 파는 비보, 장승을 세우는 비보 등이 생겨나면서 다양한 변화도 따랐다. 마을 숲에 당을 모시는 당산이 생겨났고 마을의 민속신앙과도 결합하였다. 장승, 솟대, 성석, 숲, 당목, 돌탑 등이 비보풍수로 활용되었다. 이러한 사물들이 점차 비보풍수설과 복합되어 마을비보의 기능을 담당하게 되었다.

한양 도성비보

양기陽基의 꽃은 도성都城이라 할 수 있다. 양기는 양택과 분리해서 생각하기도 하지만 한데 묶어 살피기도 한다. 양기는 터를 이야기하는 것이다. 양택은 집을 이야기한다. 오래도록 양택陽宅과 양기陽基는 혼용해왔다. 따라서 양택과 양기는 같은 범주에서 다루어졌다.

양기는 터잡이 기술이다. 집 지을 터를 찾는 기법이다. 집 지을 터를 찾는 풍수지리의 기법에서 왕궁의 터와 궁궐의 터는 최고 가치라 할 수 있다. 도성과 궁궐의 입지는 풍수지리에서 요구하는 이치를 대부분 충족하기 때문이다. 역대 도읍지가 많았지만 한양 도성을 중심으로 도성비보都城裨補를 살핀다.

우리 역사는 산을 빼놓고 이야기하기 어렵다. 전 국토가 산지인 점도 그렇다. 산신山神에 대한 사상도 논하지 않을 수 없다. 중국의 물을 중심으로 파악하는 풍수이법과 근본적으로 다르게 접근해야 한다. 우리의 풍수지리는 산 중심이다. 무엇보다 산은 늘 인간생활과 가까웠다. 산은 바람을 막아주었고 등을 기댈 수 있는 듬직한 등받이와 같았다. 우리는 조상 대대로 산을 믿고 의지하는 생활을 해왔다.

배산임수背山臨水라는 말이 가장 이상적인 환경을 표현한다. 우리네 촌락은 평야를 제외하고는 모두 산을 등지고 자리한다. 우리 국토는 대부분 산지이다. 산은 듬직한데 산에서는 땔감이 나오고 열매가 나오며 농기구 재료가 나온다. 봄에는 나물을 내주고 여름에는 시원함을 준다. 가을에는 열매를 주고 겨울에는 북방에서 불어오는 차가운 바람을 막아준다. 이 땅에 사는 사람들은 남녀노소를 가리지 않고 산을 즐기면서도 숭배하고 의지하였다.

국가정책國家政策에서도 산은 중요했는데 모든 왕조가 산을 중시했다. 이 땅을 지배해온 통치자들은 전국의 산에 제사를 지내는 것으로 산과 연계를 꾀했는데 이를 오악五岳이라 한다. 산을 잘 지켜야 복이 온다는 믿음은 백성이나 왕이나 모두 같았다. 전국의 산에는 한결같이 국사봉國士峰, 國社峰이라는 이름의 봉우리가 있다. 각 지역의 백성이나 왕족, 호족들이 나라와 일신의 안위를 위해 기도하고 제사지내는 산의 이름이다.

산을 숭배하는 정신은 백성들이 그러하듯 임금이라고 다르지 않았다. 조선은 산천의 정기를 보호하려고 심혈을 기울였다. 특히 조선의 왕릉王陵은 모두 산에 있다. 산의 정기를 해치는 것은 왕릉으로 이어지는 산줄기에 해를 입히는 것이나 같았다. 그래서 조선의 왕들은 산을 해치는 것이 왕릉의 정기를 해치는 것이라 여겼다.

《조선왕조실록朝鮮王朝實錄》은 조선의 왕들에 관한 기록이다. 이에 따르면 조선의 국왕들은 산의 정기를 보전하는 데 정성을 들였다. 국왕들은 산에 왕릉을 조성했다. 왕릉을 산에 조성하는 것이 산의 힘을 얻는 방법이라고 파

조선 왕릉(동구릉 건원릉)

조선의 왕릉은 하나같이 산 끝에 있다. 이는 산 끝에 혈이 맺힌다는 이치적인 형기론의 도입에 근거하지만, 그 왕릉에 이르는 산의 기를 보호하고자 많은 노력을 기울였다.

악해 산줄기 끝에 왕릉을 조성했다. 산을 보호하는 일은 왕릉으로 들어가는 기를 보존하는 방법이었다.

산은 또한 조상으로 이어지는 탯줄과 같았다. 산에는 왕의 조상들이 묻힌 왕릉이 있었기 때문이다. 산 곳곳에는 태봉胎峯이 있었다. 태봉은 왕족의 뿌리를 의미했다. 왕자와 공주들이 태어나면 안태사安胎使가 전국에서 길지吉地를 찾아 안치한 태였다. 국왕들은 자신들의 영혼이 산과 연결되어 있다고 믿었는지도 모른다.

국가 유지 차원에서도 산은 중요했다. 산은 높은 지대를 형성하며 그 아래에 마을과 분지가 있다. 산은 완벽한 방어체계를 갖추는 데 반드시 필요하며 도성都城을 방어하기 위해 산의 존재가 더욱 중요하다.

예부터 이 땅에 살아온 사람들은 산에 성을 쌓아 나라를 방어했다. 이 땅을 일러 산성의 나라라고 할 정도였다. 적은 인원으로 많은 적을 방어하는 데는 산성이 가장 용이하다. 적이 공격하면 요소요소에 쌓은 산성에 의지해 항전하였다. 이 땅의 성은 하나같이 산의 능선을 의지하고 있다. 산성은 방어시설이자 맥을 보호하는 시설이다. 이 땅의 모든 도시와 고을이 산에 둘러싸여 있었다.

도읍도 마찬가지다. 경주慶州, 평양平壤, 개성開城, 한양漢陽, 부여扶餘, 공주公州 등 역대 모든 도읍이 산으로 둘러싸여 있다. 모든 도읍이 산에 의지하고 있는데 도읍을 둘러싼 산은 방어의 전초기지다. 이 중 조선 왕실이 있던 서울(한양)의 풍수는 우리의 도성풍수가 어떠한 기준을 가지고 있는지 한눈에 보여준다.

한양(서울)의 풍수입지

도읍의 풍수적 요건과 입지를 파악하기 위해 한양漢陽을 기준으로 살펴보자. 한양은 장막을 치듯 높고 낮은 산에 둘러싸여 있다. 한양을 둘러싼 산은 왕궁과 사대문 안의 도성을 방어하는 역할을 한다. 한강이 남쪽을 에워싸고 있기도 하다. 물이 외측을 감아 수송을 용이하게 하고 적을 방어하는 데 도움이 되었는데 이를 객수客水라고 한다. 산으로 에워싸이면 장풍국藏風局이라 하고, 물로 에워싸이면 득수국得水局이라고 한다. 한양은 내부적으로 장풍국이나 크게 보면 득수국 기능도 있다.

한양은 백악산白岳山(북악산北岳山), 남산南山, 인왕산仁旺山, 낙산駱山이 에워싸고 있다. 이름 하여 4개 산으로 사신사四神砂인데 동서남북을 감싸고 있다. 이 네 산은 흔히 한양의 장풍藏風과 국局이 형성되었음을 보여준다. 도성을 에워싼 네 산이 도성 수호에서 매우 중요한 역할을 했다.

왕실에서는 도성을 둘러싼 이 네 산을 중히 여겼다. 집이나 묘를 쓰지 못하게 하고 돌을 캐지 못하게 했으며 나무를 베지도 못하게 하였다. 이 법칙은 오래 지켜졌지만 시간이 지나면서 왕권王權이 약해지고 신권臣權이 강해지자 깨지고 말았다. 왕권이 약해지며 도성을 둘러싼 산의 지배권이 약해졌다. 나무가 잘리고 길이 났으며 양반의 별장이 지어졌다. 왕릉도 신권에 밀려 화소火巢로 향하게 되었다.

땅의 이치는 궁궐을 지을 때도 배려되었다. 조선의 법궁法宮인 경복궁景福宮을 축조하는 과정이 이를 증명한다. 왕실이 힘을 가질 수 있도록 궁궐은 지맥에 이어져야 했다. 땅의 이치에 따라 궁궐 배치가 결정되었다. 이론과 논리에 따른 여지가 있고 찬반이 있었으나 왕의 집무공간은 명당에 해당하는 자리에 정해졌고 경복궁 또한 그런 사상을 보여준다.

영조 때 만들어진 경복궁도景福宮圖에는 조선의 궁궐에서 풍수적 사상이 어떻게 받아들여졌는지 보여준다. 경북궁도에는 건물을 비롯한 모든 지형이 간략하게 표현되어 있다. 경복궁도에서 흥미로운 것 중 한 가지는 근정전勤政殿 뒤에 자리한 교태전交泰殿과 아미산峨嵋山이다. 교태전 뒤에 아미산을 실제 크기보다 크게 그려놓았다. 교태전은 궁궐의 가장 깊은 곳에 자리한 구중심처九重深處로 왕비가 머무는 곳이다. 왕비의 침전이 있어 용종龍種을 얻음으로써 수태하는 곳인 교태전 뒤에는 인공가산人工假山인 아미산이 자리한다.

아미산은 중국의 산 이름에서 따온 듯 보인다. 산이라고 하니 표면적 인식으로는 제법 높은 산이라고 이해하기 쉽다. 우리의 일반적 개념에서 산이라는 이름은 일정한 형상이 있기 때문이다. 그러나 직접 찾아가 보면 아미산은 턱이 약간 높은 계단 형식의 화원이다. 계단을 세 개 만들고 나무를 몇 그루 심은 후원으로 지나치게 단순해 보일 수도 있다. 산을 생각했다면 눈에도 들어오지 않을 것이다. 그러나 경복궁도에서 아미산은 상상을 초월할 정도로 매우 높게 그려져 있다.

아미산은 본래 중국에 있는 산으로 도교의 성지로 이름이 높았다. 그런데 왜 인공으로 지은 가산假山의 이름을 아미산이라고 하였을까? 아미산의 아峨는 산이 높다는 뜻이다. 하늘에 닿을 듯 높고 구름이 둥둥 떠다니는 산이라는 의미다. 미嵋는 중국 아미산의 이름에서 가져왔을 것으로 보이지만 역시 큰 산이라는 의미다. 그런데 실제로는 인공으로 지은 가산假山으로 높지도 않은 화원 정도의 가산이고 조산造山이라 할 수도 없는 낮은 계단이다. 그럼에도 아미산이라고 명명한 데는 의도적인 이유가 있을 것이다. 조산비보造山裨補에 문자비보文字裨補를 더한 것이다.

사실 아미산은 산이 아니라 화원이고 계단이다. 경복궁을 그린 그림에 따르면 한북정맥漢北正脈에서 이어진 산줄기가 북악산北岳山을 지나 아미산에 맺혔다고 의도했다. 인공의 산을 통해 기맥이 유입되었다는 의미를 부여했다. 전형적인 인작人作이다. 낮은 정원이지만 의도적으로 높은 산을 의미하는 글자를 사용해 이름을 지었다. 가산을 만들어 조산비보를 하고 이름으로 문자비보를 하였다.

경복궁의 아미산

경회루의 연못을 판 흙으로 만든 계단 형식의 화원이다. 아미산은 기맥이 교태전으로 인입되었다는 것을 보여주려는 조산비보이자 문자비보이다.

아미산은 계단을 산이라고, 그것도 높은 산이라고 우기는 셈이다. 경회루慶會樓를 조성하며 연못 바닥의 흙을 옮겨다 쌓은 인공 정원에 불과하며 실제 바닥에서 정상까지 다해도 사람 키를 넘지 못한다. 그런데 경복궁도에서는 아미산을 높은 산처럼 표현하고 글자에서도 높다는 의미를 사용했으니 일종의 꼼수로 물형비보物形裨補에 해당한다. 형상으로 의미를 부여하여 비보했으니 왕궁과 민초들이 공통으로 사용하는 전형적인 비보풍수의 일종이다.

왕비의 침전인 교태전 뒤에 굳이 가산을 만든 이유는 무엇일까? 가산비보라는 것을 모르지 않지만 그보다는 우리의 전통적 풍수인식을 살펴야 한다. 우리의 인식은 명백하다. 백두산의 정기가 산줄기를 따라 방방곡곡으로 뻗어나간다고 생각하는 것이 이 땅에서 살아가는 우리의 생각이다. 백두대간

白頭大幹을 따라 남향한 산줄기가 한반도를 거미줄처럼 엮는다. 백두대간의 분수처分水處에서 갈라진 정맥이 남서쪽으로 방향을 바꾸면서 한북정맥漢北正脈을 일구었는데 한북정맥의 꽃은 도봉산과 북한산이다.

한북정맥의 간룡幹龍은 도봉산과 삼각산 사이의 영봉을 지난다. 정맥의 본줄기는 서쪽으로 내달려 노고산, 장명산을 지나 서해로 숨어든다. 한북정맥의 다른 한 줄기는 남쪽으로 내달려 인수봉, 백운대, 만경대 세 봉우리인 삼각산三角山으로 솟구친다. 이 강한 간룡幹龍의 줄기는 시단봉을 지나 보현봉에서 형제봉으로 이어져 구준봉을 지나 백악에서 경복궁으로 내려앉는다. 이 맥이 경복궁으로 스며드는 강한 정맥이다. 이 정기가 이어지는 곳에 교태전을 지었고 교태전 뒤에 아미산을 조산하였다. 이러한 이치에는 백두산에서부터 이어져온 정기를 왕비가 받아 안아 왕자王子를 순산하여 왕실을 번영케 하라는 뜻이 숨겨져 있다.

왕실을 건립할 때 삼봉三峰 정도전鄭道傳과 무학대사無學大師는 치열하게 논쟁을 벌였다. 정도전은 북악산을 주산으로 삼아 궁궐 좌향을 남면南面으로 하자고 주장하였다. 무학대사는 인왕산을 주산으로 삼아 동면東面하자고 주장하였다. 정도전은 중국의 역대 황제는 남향을 하였다는 타당성을 주장했다. 무학대사는 관악산冠岳山의 화기가 궁궐에 화재를 일으킬 것을 우려하여 동면해야 한다고 주장했다. 결국 정도전의 주장이 받아들여져 경복궁은 남향하게 된다. 이 사건을 계기로 무학은 회암사檜巖寺로 물러난다. 표면적으로는 정도전의 주장으로 궁궐의 좌향이 남향으로 정해진 것으로 보이나 결국 결정은 태조 이성계의 몫이었다.

지금까지 우리 속설로 남아 있는 무학의 인왕산 주산론主山論을 들어보자.

이에 대해서는 차천로車天輅의 《오산설림五山說林》에 자세히 기록되어 있다.

"무학이 한양의 세勢를 보며 인왕산仁王山으로 진산鎭山을 삼고 백악白岳과 남산南山으로 좌우의 청룡백호를 삼으라고 하니, 정도전이 '자고로 제왕은 남면南面하여 다스리는 것이지 동향을 한다는 말은 듣지 못했다' 하며 난색을 표했다. 이에 무학은 '내 말을 따르지 않으면 200년이 지나 내 말을 생각하리라' 하였다."

《산수비기山水秘記》에 따르면 도읍을 택할 때 승려의 말을 들으면 점차 연존延存의 바람이 있을 테지만 정씨 성을 가진 사람이 시비를 하면 150년이 지나기 전에 찬탈簒奪의 화가 일어날 것이요, 겨우 200년 내외에 판탕板蕩의 난亂함에 이를 것이니 잘 생각하라고 나와 있다.

《산수비기》는 "신라 승려 의상대사義湘大師가 지은 것으로 800년 후 일을 맞혔으니 어찌 성승聖僧이라 하지 않을 수 있겠는가. 비기에서 소위 승려란 무학을 이름이요, 정씨 성을 가진 사람이란 정도전을 일컬음이다"라고 되어 있다. 이러한 이치는 《서울육백년사》의 기록에 자세히 정리되어 있다.

이처럼 터를 정하는 일은 풍수의 핵심에 해당한다. 터를 정할 때 어떤 산을 등지느냐는 문제가 중요하다. 이 산이 주산이기 때문이다. 궁궐의 터를 정하며 남면하면 북악산이 주산이 되고 동면하면 인왕산이 주산이 된다.

주산은 조상과 같고 혈이나 명당에 기를 불어넣어주는 근본이라는 점에서 매우 중요하게 다루어진 측면이 있다. 이후에도 주산논쟁主山論爭25)은 수

25) 1457년 세조가 큰아들 의경세자의 묘를 정할 때 주산이 터의 뒷산인지, 더 뒤에 있는 높고 큰 산인지 신하들에게 물으면서 주산논쟁이 붙었다. 세종 대에는 한양의 주산이 응봉(236m)이 되어야 하는데 백악(북악, 342m)으로 잘못 정했다는 풍수학관리 최양선의 주장이 발단이 되어 주산논쟁이 일었다(최원석, [우리 산의 인문학](15) 공간디자인의 중심, 경향신문, 2019).

없이 일어난다. 대표적으로 세조世祖와 당대 제일의 풍수가 안효례安孝禮를 비롯한 신하들의 주산논쟁을 비롯한 여러 번에 걸친 주산논쟁이 매우 치열했던 것으로《조선왕조실록》에 기록되어 있다.

양기지를 정할 때 고려되는 요소는 다양하지만 국局의 요소를 배제할 수는 없다. 국은 사신사로 싸인 공간을 말한다. 이를 달리 말하면 내명당內明堂이라고 한다. 한양에서 내명당이야말로 궁궐의 터이다. 즉 주산이 받쳐주고 청룡과 백호가 좌우를 두르고 에워싸며 앞으로는 안산이 자리하는 기본 구조를 말한다.

국의 개념에서 보면 서울은 풍수적으로도 훌륭한 조건을 갖추고 있다. 통치의 거점은 지리적 요소도 무시되지 않는다. 서울은 당시 조선의 기준으로 국토의 중앙에 해당한다. 이러한 점에서 서울은 매우 합리적인 위치에 있다. 일정 구역의 중심에 가까우며 국을 형성하고 있고 큰 강이 있어 방어防禦와 수운水運에도 장점이 있다.

가장 중요한 것은 사신사의 구성이다. 우리의 전통적인 풍수지리 이론에서 마을이나 도시는 배산임수背山臨水의 원칙을 충족한다. 대부분 산을 등지는 형태로 이는 지리적 조건과 환경적 조건, 기후적 조건을 모두 충족하는 것이다. 물론 완벽하게 노출된 평야지대라면 경우가 다를 수는 있다. 평탄한 평야지대라도 약간 높은 언덕을 주산으로 삼아 마을이 이루어지거나 나무를 심어 뒤를 방어하는 숲을 조성하여 산을 대신하는 경우가 많다.

우리의 전통적 풍수 개념에서 마을이나 도시를 에워싸고 바람을 차단하는 국의 형성을 사신사라고 한다. 큰 도시라면 겹겹으로 에워싸여 세를 형성하는 것을 좋은 국으로 평가한다. 국을 사방에서 감싸주는 뚜렷한 산 네 개를 사신사라고 한다. 이 중 안쪽에서 내명당을 에워싼 산을 내사산內四山이라 하고 바깥쪽을 에워싼 산을 외사산外四山이라 한다. 혹은 안쪽에 둘러싸인 공간을 내명당이라 하고 외측의 산으로 둘러싸인 공간을 중명당이라고도 한다.

국을 에워싼 산의 구성에서 태조산으로 이어져 기를 불어넣어주는 뒷산을 일러 부모산父母山 또는 주산主山이라 하여 현무玄武라고 부른다. 앞산을 안산案山이라 하니 주작朱雀이라 칭한다. 주산에서 안산 방향으로 앞을 바라본다는 전제에서 좌측을 둘러싼 산은 청룡靑龍이라 한다. 주산에서 앞을 바라보면 우측을 감으며 뻗어나가는 산을 백호白虎라 한다. 이 네 산에 둘러싸인 공간을 명당이라고 한다. 달리 국이라는 말도 혼용하는데 바람이 자고 안정감이 있어야 길하다. 이 명당을 에워싼 산들을 내사산內四山이라고 한다. 곧 청룡, 백호, 주작, 현무의 네 산을 사신사라 정의한다.

이 사신사가 감싸 내당을 보호해주는 형국이 된다. 네 산이 감싼 내사산 안쪽은 명당이라 칭한다. 사방이 막혀 있어 필연적으로 분지형태를 이룬다. 산지가 많은 지세의 조건을 갖춘 이 땅에서 분지형태는 바람이 자고 농토가 안정성을 지닌다. 내부적으로는 작은 계곡이나 산자락을 통해 흘러나온 물이 명당지의 중심이나 외측을 따라 흐르는데 이 물을 내수內水라 한다. 달리 내당수內堂水라고도 한다. 흔히 명당수라고 하면 바로 이 물을 의미한다. 이처럼 풍수지리의 이법에 필요한 득수가 충족되어야 한다.

내수는 명당을 지나치며 식수를 제공하고 농토에 물을 제공한다. 물은 회류하듯 흘러 파구破口를 지나 안산 밖으로 나아간다. 명당수는 청룡과 백호가 교차하는 파구를 지나 밖에서 흐르는 큰 강과 만난다. 이때 만나는 물을 외수外水라고 한다. 외수는 달리 객수客水라고도 한다. 산과 물이 겹으로 에워싼 형국이다. 이처럼 이루어진 형상이 전형적인 양기지가 된다. 즉 주산을 등지고, 좌우로 청룡과 백호가 감아 바람을 막으며 내수와 외수를 바라보는 배산임수 형세를 갖는 것이다.

한양은 내사산과 외사산이 모두 갖추어진 길지에 속한다. 내사산은 경복궁 뒤에 솟아오른 북악산北岳山이 주산, 낙산洛山이 청룡, 인왕산仁王山이 백호를 구성한다. 목멱산木覓山으로 불리는 남산은 안산이며 내당수內堂水는 청계천淸溪川이다. 청계천은 동류하여 중랑천과 합수해 객수인 한강으로 흘러나가게 된다.

다만, 착각해서는 안 되는 것이 있다. 한양의 안산과 경복궁의 안산은 다르다. 경복궁만 놓고 볼 때 안산은 남산이 아니다. 지금은 사라졌지만 서울 정동 부근에 황토마루라는 산이 있었다. 이 황토마루가 경복궁의 안산이었다.

과거 조선의 도읍이라는 개념에 의거하여 세밀하게 살피면 서울의 내청룡內靑龍은 낙산洛山이다. 이 낙산은 북악산의 간방艮方에 솟아오른 응봉鷹峰에서 출발하여 삼청터널 위로 이어진다. 혜화동을 지나 동대문으로 이어지는 능선이다.

낙산은 도성을 에워싸는 청룡맥을 형성하지만 비교적 낮다는 특징이 있다. 따라서 조선조 내내 청룡이 부실하다는 이야기를 들어왔다. 가장 큰 문제점은 어깨가 요함凹陷하다는 것이다. 청룡은 남자, 본손발복本孫發福을 의미하고 어깨는 장자長子의 몫이다. 청룡의 어깨가 요함하다는 것은 장자계승長子繼承의 원칙을 추구하는 왕실에는 어두운 그림자이다. 실제 조선 왕실의 장자 계승은 이루어지기 힘들었고 역대를 이어 문제를 일으켰다.

청룡의 또 한 가지 문제는 지나치게 짧다는 것이었다. 낙산은 계속 이어지지 않고 동대문에 못 미쳐 끝을 맺음으로써 부실 논란이 제기되었다. 그로써 한양 축조 후 여러 가지 비보를 하는 요인이 되었다.

내백호內白虎는 인왕산이다. 북악산 우측에서 출발한 인왕산은 창의문彰義門을 지난다. 청룡인 낙산과 비교하면 강하고 우람하다. 인왕산은 홍제동 부근 무악재로 이어지는 능선이며, 서대문을 지나고도 그 힘이 떨어지지 않는다. 한양의 서쪽을 환포한 인왕산의 끝은 목멱산이라 부르던 남산에 도달한다.

안산案山은 백호와 이어져 있다. 남산은 백호인 인왕산의 끝 부분에 연결된다. 백호에 이어져 있으니 백호안산白虎案山이라고 불러야 옳다. 인왕산 능선이 이어져 남산으로 솟아올라 북악산을 바라보고 있다. 예부터 주산과 안산은 유정한 듯 바라보아야 길하다고 했는데 남산은 유정하게 북악산을 마주 보고 있다.

경복궁은 배산임수의 터에 국을 형성하고 있다. 근정전을 혈로 인식하고 북쪽은 현무로 북악산, 서쪽은 백호로 인왕산, 동쪽은 청룡으로 낙산, 남쪽은 안산으로 남산이 솟아올라 내사산內四山을 이루며 국을 형성하고 있다.

내사산 밖을 에워싼 산을 외사산이라 한다. 내사산과 외사산 사이의 터를 중명당이라 부른다. 서울의 외곽을 에워싼 외사산은 북쪽으로 소조산小祖山격인 북한산과 도봉산, 조산朝山격인 남쪽의 관악산, 호종사護從砂로 판단할 수 있는 동쪽의 용마산, 역시 호종사격인 서쪽의 덕양산이다. 외측으로 견고한 빗장을 이루듯 산들이 중첩되어 자리하고 있다.

당연히 외수는 한강이다. 한강은 서울의 외측인 외명당을 가로로 가로지르며 흘러가 득수하고 회류하며 득수국得水局을 형성하고 있다. 옛날 지명으로 살피면 우리가 강남이라고 하는 서울 한강의 남쪽은 한양이 아닌 셈이다.

익히 밝혀진 것처럼 물의 흐름은 회류回流해야 한다. 직선으로 빠져나가는 것은 재산이 빠져나가는 물길이므로 불길하다. 세계적으로 부국강병을 이룬 나라의 수도는 대부분 물을 곁하고 있으며, 굽이치는 회류가 많을수록 안정적이고 부가 강하다. 한강도 회류가 적지 않다. 물이 회류치는 것을 산태극수태극山太極水太極이라 한다. 안동과 예천 일대를 흐르는 내성천이 대표적인 회류천回流川인데 달리 사행천蛇行川이라고도 한다. 한강도 사행천의 모습이다. 따라서 서울을 가로지르는 한강도 수태극水太極의 형상을 지닌다.

명당을 파악하고자 할 때는 내당수의 존재와 그 흐름도 파악해야 한다. 한양의 내당수는 청계천이다. 청계천은 서북쪽인 북악산과 인왕산 사이에서 득수한다. 내당수는 서쪽에서 동쪽으로 흐르는 것을 제일로 친다. 서북쪽에서 흘러나간 청계천은 동쪽에서 서쪽으로 흘러오는 한강과 합류한다. 한강은 동쪽에서 서쪽으로 흐르니 가장 이상적인 조합이다. 한강은 서울의 남쪽을 온전하게 감싸고돌아 거수去水의 형태를 보이며 흘러간다. 회류하는 모습이 전형적인 수태극의 형상을 하고 있다.

양기풍수에서 회류하거나 유속이 느려야 재물이 모이는데 물이 빠르면 재물이 빠르게 나아간다. 유속이 빠르다면 자연적 조건으로 또는 인위적으로 유속을 떨어뜨려 머물게 해야 재물이 생긴다. 수구를 막는 여러 가지 장치는 물의 유속을 떨어뜨린다. 돌기둥 같은 강한 재질로 파구를 막고 있는 한문捍門, 바위로 이루어진 북신北辰 등이 그것이다.

한강의 중심에 자리한 여의도와 밤섬은 나성羅星 역할을 한다. 나성은 모래톱과 같은 것으로 강 중앙에 퇴적되어 유속을 떨어뜨린다. 유속이 떨어짐으로써 한양에는 재물이 모인다. 특히 밤섬은 물을 막는 나성 역할과 더불어 보국 안의 생기를 보호하는 입지를 유지하므로 달리 외수구外水口라고 부를 만하다. 이처럼 산과 물이 어우러져 한북정맥의 대원국大垣局인 서울이 이루어졌다.

풍수의 여러 가지 조건에서 장점이 많은 서울에도 흠이 있다. 이러한 흠결이 비보풍수를 요구한다. 그 대표적인 한 가지는 한양의 태조산太祖山격인 도봉산과 주산인 북악산의 거리다. 한반도 전체의 태조산은 백두산이지만 한양을 살필 때는 국지적으로 도봉산이 태조산 역할을 한다.

태조산과 주산은 멀어야 하는데 그 이유는 풍화작용 때문이다. 태조산은 대부분 바위산이고 화기와 살기가 강하므로 혈장에 이르기 전 변화가 일어나야 한다. 일러 탈살脫殺이 이루어져야 하니 박환剝換이라고 한다. 태조산은 수없이 많은 기봉을 하고 기복을 거듭하여 이 탈살 과정을 겪어야 골산이 육산으로 변한다. 그런데 태조산에서 일정한 거리를 행룡해야 탈살이 이루어지는데 북악산은 도봉산과 지나치게 가깝다. 탈살이 이루어지지 않았으므로 북악산은 바위가 많고 험악한 모습이 곳곳에 드러난다. 주산이 험악하고 살기가 있으면 살생이 많고 사고가 많다고 분석한다.

청룡도 문제가 있었다. 조선 건국 당시 기준으로 청룡은 낙산이었다. 낙산은 한양의 동쪽을 방어하고 가로막는 중요한 산이지만 주산인 북악산이나 백호인 인왕산과 비교해 지나치게 낮고 허하다. 청룡이 낮다는 것은 남자들이 약하다는 것을 의미한다. 왕실의 남자들이 허약하다는 풀이가 가능하다. 풍수지리에서 청룡은 남자와 장자를 관장한다. 특히 주산인 북악산에서 낙산으로 이어지는 부분이 지나치게 낮아 장자의 발복에 문제가 제기된다. 장자계승의 원칙을 세운 조선의 왕통에서 장자에게 문제가 있다는 것은 적통 계승에서 문제가 될 소지가 있다.

건방乾方도 약하고 낮았다. 건방은 강한 기운이 몰려오는 곳으로 인식한다. 하늘의 기운이라고 해석하지만 살풍으로도 분석한다. 경복궁의 건방은 도끼로 찍기라도 한 듯 푹 꺼져 있다. 이 경우 팔요풍八曜風이 의심된다. 건방이 열리면 황천살黃泉殺이 몰려와 불길하다.

경복궁 건립에서 정전正殿의 좌향을 논할 때 정도전은 남향을 주장하고 무학대사는 동향을 주장하였다. 태조 이성계는 정도전의 의견을 따랐다. 결국 궁궐의 좌향은 임좌병향壬坐丙向에 해당하는 방위를 정했다. 학자들은 만약 무학대사가 주장했던 유좌묘향酉坐卯向으로 동향을 하였다면 자왕향自旺向으로 부귀왕정富貴旺丁하는 길한 향이 되었을 것이라고 말한다.

서울의 지리에 대하여 호불호를 떠나 이견이 있는 것은 사실이다. 또 시대가 시대이니만큼 청와대의 터에 대한 논의도 반복된다. 어느 것 하나 틀린 주장이 아니다. 천하제일의 복된 터라 하여 도선국사가 점지했다는 주장이 있는가 하면, 조선시대 후궁 일곱 명을 제사지내는 터라는 주장도 있다. 일제강점기 총독 관저에 대한 이야기도 있다. 풍수적으로 경복궁이 혈이라면 청와대 터는 과협지過峽地에 해당한다는 주장도 있다. 예부터 과협처의 장葬은 멸절滅絶이라 하여 가문이 문을 닫는다는 주장을 하기도 한다. 즉 과협처에 자리한 터에 지은 것이 청와대라는 주장이다. 어쨌든 공통된 주장은 청와대 터가 정혈이 아니라는 것이다.

조금 더 세밀하게 살피면, 북악산에서 출맥한 용은 경복궁을 향하여 달린다. 그리고 인공적으로 쌓은 아미산과 교태전을 지나 근정전에서 멈춘다는 것이 기맥 흐름을 논하는 연구가들의 주장이다. 이 경우 청와대의 터는 혈이 아니다. 그러나 근정전으로 이어지는 기맥일 수 있다. 기맥상에 위치했다면 그다지 나쁠 것이 없다. 그러나 많은 연구가는 청와대의 터가 과협過峽이라는 주장을 내놓고 있다. 예부터 과협에는 집을 짓지도 말고 묘는 더욱 쓰지 말라고 했다.

한양의 인공적 입지 조성

사람은 생거지를 선택할 때 완벽한 풍수지리적 명당을 찾고자 한다. 그러나 인간이 원하는 이상적인 풍수적 조건을 갖춘 자연은 흔하지 않다. 인간은 인간이 살기에 적합한 땅으로 만들고자 노력하는데 이를 비보풍수라고 정의한다.

한양은 풍수적으로 좋은 조건이 갖추어진 땅이다. 그러나 인간이 추구하는 이상향은 존재하지 않을 수 있다. 다만 풍수지리 이념에 근접한 지형을 찾을 뿐이다. 완벽한 지세는 없으므로 부족한 지세를 보충하는 방법을 찾는데, 허한 곳은 막고 넘치는 곳은 진압한다.

일국의 도읍이라 하지만 한양도 완벽한 지세는 아니었다. 이 땅에 거주하는 사람들은 어느 곳도 완벽한 지세가 없다는 것을 알고 있었다. 따라서 항상 인간의 생활과 생존에 도움이 되도록 환경을 보충하며 살아왔다. 한양에 도읍을 정한 조선 왕실은 여러 가지 비보풍수를 적용하였다. 특히 산천의 기맥을 보호하는 데 총력을 기울였다. 조선 왕실은 지금의 북악터널이 있는 부근에 보토소補土所를 설치하고 총융청摠戎廳이라는 담당 관청에서 국가적으로 도성 부근의 산을 관리하였다.

조선은 건국 후 왕실과 새로운 도읍지를 선정하기 위해 입지에 신경을 썼다. 이와 같은 이치로 한양이 도읍으로 선정되었다. 도읍을 정한 후에는 양기지를 보호하고 부족한 입지를 보충하고자 하였다. 우선 자연적 입지를 살리는 것이 중요했다. 이후 부족한 부분을 보충하여 인공적 입지를 조성하고자 했다. 이에 따라 지기를 살리고 입지를 보호하기 위해 조선 왕실은 궁궐 주위에 소나무를 심어 가꾸었다. 아울러 산이 훼손되는 것을 막기 위해 금산禁山정책을 전개하였다.

한양이 도읍으로 정해지자 궁궐이 축조되고 도읍을 에워싸는 축성 과정이 이루어졌다. 성은 풍수적으로 국局을 이루는 중요한 시설물이며 수도 방어에 반드시 필요한 중요한 시설이다. 결국 성은 개인 저택의 담과 같은 역할을 하며, 자연 지세의 청룡과 백호 같은 역할을 수행하는 구조물이다. 조선은 한양에 풍수지리적 이론에 입각하여 도성을 쌓았다.

내사산의 능선을 따라 지어진 성벽은 철저하게 풍수이론에 따랐다. 북악산을 주산인 현무로 삼아 사각형의 사정방四正方에 가까운 모습으로 축성했다. 사정방은 동서남북을 가리킨다. 사정방의 위치에 해당하는 곳에는 산이 솟아 사신사四神砂가 자리한다. 사신사와 이에 이어지는 용맥을 따라 성곽을 쌓으니 궁궐과 도시를 감싼 환포장풍環抱藏風의 형국이 이루어졌다. 성곽을 축조하며 북악산을 주산으로 하고, 낙산을 청룡, 인왕산을 백호로 하여 호종보호사로 삼았다. 청계천을 내당수로 하여 배산임수의 형태가 이루어졌다.

한양 도성은 전형적인 산성의 형태를 지녔다. 내부는 분지형태로 양기지로 삼고 둘러싼 능선을 이용해 축조했다. 도성에는 성문城門을 여덟 개 달았는데 주역周易의 팔괘八卦 이치에 따랐다. 각기 사대문과 사소문으로 불리는 문을 달아 출입이 가능토록 했다. 각각 동서남북을 의미하는 사정방위四正方位와 동북, 동남, 서북, 서남의 사유방위四維方位에 해당한다. 팔괘의 방위는 자오묘유건곤간손子午卯酉乾坤艮巽에 해당하는 방위다.

전통적인 방향과 팔괘의 방위론에 따르면 북쪽은 자방子方이며 달리 감방坎方, 남방은 오방五方이며 달리 이방離方, 동쪽은 묘방卯方이며 달리 진방震方, 서쪽은 유방酉方이며 달리 태방兌方으로 이는 사정방위에 해당한다. 북동쪽은 간방艮方, 동남쪽은 손방巽方, 서남쪽은 곤방坤方, 서북쪽은 건방乾方으로 사유방위에 해당한다. 각각의 방향은 각기 오행이 배정되고 의미하는 바 또한 다양하다.

각 방향에는 오행이 배정되었다. 북쪽이며 감방은 수水, 남방이며 이방은 화火, 동방이며 진방은 목木, 서방이며 태방은 금金의 오행이 배정된다. 사유방위도 마찬가지로 오행을 배정한다. 간방은 토土, 손방은 목木, 곤방은 토土, 건방은 금金의 오행이 배정된다.

성문에도 철저하게 오행과 풍수지리적 의미를 부여하였다. 이는 성문에 붙은 현판으로 파악할 수 있다. 성문의 문루門樓에 부착된 현판에는 문 이름이 적혀 있거나 새겨져 있다. 성문은 정방위와 사우방위에 배치되는데 각각의 봉우리와 같다. 사정방위에 해당하는 자오묘유子午卯酉의 방향에는 사대문四大門을 세웠다. 사유방위에 해당하는 건곤간손乾坤艮巽 방향에는 사소문四小門을 두었다. 이렇게 하여 서울 도성에 출입하는 사대문 사소문의 배합이 이루어졌다.

사대문에는 각기 방향성과 오행을 의미하는 이름이 있다. 오행은 모든 동양철학의 기본이론으로 물체, 색, 사상, 신체 외부, 신체 장기, 건강, 의학, 생김, 형상, 풍수 등 모든 상황에 부여된다. 따라서 도성을 출입하는 문에 오행의 의미를 부여하는 것은 당시 사상으로는 당연하다고 할 수 있다.

동쪽의 문부터 살펴본다. 동쪽은 방위상 묘방이며 풍수지리상으로는 청룡에 해당한다. 동쪽 방향에 있으므로 일반적으로 동대문이라고 한다. 동대문의 이름은 흥인지문興仁之門이라고 정했다. 이 문 이름에 사용된 인仁이라는 글자는 오행 분류에서 오상五常의 목木과 관련이 있다. 오상은 인의예지신仁義禮智信 다섯 글자를 오행으로 나누는 것이다. 동東은 목춘청좌木春靑左의 의미가 있다. 즉 동쪽은 나무, 봄, 청색, 좌측 방향이라는 의미이다. 여기에 오행의 다양한 이치를 부연하면 간肝과 담膽, 3과 8, 장남이라는 의미가 더해진다.

서대문의 문 이름은 돈의문敦義門이다. 서쪽은 유방酉方이며 팔괘의 태방兌方으로 풍수지리의 백호에 해당한다. 서대문에 사용된 의義라는 글자는 오상에서 금을 의미한다. 서西는 금추백우金秋白右의 뜻을 나타낸다. 즉 서쪽은 금, 가을, 백색, 우측 방향이라는 의미로 해석된다. 부연하면 폐와 대장, 4와 9, 소녀라는 의미가 있다.

남대문의 문 이름은 숭례문崇禮門이다. 남쪽은 오방午方이며 팔괘의 이방離方에 해당한다. 남대문은 한양의 안산이다. 숭례문에 사용된 글자 례禮는 오상에서 화를 의미한다. 남南의 의미는 화하적전火夏赤前의 뜻을 나타낸다. 즉 남쪽은 불꽃, 여름, 적색, 앞이라는 의미가 있다. 부연하면 심장과 소장, 2와 7, 중녀라는 의미를 지닌다.

북대문의 문 이름은 숙정문肅靖門이다. 북쪽은 자방子方이며 팔괘의 감방坎方에 해당하고 주산에 해당한다. 북대문에 사용된 정靖은 특이하게 오상의 인의예지신에 해당하지 않는다. 오상에 해당하는 글자를 사용하지 않은 이유가 무엇일까? 한 가지 가설은 양택의 배치를 응용했다는 것이다. 일반 양택에서 뒷문은 몹시 흉한 것으로 여겨진다. 따라서 오행을 바탕으로 하는 오상의 의미를 사용하지 않은 것으로 여겨진다. 결국 여러 가지 이유로 북대문은 폐쇄하고 사용하지 않게 된다. 여러 이론에 따라 북대문에 숙정문이라 이름을 붙인 이유가 밝혀지기는 하였으나 풍수지리적 비보의 의미가 있다는 주장은 신뢰할 만하다.

중앙에는 문을 세울 수 없다. 그럼 중앙을 나타내는 문이나 다른 사물은 어디일까? 오행 이론에서 중앙은 토를 나타낸다. 오상적 의미로는 신信이다. 중앙의 의미는 토土, 사계절四季節, 환절기換節期, 황색黃色이다. 동서남북의 각 문과 방향이 가지는 목화금수木火金水의 기氣를 조정하는 기능이 있다. 중앙에는 문이 없으므로 종루인 보신각普信閣에 중앙을 의미하는 신信을 부여한 것으로 보인다. 혹자는 조화와 균형의 중재자로 존재하는 것이 중앙이라 말한다. 곧 중앙은 군왕이 거居하는 경복궁이라는 주장이다. 그러나 오상을 의미하는 신信이 쓰인 보신각이 균형을 맞추고자 한 배치로 보인다.

사대문과 더불어 사소문四小門이 한양 도성 요소요소에 배치되어 있다. 우리나라의 대규모 산성이나 읍성 중에는 문이 여덟 개인 경우가 종종 있다. 남한산성과 같은 산성도 문이 여덟 개인 구조로 축조되어 있다.

한양 도성의 사유방위에 자리한 문을 사소문四小門이라고 한다. 사유방위는 건곤간손乾坤艮巽의 방위이다. 사소문은 이 사유방위에 배치했는데 이 또한 팔괘의 방위개념에서 벗어나지 않는다.

경복궁도 철저하게 풍수적 기반 위에서 축조되었다. 도성의 배치와 마찬가지로 사정방에 궁문宮門을 각각 네 개 배치하였다. 동서남북에 배치된 네 궁문에도 오행이 적용되었다. 동문東門은 봄과 나무를 나타내는 글자를 배치하여 건춘문建春門이라 지었다. 남문南門은 남쪽과 방향을 나타내는 글자를 배치하여 광화문光化門이라 지었다. 특히 이 광화문은 화형산인 관악산의 기운에서 밀려오는 화재를 대비하기 위하여 지어진 이름이라는 상징성이 있다. 서문西門은 서쪽과 가을을 의미하는 영추문迎秋門이라 지었다. 북문北門은 북쪽과 물을 의미하는 신무문神武門으로 명명하였다.

궁월의 문은 단순히 오행을 의미할까? 이는 귀원歸垣의 적용으로 볼 수 있는데 오성귀원五星歸垣이다. 목화토금수木火土金水의 오성五星이 제자리의 방향을 차지하는 것이다. 목木은 동쪽에, 금金은 서쪽에, 화火는 남쪽에, 수水는 북쪽에, 토土는 중앙에 거居하여 각각 방위方位의 마땅함을 얻으면 그것을 일러 귀원이라 한다.

귀원에서도 오성귀원격五星歸垣格을 적용하였다고 볼 수 있다. 오성귀원격은 달리 오기조원五氣朝垣, 오성승전五星升殿이라고도 하며 매우 좋은 격格이다. 수성水星이 북北을 향해 있고, 화성火星이 남南에 우뚝 솟아오르며, 목성木星은 동東에, 금성金星은 서西에, 토성土星은 중앙中央에 자리하여 결혈結穴을 이루니 국局의 사면이 서로 고르고 비등한 중에 가운데 진혈眞穴이 융결融結되어 있다. 이와 같은 배치는 매우 좋은 길격吉格으로 달리 천심십도天心十道와 비견比肩하며 세상만물世上萬物의 천지天地가 오기五氣의 정精을 받아 위로는 천성天星에 응하고 아래로는 방위方位가 합치되어 가장 좋은 배치의 형상에 속한다

고 할 것이다. 궁궐의 문 네 개는 이와 같은 이치에 따라 배치되었다고 보아도 지나친 말이 아니다.[26]

경복궁 내부는 풍수지리의 경연장이다. 교태전 뒤의 공간에 인공 가산을 지어 아미산이라는 이름을 부여한 것은 물론이고 남문인 광화문 앞에는 또 다시 홍례문弘禮門이라는 문을 두었다. 왕의 집무실 부근에는 만춘전萬春殿과 천추전千秋殿을 두었는데 역시 오행의 의미가 강하게 부여되었다.

한양 도성의 비보풍수

경복궁에서 앞을 향하면 멀리 관악산冠岳山이 보인다. 관악산은 그 형세가 마치 손가락 같은 연주대戀主臺가 있고, 멀리서 보면 뒤쪽 정상의 바위가 화염이 이글거리는 듯 보이는 산이다. 산 정상은 집게처럼 뾰족한 불꽃바위로 해발 632m이다. 영주대靈珠臺라고 불리는 이 바위는 연주대 뒤쪽에 있으며 연주대보다 1m 높다.

흔히 연주대로 불리는 연주암의 죽순바위는 관악산의 정상이 아니다. 관악산 정상은 조선시대 이전에는 영주대靈珠臺라는 기록과 영주대影炷臺라는 기록도 있다. 경복궁에서 바라보이는 불꽃 모양 바위는 죽순바위가 아니라 관악산 정상의 불꽃바위이다.

풍수지리에서는 이와 같은 산을 화형산火形山이라고 한다. 관악산은 풍수

26) 안종선, 《성보의 풍수지리 용법(龍法)》, 비앤비북스, 2016.

지리상 서울의 외사산外四山에 해당하지만, 유일하게 한강 이남에서 다른 산들과 맥을 달리하며 독자적으로 우뚝 존재한다. 이 때문에 경복궁에서는 남쪽에 딱 버티고 있는 매우 도발적인 형태로 보인다.

예부터 갓 모양의 이 화산火山은 도읍에 많은 영향을 미쳤다. 정도전은 한강이 가로막아 화기가 미치지 못할 것이라고 주장하면서도 관악산의 화기를 두려워했다. 기록이 불분명하지만 관악산의 화기를 두려워하여 숭례문 현판 이름을 지었다고도 전한다. 그런 그가 무학대사의 주장을 무시한 것은 이율배반적이 아닌가!

우리나라의 산 이름에서 악岳, 嶽이라는 글자가 들어가면 바위로 이루어진 산이라는 의미가 강하다. 이런 이름이 붙은 산들은 대부분 강한 바위로 이루어진 경우가 많다. 관악산, 월악산, 설악산, 모악산, 치악산, 북악산, 황악산 등이 이에 해당한다. 반드시 높은 산이라는 의미는 아니다. 높이에서 두각을 나타내지 않더라도 험준함과 아름다움, 사람들이 경외하고 신성시하는 점에서 큰 산으로 보기에 손색이 없다. 이 산들의 특징은 화형산이라는 점이다.

경복궁에서 바라보면 관악산은 화형산으로 보인다. 화형산은 이글거리는 화염과 같은 형상으로 화기가 강하다고 판단되었다. 경복궁의 남쪽에 해당하는 외사산의 하나이며 남쪽을 가로막는 조산인 관악산의 화기는 늘 불안을 안겨주는 걱정거리였다.

관악산은 그 생김이 마치 관冠처럼 생겼다 하여 지어진 이름이다. 관에서는 뾰족뾰족한 형상이 돋보인다. 아름다운 바위산이라 하지만 풍수에서는 불의 기운으로 분석한다. 경승景勝이 될 수는 있지만 바라보기 힘들 정도로

관악산 죽순바위. 관악산은 한양의 외사산에 해당한다. 특히 관악산은 화형산으로 도성에 화재를 몰고 올 것이라는 걱정거리를 안겨주어 비보풍수를 전개하도록 근거를 제공한다.

거친 화기가 느껴지는 산이다. 실제 관악산 정상은 불꽃바위가 자리를 차지하고 있다.

관악산은 경복궁을 짓는 왕조로서는 매우 껄끄러운 산이다. 조선시대에 관악산은 남쪽에 자리한 불의 산이라고 정의되었다. 왕도남방지화산王都南方之火山이라는 의미는 매우 걱정스러운 상황을 말해준다. 관악과 나란히 선 삼성산三聖山[27]도 관악산과 연결된 하나의 산으로 취급되었다. 조선 역사가 이어지는 가운데 관악산의 화기로 의심되는 화재는 반복되기에 이른다.

조선 초기 무학대사는 궁궐의 터를 정할 때 관악산의 화기가 두려우므로 인왕산을 주산으로 하여 동향해야 한다고 주장했다. 그러나 정도전은 남쪽

27) 서울시 관악구 남쪽 관악산(冠岳山)의 한 봉우리. 관악구 신림동과 경기도 안양시 석수동의 경계에 있다. 신라의 원효(元曉)·의상(義湘)·윤필(尹弼) 세 불승이 이 산에서 암자를 짓고 수도하던 곳이라 하여 붙여진 이름이다.

을 막으며 흘러가는 한강이 관악산의 화기를 막을 수 있다고 주장하였다. 따라서 관악산을 바라보며 정남향으로 지어도 무리가 없다고 했다. 결국 태조는 정도전의 말을 따라 도성과 왕궁의 좌향을 정남으로 하여 축조하였다.

과연 정도전의 주장은 옳았을까? 한양에 정도한 이후 도성에서는 왕자의 난과 화재가 연이었다. 이에 따라 당시 중요하게 사용되던 풍수의 이법을 모두 사용하여 비보풍수를 하기에 이른다.

돌로 만든 개와 산정의 우물

경복궁이 화기에 노출될 수 있다는 우려는 왕조의 근심거리였다. 관악산의 강력한 화기를 막을 방법이 필요했다. 따라서 도성을 축조하고 궁궐을 지으면서 조선 왕조는 화기를 피해갈 수 있는 다양한 방법을 모색하였다.

이미 경복궁 축조를 결정할 때 무학대사가 주장하였듯 관악산은 불의 산으로 인식되었다. 궁궐 축조에서 관악산의 존재는 매우 불리하였다. 무학대사가 법궁을 동면東面해야 한다고 한 데는 바로 이 관악산의 존재가 부각되었다. 관악산은 강력한 화기를 내뿜는 화형체였으므로 강력한 대책이 필요했다. 그에 따라 다양한 비보를 하였지만 경복궁은 수시로 불길에 싸이거나 화기에 노출되었다.

관악산은 호환虎患이 잦고 범처럼 생긴 바위가 있으며, 그 생김이 마치 도성을 노려보는 호랑이 형상이라 호암산虎岩山이라 불리기도 했다.

관악산 자락에 솟아오른 삼성산 자락에는 몇 가지 비보풍수 흔적이 남아 있다. 가장 먼저 눈에 띄는 것이 삼성산 정상에 있는 돌로 만든 개의 형상이다. 흔히 불을 먹는 석구石狗라고 불리는 이 조각은 삼성산의 화기를 잠재우

금천 삼성산 석구상

불을 먹는 개의 형상이다. 화기를 누르고자 하는 염원이 담긴 비보풍수의 물상이다.

기 위한 비보풍수의 일환이다. '한우물' 조사 발굴 때 석구지石狗池라고 음각된 장대석이 나왔고, 《시흥읍지》에는 호암산 남쪽에 석견石犬 사두四頭를 묻었다고 기록되어 있다. 이런 기록으로 볼 때 최근까지 해태상 등 다른 동물로 보아온 시각은 석구石狗로 통일해야 할 것이다. 그런데 무슨 까닭으로 개를 네 마리나 세웠을까? 개 네 마리가 사방에서 호위하여 삼성산을 누르도록 한 것은 아닐까?

그것으로 그치지 않았다. 이 석구 옆에는 커다란 연못이 있다. 자연적으로 이루어진 연못이 아니라 인공으로 만들어진 제법 큰 연못이다. 서울특별시 금천구 시흥동 산 93-2에 자리한 이 우물에는 '한우물'이라는 이름이 있다. 달리 용보龍洑, 천정天井이라는 이름으로 불린다. 길이가 22m에 이르고 너비가 12m이므로 우물이라기보다는 연못 수준의 크기이다. 이 우물은 자연적으로 토출되는 물을 모은 것이다. 산 정상에 우물을 만든 것은 산이 지닌 화기를 억제하고자 하는 비보에 해당한다.

호랑이를 누르는 사찰과 화살

삼성산 아래쪽에는 호압사虎壓寺라는 절이 있다. 삼성산의 문제는 화기만이 아니었다. 그 생김이 마치 경복궁을 바라보는 호랑이 모습이라고 한다. 이와 더불어 당시에는 호랑이가 많이 출몰하는 지역이었다. 인명을 살리고 경복궁에 미칠 화기를 억제하는 노력의 일환으로 절을 지었다. 절을 짓는다는 행위는 그다지 특별할 것이 없으나 이 절 이름을 호압사로 한 것은 문자비보에 진압풍수를 더한 것이다.

금천 삼성산 한우물

삼성산은 관악산의 일부로 여겨졌다. 강한 화기를 방어하기 위하여 삼성산 정상에는 우물을 파고 불을 먹는 석구를 세움으로써 진압풍수를 전개하였다. 한겨울의 우물은 눈으로 덮여 있지만 물이 많은 편이라 평소에는 찰랑거린다.

《신증동국여지승람》에는 이런 기록이 있다.

"호암산虎岩山, 현 동쪽 5리에 있다. 범 같은 바위가 있어 호암산이라 한다. 조선 전기에 금천현감을 지낸 윤자尹慈의 말에 따르면, 금천 동쪽에 있는 산의 우뚝한 형세가 범이 가는 것 같다. 또 험하고 위태한 바위가 있는데 호암虎岩이라 부른다. 점을 치거나 풍수지리를 살피는 술사術士가 살펴보고, 바위 북쪽 모퉁이에 절을 세워 호갑虎岬이라 했다. 거기에서 북쪽 7리 지점에 세운 다리를 궁교弓橋라 한다. 또 북쪽 10리 지점에 사자암이 있다. 모두 범이 가는 듯한 산세를 누르려는 것이다."

삼성산 입구에 자리한 호압사 앞에 우뚝 선 바위산이 있는데 이 바위의 모양이 마치 범이 가는 형상으로 보였다는 것이다. 그런 연유로 삼성산은 호암산이라 부르게 되었다. 이 범의 기운이 사람을 해칠 것이 두려워 진압풍수가 필요했다. 풍수는 지극히 시각적이다. 이 험한 바위의 기운을 누르려고 호갑사를 세웠는데 이 절이 지금의 호압사虎壓寺로 이름이 바뀌었다.

호압사 가까운 곳에는 궁교弓橋라고 이름 붙여진 다리가 있었다. 호압사가 절을 지어 지기를 누르는 진압풍수의 실현이었다면 궁교는 문자비보에 해당한다. 활이라는 사물의 이름을 붙여 문자로 비보한 것이다. 항상 화살로 겨누고 있음을 나타내 범이 움직이지 못하게 하겠다는 장치에 해당한다.

그것으로 그치지 않았다. 호압사와 궁교만으로도 부족하다고 생각했는지 부근에 사자암을 세웠다. 여차하면 범과 사자를 싸움 붙이겠다는 의미이다. 이름하여 사호상박獅虎相搏의 대치를 만들어놓은 것이다. 이중삼중의 장치이다. 비보를 위한 옛사람들의 유비무환 정신과 마음자세가 드러난다.

전하는 바에 따르면, 호압사는 무학대사가 창건했다고 한다. 전설에 따르

금천 호압사

호랑이 모양의 바위가 영향을 미칠까 두려워 방어하고자 지은 절이다. 전형적인 진압풍수에 해당한다.

면 경복궁을 세울 때 자꾸 무너져서 그 원인을 알아본즉, 이 호암의 위력으로 무너졌기에 이곳에 호압사를 세웠다고 한다. 전설일 뿐이라고 치부할 수 있지만 그 정신과 비보풍수의 적용은 익히 알 수 있다.

숭례문

서울이 조선의 도읍으로 정해진 때는 태조 3년인 1394년이다. 이때 경복궁이 착공되었다. 태조 7년에 1차로 경복궁 축조가 완성된다. 무학대사는 한강 남쪽의 관악산冠岳山에서 불어오는 강력한 화기를 피하기 위해 궁궐을 동향으로 지어야 한다고 주장했지만 정도전은 중국의 제왕들이 모두 남면으로 궁궐을 세웠다고 주장하였다. 태조 이성계는 정도전의 주장에 따랐지만 한강 너머 관악산에서 느껴지는 화기가 불안하기 그지없었다. 사실 도성에 화기를 미치는 산은 관악산만이 아니었다. 바위로 이루어진 백악산, 도봉산이 하나같이 목형이라는 의미를 부여했지만 바위의 생김이 날카롭고 강하여 모두 화기를 지닌 것으로 파악되었다.

예나 지금이나 풍수를 연구하는 사람들은 관악산의 화기가 넘어오는 길목에 숭례문崇禮門이 있다고 파악한다. 숭례문이 정남쪽에 세워지지 않고 남서쪽으로 치우쳐진 형상은 바로 관악산과 정면으로 대치하는 모습이라고 판단한다.

도성을 지으며 관악산의 화기를 차단할 특단의 조치가 필요했다. 관악산과 경복궁의 직선에 해당하며 길목에 위치한 숭례문은 비보풍수로 이용할 가치가 충분했다. 당시 풍수사들과 현자들은 관악산의 화기를 막기 위해 숭례문을 이용하였다.

숭례문의 현판을 세로로 쓴 것은 화기를 방어하고자 함이다. 불길이 오래 타게 하려는 방책이라고도 한다. 우리나라의 관습으로 보아 일반적으로 현액縣額은 가로로 쓰는 것이 관례인데 숭례문은 불을 형상화하기 위해 세로로 세웠다.

숭례문은 관악산을 바라보기 때문에 현판 선택에 심사숙고해야 했다. 결국 화기를 제압하는 글자로 이름이 정해졌다. 숭崇은 불길이 활활 타오르는 모습을 형상화한 글자이다. 례禮는 오행의 오상에서 불길을 나타내는 글자이다. 불을 의미하는 글자를 연속으로 배치하고 두 글자를 세로로 두어 현판을 만든 것은 불길이 치솟아 오르는 형상을 표현한 것이다. 즉 관악산의 불길을 불길로 막는다는 개념이다. 이이제이以夷制夷라는 말이 있다. 오랑캐로 오랑캐를 방어한다는 의미이다. 숭례문에 불을 의미하는 글자를 연속으로 쓴 것은 이화제화以火制火의 비보풍수라 할 것이다.

재미있는 것은 숭례문 현판을 세로로 세우는 묘책을 낸 사람이 정도전이라는 설이다. 한강의 기운이 관악산의 화기를 막는다고 주장했던 정도전은 무슨 생각으로 비보풍수에 해당하는 비책을 썼을까?

현판 글씨를 쓴 사람을 두고 이설이 구구하다. 추사 김정희의 《완당전집阮堂全集》에는 조선 초기의 문신 신장의 글씨라고 적혀 있으며, 이규경의 《오주연문장전산고》에는 "숭례문이라는 이름은 삼봉 정도전이 지은 것이요, 그 액자는 세상에서 전하기를 양녕대군의 글씨라 한다"라고 주장하면서도 "숭례문 편액은 정난종이 쓴 것"이라고 했다. 일제강점기의 잡지 《별건곤》 1929년 9월호에는 "안평대군의 글씨는 오해요, 중종시대 명필 유진동의 글씨"라고 되어 있다. 양녕대군을 모신 사당에는 숭례문 글씨를 양녕대군이 썼음을 증명하는 자료가 있다.

숭례문 현판

숭례문의 현판을 세로로 쓴 것은 화기를 방어하려고 한 것이다. 즉 관악산의 불길을 불길로 막는다는 개념이다.

전설은 진실을 말하기도 한다. 실록의 기록에 따르면 정도전의 의미심장한 말이 전한다. 자신이 만든 이 숭례문이 불타 없어질 거라고 한 것이다. 이때는 도성의 모든 백성이 피난을 가야 한다고 했다. 임진왜란을 말한 것인지 6·25전쟁을 말한 것인지 알 수 없다. 무학대사는 숭례문이 전소되면 한양의 운이 다한 것이라고 했다.

남지, 동지, 서지

조선 왕조는 숭례문으로 화기를 제어하고자 하였지만 그것으로는 부족했는지 더욱 강한 비보를 하려고 했다. 과거 숭례문 밖에는 '남지南池'라고 하는 연못이 있었다. 숭례문에서 서울역 방향으로 치우친 곳에 이 연못이 있었는데 도성의 정문인 숭례문 밖이 휑하기도 했지만 숭례문의 비보를 도울 변화가 필요했을 것이다.

지금은 사라졌지만 기록에 따르면, 연못 안에 버드나무를 심어 매우 아름다웠다고 한다. 이 연못은 장원서掌苑署라는 관청에서 관리한 것으로 기록되어 있다. 이 작은 연못은 화재에 대비하기 위해 물을 확보하려는 뜻도 있었다. 숭례문이 목조건물이므로 불을 대비하는 것은 당연했으리라. 기록으로 남은 옛 그림을 보면 제법 큰 연못으로, 면적으로는 숭례문의 서너 배는 되었다.

이 연못은 제법 오래도록 유지되었지만 1900년을 전후해 숭례문 주위 성곽을 헐면서 사라졌고 도로를 확장할 때 메워지고 말았다. 1926년 남지터에 건물을 지었는데 기초를 세우기 위해 공사하던 중 '청동용두青銅龍頭의 귀龜'가 발견되었다. 이는 '청동으로 된 용머리를 가진 거북'이라는 뜻으로 대단히 비보적인 의미가 있다.

우리는 연못을 파면 물을 다스리는 신의 의미로 용을 만들어 넣었다. 경회루 연못에도 용 두 마리를 만들어 넣었다는 이야기가 있다. 이 용은 인간이 만들었지만 물을 수호한다는 의미가 있다. 이것으로 보아 남지 역시 비보풍수용으로 조성한 연못임을 알 수 있다.

성문 주위에 연못이 있던 것은 남대문만이 아니다. 겸재의 그림 〈동문조도東門祖道〉에는 동대문 밖에 있는 동지가 그려져 있다. 겸재의 그림뿐 아니라 다양한 자료에 따르면 동대문 일대는 연못이 있었으며 정자도 있어서 마을 이름이 정자동亭子洞이었다. 이 연못은 동쪽에 있다고 해서 동지東池라고 불렸다.

서울의 성문 부근에는 연못이 있었는데 남대문 앞에 남지南池라는 연못이 있었던 것처럼 서대문 밖에는 서지西池가 있었다. 서지는 특히 남대문 밖의

한양 도성 앞의 연못이 그려진 그림

한양 도성의 남대문에는 남지(南池), 서대문에는 서지(西池), 동대문에는 동지(東池)가 있었다. 이화여자대학교박물관이 소장한 〈동문조도(東門祖道)〉는 겸재 정선(鄭敾)의 그림이다. 동지는 종로구 효제동에 있던 큰 연못으로 그 부근 마을을 연못골, 연지동이라고도 하였다. 《동국여지비고》 정지조에 "동지(東池) 재흥인문외(在興仁門外) 종연(種蓮), 일재경모궁전(一在景慕宮前) 종연(種蓮)"한 것으로 보면 동지가 동대문 밖과 경모궁 앞 두 곳에 있던 것을 알 수 있다. 연못은 당시 장원서에서 관리하고 열매는 왕실용으로 썼다(서울특별시사편찬위원회, 《서울지명사전》, 2009).

남지와 함께 연꽃으로 유명했다고 한다. 언제나 정치적 이슈는 있었던 모양으로, 서지의 연꽃이 많이 피면 서인西人이 득세하고, 동지의 연꽃이 많이 피면 동인東人이 득세한다는 소문이 있어 동서양당東西兩黨이 서로 상대방을 지칭하는 연꽃이 잘 피지 못하도록 하였다고 하니 정치적인 음모와 공방은 언제나 되풀이되는 모양이다.

도로

숭례문에서 궁궐에 이르는 길은 조선시대에도 대로에 속했다. 조선 왕조는 숭례문에서 궁궐의 외문인 광화문으로 이어지는 도로를 직선으로 내지 않았다. 철저하게 풍수지리를 적용하여 도로를 만들었다. 길을 종로와 종각을 거쳐 방향을 틀어 들어오는 방법으로 만들어 마치 우회하는 것처럼 했다. 혹여 숭례문을 넘어선 화기가 직선으로 난 길을 타고 들어올 것을 대비한 것이다.

경복궁 정문인 광화문 앞에서 궁궐 안으로 들어가기 전에 고개를 돌려 세종로를 바라보면 길이 휜 이치를 인식할 수 있다. 광화문에서 바라보면 세종로와 태평로가 숭례문까지 시원스럽게 뚫려 있다. 그러나 이 도로는 현재진행형이다. 조선조의 도로는 이와 매우 달랐다. 조선시대에는 지금의 조선일보사 앞에 황토현黃土峴이라는 언덕이 있었다. 황토마루라고 부르는 바로 그 언덕이다. 나무가 듬성듬성했던 이 언덕을 피해 돌아가야 했다.

한양성의 정문正門은 숭례문이다. 조선시대에 숭례문으로 가려면 복잡한 도로를 걸어야 했다. 지금의 세종로에는 육조六曹가 자리했다. 이 육조거리를 지나 광화문네거리까지 가야 한다. 이곳에서 동쪽으로 지금의 종로거리인 운종가雲從街를 따라 걸어가면 종루에 다다른다. 지금은 종각鐘閣이라 부르는 종루鐘樓까지 가서 다시 방향을 튼다. 종루에서 지금의 남대문로인 숭례문로崇禮門路를 따라 걸어가야 숭례문에 이를 수 있었다. 도로를 굽게 하여 화기가 직선으로 들어오지 못하도록 지혜를 낸 것이다.

해치

흥선대원군興宣大院君은 안동 김씨의 세도가 끝나고 실권을 손에 넣자 여러 가지 이유로 대대적인 경복궁 재건을 서두른다. 이 과정에서 흥선대원군은 광화문 앞에 해치상을 한 쌍 세운다. 사람들에게는 해태라고 알려진 석상으로 진짜 이름은 해치다. 물 기운을 몰아온다는 바닷속 동물인 해치는 불을 먹는다고 한다. 상상 속 동물인 해치는 고개를 돌리고 있는데 관악산을 잡아먹을 듯 큰 눈으로 노려보고 있다. 무학대사의 주장을 믿은 흥선대원군이 관악산의 화기를 방어할 목적으로 해치상을 만들어 배치했다고 한다.

몇 년 전 국가의 영원한 유산인 숭례문이 불탔는데 이러한 일이 일어나자 풍수학계에서는 의견이 분분하였다. 여러 가지 주장 중 하나는 해치상이 자리를 비웠기 때문이라는 것이다. 마침 광화문 보수공사를 이유로 해치상이 잠시 이전되어 있었다. 이 시기에 숭례문이 불에 탄 것은 서울의 화재를 예방하는 힘을 지닌 해치가 자리를 옮겼기 때문이라는 주장이 강하게 제기되었다.

해치가 비보풍수로 사용된 것이 아니라는 일부 주장도 있다. 최근에는 서울시의 상징동물로 사용되는 해치는 중국 요堯임금 때 출현한 상상의 영물靈物이다. 그 생김은 눈매가 부리부리하고 정수리에는 외뿔이 있으며, 목에는

광화문 해치상

애초에는 사람의 시비곡직(是非曲直)을 판단하는 신령(神靈)스러운 재주가 있다고 알려져 사헌부(司憲府) 앞에 놓였으나 불을 먹는 영물로 변해 전해졌다. 관악산의 화기를 방어할 목적으로 해치상을 만들어 배치했다고 한다.

방울이 달려 있고 몸은 비늘로 덮여 있다.

해치는 매우 영리하여 선악善惡을 구별하는 능력이 있고 사람의 시비곡직是非曲直을 판단하는 신령神靈스러운 재주가 있다고 알려졌다. 해치의 상징성 때문에 조선시대에는 죄를 다스리는 사헌부司憲府 앞에 놓여 있었다. 조선시대 사헌부는 지금의 세종문화회관 앞에 있었는데 이곳에 있던 해치는 흔적도 없이 사라졌다.

현재 광화문 앞에 있는 해치 두 마리는 대원군이 경복궁을 복원할 때 당시 최고의 석수장이 이세욱李世旭이 조각한 걸작이다. 흥선대원군이 이 해치를 불을 막고자 하는 의지로 비보풍수용으로 만들었다는 주장을 반박할 어떤 근거도 나타나지 않았다.

광화문

광화문光化門이라는 이름은 《서경書經》의 '광피사표화급만방光被四表化及萬方' 에서 가져왔다. 이 말은 "나라의 위엄과 문화를 널리 만방에 보여준다"라는 뜻이다. 광화문에는 단순하게 문 이름이라는 의미 이상의 뜻이 담겨 있다.

광화문에는 문이 총 세 개 있는데 가운데 문으로는 왕이 다니고 나머지 좌우의 문으로는 신하들이 다녔다. 광화문 천장에는 주작朱雀이 그려져 있다. 1395년에 만들어졌으며 2층 누각 형태로 지어졌다.

광화문은 경복궁의 남문이다. 동양의 방위개념에서 남쪽은 오방午方 혹은 이방離方이라고 한다. 광화문을 이문離門이나 오문午門이라 해도 틀린 것이 아니며 실제 광화문은 정문과 오문이라고도 불렸다.

정문正門이란 단순히 경복궁의 정면을 막고 있는 문이라는 의미 이상이다. 정문은 정도전의 주장에 따른다. 《삼봉집》에는 정도전이 어떤 의미로 정문이라고 주장했는지 비교적 소상하게 기록되어 있다.

"그 정문에 대해서 말씀드리면, 천자와 제후諸侯가 그 권세는 비록 다르다 하나 그 남쪽을 향해 앉아서 정치하는 것은 모두 정正을 근본으로 함이니, 대체로 그 이치는 한가지입니다. 고전을 상고한다면 천자의 문門을 단문端門이라 하니 단端이란 바르다[正]는 것입니다. 이제 오문午門을 정문이라 함은 명령과 정교政敎가 모두 이 문으로 나가게 되니, 살펴보고 윤허하신 뒤에 나가게 되면, 참소하는 말이 행하지 못하고 조작과 거짓으로 부탁하지 못할 것이며, 아뢰고 복명함이 모두 이 문으로 들어와서 윤허하신 뒤 나가게 되면, 사특한 일이 나올 수 없고 공로를 상고할 수 있을 것입니다. 문을 닫아서 이상한 말과 기이하고 사특한 백성을 끊게 하시고, 열어서 사방의 어진 이를 오도록 하는 것이 정正의 큰 것입니다."

광화문은 달리 오문午門이라고도 불렸다. 오午는 동양의 방위개념에서 남쪽을 의미하니 궁궐의 남쪽에 자리했음을 알 수 있다. 경복궁은 정도전의 주장에 따라 남향하고 있다. 좌향坐向이 배산임수를 이루어 배북남면背北南面하고 있다. 궁궐이 남향하여 남면하니 자연히 뒤는 북쪽이고 앞쪽에 세우는 문이 정문이다. 정문은 남쪽을 향하니 오행五行으로 적용하면 남쪽인 오방에 해당한다. 따라서 궁궐의 정문이고 남쪽을 향한 문이기 때문에 오문이라고 하였다.

광화문은 조선시대 궁궐의 대문을 대표하는 문이다. 돌로 육축陸築을 높이 쌓고 그 위에 삼문을 냈다. 흔히 무지개다리라고 하는 형태의 홍예虹霓로 이루어진 삼문 형식인데 가운데 칸이 양쪽 옆 칸보다 조금 더 높고 넓다. 홍예문虹霓門을 세 개 내는 고설삼문高設三門 형식이다. 가장 넓고 높은 가운데 칸은 임금과 왕비만 드나드는 어칸[御間]이다. 동쪽 칸으로는 문신文臣이 출입하고 서쪽 칸으로는 무신武臣이 드나들었다. 흔히 동입서출東入西出이라 하는데 동쪽으로 출입하고 서쪽으로 나가는 기본 형태를 지니고 있다.

광화문은 수난의 문이기도 하다. 처음 지어진 광화문은 임진왜란 때 소실되었고 흥선대원군이 경복궁을 재건하며 다시 건립하였다. 그런데 조선총독부가 이 나라의 정책과 정신을 말살하는 과정에서 경복궁 경내의 건춘문建春文 북쪽으로 이전한 아픔이 있다. 6·25전쟁 때 다시 소실되었고 1969년에 박정희 대통령에 의해 복원되었으나 철근 콘크리트 구조물로 역사성과 달리 지어졌다.

위치 또한 애초 건립했던 때와 다르다. 이후 광화문은 고증을 거쳐 다시 지어져 오늘의 모습을 지니게 되었다. 광화문의 현판 글씨는 애초 글씨가 아니다. 임진왜란 당시 타버렸을 것으로 보인다. 현재 현판은 경복궁을 중건할 당시 훈련대장으로 영건도감제조營建都監提調를 맡았던 임태영任泰瑛이라는 무인武人이 썼다.

광화문은 궁의 남문이다. 따라서 남쪽이며 안산을 의미하는 주작朱雀이 천장에 그려져 있다. 광화문과 같이 궁궐의 문으로 지어진 북문인 신무문에는 현무玄武가 그려져 있다. 동문인 건춘문에는 청룡靑龍이 그려져 있고 서문인 영추문에는 백호白虎가 그려져 있다. 궁궐을 에워싼 네 문을 각각 동서남북

경복궁 광화문

광화문의 이름은 《서경》의 '광피사표화급만방(光被四表化及萬方)'에서 가져왔지만 관악산의 화기에 맞불을 놓는다는 의미도 있었을 것으로 보인다.

에 배치하고 현무와 주작, 청룡과 백호를 그린 것은 각각의 문에 사신사四神砂 역할을 부여한 것으로 파악된다.

광화문의 광光은 전술한 바와 같이 《서경》에서 가져온 의미 있는 글자이기는 하지만 다른 의미도 있었을 것이다. 즉 해치를 놓아 관악산에서 오는 화기를 진압한 것으로만 만족하지 않았을 것으로 보인다. 풍수지리와 명리에서 화기는 각각 빛과 열로 이해되는데 광光이라는 글자는 빛을 의미하는 이치를 담고 있다. 따라서 광화문의 광光은 번진다는 의미로 받아들여진다. 아마 빛으로 다가오는 관악산의 화기에 맞불을 놓는다는 의미도 있었을 것으로 보인다.

홍례문(弘禮門)

홍례문興禮門은 경복궁 근정전勤政殿 앞에 자리한 둘째 문으로 경복궁 내 광화문과 영제교永濟橋 사이에 있다. 이 문은 임진왜란으로 경복궁이 소실될 때 함께 불에 탔다. 고종 때 복원하였으나 일본인들이 조선총독부 건물을 짓기 위해 헐어낸 아픈 상처가 있다. 1997년 9월 11일에 복원하기 시작하여 2001년 10월 26일 준공했다.

홍례문은 회랑을 좌우로 둘러치고 위엄 있게 서 있다. 홍례문의 원래 이름은 홍례문弘禮門인데 고종 때 경복궁을 중건하면서 이름을 바꾸었다. 당시 청나라 건륭제乾隆帝의 이름이 홍력弘曆이어서 그 이름과 같은 글자를 쓸 수 없으므로 홍弘을 흥興으로 바꾸었다고 한다.

비보적 개념은 홍례문에 사용된 글자 례禮에 있다. 례는 오행의 한 갈래인 오상을 분류할 때 화기로 분류하며 화의 오행을 나타내는 글자이다. 궁

경복궁 흥례문

근정전 앞에 자리한 문이다. 원래 이름은 홍례문(弘禮門)이었다.

궐로 들어가는 앞쪽에 화의 기운을 나타내는 례자를 사용한 것은 숭례문과 같은 의미가 있을 것으로 보인다. 바로 관악산의 화기에 맞불을 놓는 문자 비보로 사용한 것이다.

금천과 서수(瑞獸)

흥례문으로 들어서면 정면에 근정문이 보인다. 그 너머에 경복궁 근정전景福宮勤政殿이 있다. 좌우로는 행랑行廊이 둘러쳐 있고 바로 앞에는 영제교永濟橋라는 돌다리가 놓여 있다. 그 아래로는 명당수明堂水가 서쪽에서 동쪽으로 흐른다. 이 물줄기는 달리 금천禁川, 錦川이라고 하며 여기에 놓인 다리는 달리 금천교禁川橋라고도 한다. 이 물의 역할은 매우 중요하다. 밖에서 들어오는 삿된 기운을 차단하는 중요한 요소이다. 이 또한 물을 이용한 비보풍수에 해당한다.

금천은 달리 내당수內堂水라고 한다. 경복궁의 금천은 궁궐의 최북단인 열상진원洌上眞源에서 시작된 물줄기다. 배산임수를 이루었으니 뒤쪽에서 득수하여 앞으로 흘러가는 것은 당연한 이치다. 계곡에서 모인 물은 향원정香遠亭이 자리한 연못에 머물렀다. 향원정을 다시 출발한 물줄기는 궁궐을 이루는 전각들의 밑을 흘러 경회루 연못에 도달한다. 경회루 연못을 떠난 물줄기는 영제교 아래로 흘러나간다. 궁궐의 담장 아래에는 물이 빠져나가는 이간수문二間水門이 있었다. 궁궐을 빠져나간 물은 중학천中學川을 거쳐 청계천淸溪川으로 흘러든다.

궁궐을 통과한 물길은 명당수에 해당한다. 금천禁川이라고 하는데 임금이

경복궁 금천과 서수

금천은 일종의 내당수로 기를 차단하는 기능을 한다. 그럼에도 이 물길을 따라 삿된 것의 침입을 막기 위해 서수를 배치한다.

머무는 공간과 바깥공간을 구분하는 상징성을 지니고 있다. 또 금천교가 있는 부근에서 맥우수지脈遇水止의 법칙을 보여준다. 물을 만나면 맥이 그쳐 더 흘러나가지 않는다는 의미다. 따라서 궁궐의 기운은 금천교에서 멈추어 더는 빠져나가지 않는다. 이로써 궁궐 내의 기가 온전하게 보호된다는 이치이다. 내당수는 서류동입西流東入하거나 서출동류西出東流한다. 이 중 서출동류가 더욱 좋은 내당수라고 한다.

금천은 흘러나가는 지기를 막았으나 물길을 타고 삿된 것이 들어올 수 있으므로 비보가 필요했다. 이 비보에 사용된 것이 서수瑞獸이다. 천록天祿이라는 뿔이 하나 달린 서수는 금천을 지킨다. 금천교 주변에 서수가 네 마리 배치되어 있는데 매서운 눈초리로 사악한 무리가 금천을 건너지 못하도록 납작 엎드려 지키고 있다.

ㄷㅁ

드디어 임금이 계신 권역에 도달한다. 경복궁의 임금 권역은 근정전이다. 근정전 구역은 넓은 터에 돌을 쌓은 석축 위에 자리한다. 근정문에서 근정전에 이르는 공간을 조정朝廷이라 하는데 이곳이 명당이다. 조정은 박석과 품계석으로 가득 채워져 있다. 근정전은 월대 위에 지어졌으며 월대는 이중의 화강암 기단으로 이루어졌다.

월대에는 쇠붙이가 세 종류 놓여 있다. 하나는 박석에 박힌 쇠로 만든 고리다. 이 고리는 차일을 칠 때 사용했다. 행사를 하거나 큰일이 있을 때 사용했는데 비가 오거나 태양이 지나치게 밝을 때는 차일을 쳤다.

다른 하나의 쇠붙이는 단순한 쇠가 아니다. 항아리 모양의 귀물貴物로 항아리가 마치 향로처럼 생겼다. 이 향로 모양 항아리를 정鼎이라고 한다. 정은 근정전의 이중월대 상단에 놓여 있으며 생김새가 향로 모양일 뿐 왕권을 상징한다.

이 정이 놓여 있다는 것은 왕이 있다는 의미가 된다. 불을 방어하기 위해 물을 담아놓거나 손 씻는 물을 담아놓는 그릇이 아니다. 왕권의 상징인 정은 조선시대 법궁 경복궁의 정전인 근정전과 대한제국의 법궁 경운궁의 정전인 중화전中和殿에만 비치되어 있다. 따라서 서울에 있는 다른 궁궐에서는 찾아볼 수 없다.

이중월대 하단 동쪽 귀퉁이에도 쇠로 만들어진 그릇이 놓여 있다. 가마솥 같은 커다란 철물로 제법 넓은 양동이 모양인데 물이 가득 담겨 있다. 물통처럼 보이므로 양동이라고 인식할 수도 있다. 혹자는 불을 끄는 방화수라고 하지만 이 물은 방화수가 아니다. 순우리말로 드므라고 부르는 물건이다. 이곳에 물을 담아놓으니 불을 끌 때 사용한다는 말도 그럴듯하다. 이 드므의 물은 화마火魔를 방어하는 의미가 있다. 화마가 물에 비친 자기 형상을 보고 놀라 달아난다는 주술적인 바람이 담겨 있는 기물이다.

경복궁 드므

임금이 계신 곳의 화마를 방어하는 장치이다. 물을 담아두는 그릇인데 방화수 목적뿐 아니라 화마가 자기 모습을 비추어보고 놀라 달아나라는 의미의 비보풍수이다.

잡상

궁궐의 건물 여기저기에서 볼 수 있는 잡상雜像은 기와지붕의 추녀마루 위에 놓이는 와제瓦製 토우土偶를 말한다. 궁궐이라고 해서 모든 건물에 잡상을 놓은 것은 아니다. 잡상이 올라간 건물도 있고 잡상이 전혀 없는 건물도 있다.

잡상은 악귀를 쫓는다는 의미로 사용하는 장식기와이다. 잡상은 주술적 의미를 지니므로 항상 양의 수인 홀수로 구성된다. 잡상이 많이 올라갈수록 격이 높은 건물이 된다. 잡상의 형태는 마지막 형상은 세지 않는데, 경복궁 근정전의 잡상은 마지막 큰 모양을 빼면 7개다. 중국에서 잡상은 황제가 있는 건물은 11개, 태자가 있는 건물은 9개, 기타는 7개 이하로 한다고 알려져 있다.

잡상을 일러 손오공의 행렬이라고 한다. 《조선도교사朝鮮道敎史》에 잡상에 대한 기록이 있다. 잡상은 궁궐의 전각과 문루의 추녀마루 위에 놓은 10신상神像을 말한다. 소설 《서유기西遊記》에 나오는 인물들인데 궁극적인 목적은 살煞을 막기 위함이라 한다. 《서유기》 주인공들은 모두 높은 도력을 상징한다. 따라서 지붕 위에 있으면서 멀리에서 다가오는 살기와 나쁜 기운을 감시하는 역할이 주어진다.

《어우야담於于野譚》에 잡상에 대한 기록이 있다. 가장 앞에는 대당사부大唐師傅가 있고 뒤로 손행자孫行者, 저팔계猪八戒, 사화상沙和尙, 마화상麻和尙, 삼살보살三煞菩薩, 이구룡二口龍, 천산갑穿山甲, 이귀박二鬼朴, 나토두羅土頭가 따른다고 한다. 대당사부는 삼장법사 현장玄奘을 말한다. 손행자는 손오공孫悟空, 사화상은 사오정沙悟淨이다. 이 모두 《서유기》의 등장인물이다. 1647년에 작성된《창덕궁수리도감의궤》에는 잡상 명칭으로 손행자孫行者, 손행자매孫行者妹, 준견蹲犬, 준구蹲狗, 마룡瑪龍, 산화승山化僧, 악구惡口라고 기록되어 있다. 따라서 잡상의 순서나 종류가 항상 일정하거나 정해진 순서가 있는 것은 아닌 듯하다.

경복궁에서 가장 높은 건물은 근정전이다. 근정전이 가장 중요한 건물인데 국사를 논하는 왕의 정전이기 때문이다. 그러나 잡상의 수를 따지면 경회루가 근정전보다 많다. 무슨 이유가 있을까? 경회루가 중국의 사신을 영전하거나 연회를 베푸는 공간이기 때문일까? 경회루와 근정전의 잡상 숫자가 차이 나는 것은 단순히 기와지붕의 크기 차이 때문이라고 볼 수 있을까? 지붕의 내림마루 크기만 살피면 경회루가 근정전보다 크기 때문에 잡상의 수

경복궁 잡상

경복궁 강녕전의 잡상. 궁궐 건물의 지붕에서 나쁜 기운이 오지 못하도록 감시한다.

가 더 많다는 주장은 수정의 여지가 없을까?

잡상의 역할은 시대가 바뀌며 변했다. 잡상은 고려시대부터 사용했다. 고려 말의 〈관경변상도觀經變相圖〉를 참고하면, 일본 대은사大恩寺와 서복사西福寺에 남아 있는 자료인 서품에서 잡상이 지붕에 그려진 것을 볼 수 있다. 잡상을 사용한 의미는 시간의 흐름에 따라 달라진다. 처음에는 길상과 수양의 의미였다가 차츰 화마火魔를 제압하는 벽사의 의미로 바뀌었다. 경복궁의 잡상도 역시 화마를 이겨내고자 비보풍수 용도로 사용되었음을 알 수 있다.

문자비보

조선 왕조는 도성을 축조하거나 왕궁을 축조하는 과정에서 문자비보를 다양하게 사용하였다. 동서남북의 문에 인의예지신仁義禮智信으로 대별되는 오상을 배치한 것은 가장 기본적인 문자비보에 해당한다. 궁궐의 문에 계절과 방향을 나타내는 춘하추동春夏秋冬 글자를 사용한 것도 비보풍수에 해당한다. 가장 흔하게 알려진 것은 관악산의 화기를 방어하기 위해 숭례문이라는 현판을 사용한 것이다. 홍례문이라는 현판과 광화문이라는 간판에도 풍수적 목적이 있었다.

조선 왕조는 궁궐에만 문자비보를 사용한 것이 아니다. 정도전의 주장에 따라 남향으로 궁궐을 배치해 도성을 쌓고 보니 문제점이 드러났다. 한양 도성은 내사산이라 부르는 내청룡과 내백호를 따라 성을 쌓았다. 백호를 이루는 인왕산은 높이가 있어 문제가 되지 않았으나 청룡을 이루는 낙타산은 그 높이가 현저히 낮았다. 풍수적으로 청룡이 낮으면 본손발복에 문제가 있다. 더욱 문제는 낙타산의 지맥이 길이가 짧았다는 사실이다. 낙타산은 낮은 것

흥인지문의 문자비보

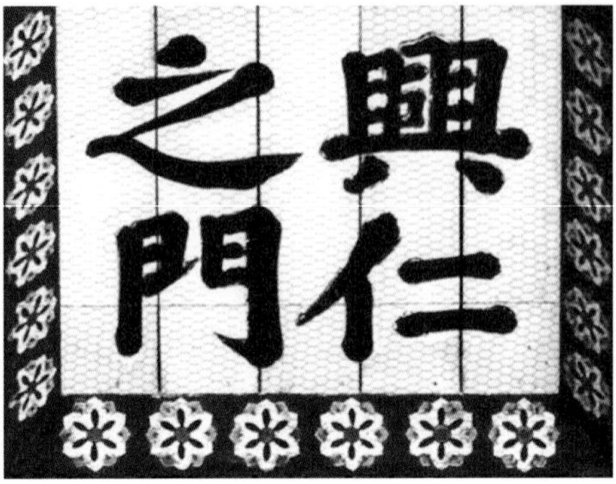

다른 문과 달리 글자를 네 개 사용하였다. 이 중 지(之)자는 산의 흐름을 표현하는 글자이다. 짧은 산을 이어나간다는 형상으로 문자비보에 속한다.

은 고사하고 길이가 겨우 동대문 앞의 낙산에서 끊어졌다.

한양 도성의 문들은 하나같이 이름이 세 글자로 되어 있다. 그러나 흔히 동대문으로 불리는 문은 네 글자로 이루어졌다. 동대문의 본명은 흥인지문興仁之門이다. 다른 문처럼 세 글자가 아니라 네 글자로 이루어졌다. 흥인문이라 해도 될 터인데 글자 중앙에 지之자를 추가했다. 풍수지리에서 지之는 산의 흐름을 표현하는 글자로 인식된다. 갈 지之자는 산이 이리저리 몸을 흔들 듯 흘러가는 모습을 형상화했다. 문 이름에 산의 흐름을 표현하는 글자를 첨가한 것은 실제 산이 멈추었지만 산이 길게 이어졌다는 것을 표현하고자 한 것으로 보인다. 전형적인 문자비보의 흔적이다.

또 다른 세 대문과 달리 유달리 이 동대문에만 옹성甕城이 있다. 본래 옹성은 성문 앞에 설치되는 시설물로 모양이 마치 항아리 같다고 하여 붙은 이름이다. 옹성은 성문을 공격하거나 부수는 적을 측면과 후방에서 공격할 수 있는 시설이다. 수원 화성의 팔달문과 고창 모양성에도 옹성이 있다.

그런데 한양 동대문의 옹성은 군사적 목적으로 지어진 성의 일부가 아니다. 한양의 청룡이 지나치게 약하기 때문에 기를 보충해주기 위한 풍수적 목적으로 옹성을 쌓았다. 즉 대문 이름에 갈 지之자를 넣어 산이 길어진 효과를 나타내는 문자비보를 한 것처럼 옹성도 산의 지각처럼 산이 길어진 모습을 나타내기 위한 일종의 물형비보에 속한다.

조산비보

조산造山비보는 인위적으로 산을 만드는 방법으로 비보하는 것이다. 지금이야 굴착기나 트럭이라는 문명의 이기가 있어 흙을 날라 쌓는 것이 그리 어려운 일은 아닐 것이다. 실제 공사 현장에서 조산이 이루어지고 있다. 흙을 옮기고 산을 파내며, 새로운 축대를 쌓고 인공적으로 산 모양을 만들어 녹지綠地를 조성하기도 한다. 따라서 지금 개념에서 가산을 만드는 것은 그리 어려운 일이 아니다.

과거에는 어땠을까? 지금과 같은 굴착기가 없는 시절에는 인력으로 땅을 파야 했다. 트럭이 없으니 사람이 직접 흙이나 돌을 지어 날라야 했을 것이다. 따라서 산을 만들거나 산 모양을 만들려면 사람의 힘을 이용해야 했으므로 쉬운 일이 아니었다. 그러니 가산을 만든다는 것은 거국적인 일이 될 수밖에 없었다.

비보는 풍수의 한 가지 기법으로 아주 다양하게 사용된다. 이 중 조산비보는 산을 만드는 것이다. 지나치게 낮은 곳을 방어하고 바람이 새어드는 곳을 방어하는 방법으로 산을 만들었다. 허한 곳을 막는 방법으로는 조산비보가 가장 훌륭한 방법이 될 것이다. 문제는 시간과 인력의 소모였다. 그러나 조선 왕조는 조산비보로 안정을 추구하는 역사를 하였다. 종묘의 백호 방향과 안산이 낮아 조산비보를 하였으며 도성을 비보하기 위해 조산비보를 하였다.

지금은 사라졌지만 동대문 부근에는 동대문운동장이 있었다. 이곳과 청계천은 그리 멀지 않았다. 청룡의 맥이 동대문에서 끊어졌으므로 이곳에서 남산에 이르는 방향은 허할 수밖에 없었다. 또 이 방향은 청계천의 수구이기도 했다. 조선 왕조는 청계천에서 흘러내려오는 모래와 흙을 이용해 조산비보를 하였다. 도읍의 지기가 빠져나가는 곳으로 인식되는 청계천 수구 부위를 막고 낙산에서 멈춘 청룡을 의도적으로 이어주어야 했다. 가장 좋은 방법은 조산비보를 하는 것이다. 그래서 청계천 수구 양쪽으로 가산을 조성하는 비보를 하였다.

관묘

1호선 전철 동묘역에 내리면 관우關羽신앙의 본산인 동관묘東關廟가 있다. 이 묘는 산소가 아니라 제사를 지내는 공간이다. 서울 동대문 밖에 있는데 최근 이 주변은 특이한 물건을 파는 곳으로 늘 북적거린다.

관묘는 달리 관성묘關聖廟라고도 한다. 중국 삼국시대 촉蜀의 명장 관우를 모신 제각으로 중국의 무신숭배사상武神崇拜思想에 해당한다. 관우를 신으로 모시는 신앙은 임진왜란의 영향으로 생겨났다. 임진왜란 때 명군 진입과 동시에 들어온 것으로 보이는데 이후 한말까지 왕성하게 전래되었다. 지금도 전국적으로 관왕묘關王廟가 몇 개 남아 있는데 위치에 따라 동관묘 말고도 남관묘, 북관묘, 서관묘, 중관묘라고 불린다. 관왕묘는 전국 각지에 있었는데 현재 서울에는 동묘역 부근에 동관묘 하나만 보존되어 있다. 우리나라에서 대표적인 관왕묘로는 영동 당곡리 십이장신당에서 관왕을 모시고 있으며, 안동 관왕묘, 완도 관왕묘, 성주星州 관왕묘, 고금도古今島 관왕묘가 있다.

중국에서는 관왕묘가 마을마다 있을 정도로 번성하였는데, 관왕關王, 關羽을 신으로 지극히 섬긴다. 국가에서 지역 곳곳에 사당을 지어 제사를 지낸다. 우리 개념으로는 성주신에 버금가서 집집마다 관우 화상을 걸어놓고 제사를 지낸다.

임진왜란 때 명나라가 조선에 군사를 보내 지원하였는데 이를 관우의 음덕으로 여겼다. 이에 무술년(1598)에 명나라 장수 진린과 양호 등이 남대문 밖에 관왕묘를 세웠다. 이어 경자년(1600)에도 동대문 밖에 관왕묘를 건립하였다.

관왕묘(동묘)

동묘라고 불리며, 중국 삼국시대 무장 관우를 모시는 사당이다. 관우는 전쟁신으로 비보를 위해 장소가 정해졌다.

서울의 관왕묘는 지금의 남산 기슭에 해당하는 남묘가 먼저 만들어졌고 이어 동관왕묘가 건립되었는데 관왕묘는 명나라 요구로 세워졌다.《선조실록》 32년 4월 무인조에 관왕묘에 관한 내용이 있다. 여러 번 설왕설래가 있으나 선조는 정원政院에 보낸 비밀전교에서 동대문에 관왕묘를 설치하도록 명했다. 동쪽에 관왕묘를 설치하도록 허락한 이유는 명나라의 강력한 요청과 합력이 있기는 하였지만 서울의 동쪽이 지리적으로 허虛하다는 도참사상에 따른 것이었다.

PART 3

비보풍수의 종류와 적용

비보풍수의 종류와 적용

비보 방법을 유형별로 분류하면 비보의 다양성을 확인할 수 있다. 그 다양성은 한두 가지로 구별하거나 구획할 수 있는 것은 아니어서 대상지별로 나눌 수도 있고 기능별로 나눌 수도 있다. 형태만으로도 구별할 수 있지만 지역별로도 구별이 가능하다. 무엇을 사용했는지 따지는 재료별로 살필 수도 있다.

형태와 방법을 혼합하여 파악하면 중복되거나 의미가 혼입되기도 하지만 대략 몇 가지 큰 분류가 가능하다. 산천비보, 왕도비보, 고을비보, 마을비보 등 큰 의미가 있는 구분이 가능하다.

비보를 하려면 대상물을 선정하고 그에 합당한 도구나 물체를 사용한다. 비보에 사용하는 물체로 구분한다면 탑을 세우는 사탑비보寺塔裨補가 있고 나무를 심어 숲을 조성하는 숲비보 혹은 나무비보가 있다. 인공적으로 산을 만들어 바람을 막거나 물의 흐름을 차단하는 조산비보造山裨補가 있으며 마을 어귀에 장승을 세우는 장승비보와 솟대를 세우는 솟대비보도 가능하다.

목적에 따라 마을 입구 또는 마을에 연못을 파는 연못비보가 가능하고 집 안에서는 의미 있는 물체를 이용하는 물건비보가 있다. 문자를 이용하는 문자비보와 그림을 이용하는 그림비보는 집 안에서도 사용이 가능하다.

비보풍수는 다양한 목적으로 사용되므로 굳이 구별하지만 기능적이라고 할 수도 있다. 기능적인 비보로 분류하면 진압비보鎭壓裨補와 수구막이가 가장 많이 사용된다. 허한 곳을 막고자 하여 사용하는 보허保虛가 있으며 화재와 수해를 방지하기 위한 비보 방법이 있다. 혹은 나쁜 기운을 누르고자 하는 압승壓勝이 있고 약한 심리를 이겨내고자 물상에 대하여 기도하는 염승비보厭勝裨補도 있다.

이러한 다양한 비보의 기능이나 수법은 어느 한 가지로 국한되는 것이 아니다. 기능적·물질적으로 합쳐지고 목적이나 사용 측면에서 복합적으로 작용한다. 비보 방법이나 용도 또한 사용자들의 선택이나 목적에 따라 복합적인 기능과 용도가 나타난다.

수목비보(樹木裨補)

수목을 이용한 비보의 일반적인 형태는 풍수림風水林이라고 이해하면 적당하다. 우리 선조들은 풍수에 마땅한 지형을 찾아 터를 잡고 집을 지었으며 마을을 형성하였다. 산을 등지고 벌판이나 물을 바라보는 배산임수 형태가 일반적이다. 우리나라 마을은 대부분 이러한 배산임수 지형에 자리하고 있다.

간혹 배산임수와 거리가 먼 형태의 지형에 지어진 집과 마을도 있다. 벌판이나 바닷가, 평야지대에 터를 잡는 경우는 그다지 많지 않지만 배산임수와 어울리지 않는 양기지陽基地를 택지로 선택하는 경우가 있다. 이때도 나무를 이용해 비보하고, 때로는 다양한 방법으로 지형을 변화시키기도 한다.

우리 풍수에서 가장 중요시하는 것은 삶의 안정성이다. 사람이 살아가는 조건에서 가장 중요한 것이 오래도록 안정적으로 살 수 있는 지형이냐는 것이다. 물론 이 경우 이중환李重煥(1690~1756)[28]은 《택리지擇里志》[29] 〈복거총론卜居總論〉에서 복거卜居 조건으로 네 가지를 이야기했다. 그 네 가지는 각각 지리地理, 생리生理, 인심人心, 산수山水이다.

"무릇 살 터를 잡는 데는 첫째 지리地理가 좋아야 하고, 다음 생리生理(生利, 그 땅에서 생산되는 이익)가 좋아야 하며, 다음으로는 인심人心이 좋아야 하고, 또 다음은 아름다운 산수山水가 있어야 한다. 이 네 가지에서 하나라도 모자라면 살기 좋은 땅이 아니다."

지리地理는 사람이 사는 곳의 지형地形과 토양土壤, 기후氣候 등과 같은 자연적인 요건을 말한다. 생리生理는 사람이 살기 좋게 물자가 드나드는 교통을 말한다는 주장도 있지만 그보다는 사람이 먹고살 수 있는 생산물이 풍부한 것을 말한다. 인심人心은 사람이 사는 곳이니 이웃의 정을 말한다. 즉 미풍양속인 인문적인 요건을 말한다. 마지막 요소인 산수山水는 아름다운 풍광을 지닌 경승지景勝地를 말하는 것으로, 일정 거리 떨어진 지역에 경치가 아름다운 곳이 있어 찾아가 머리를 식히고 돌아올 수 있어야 한다는 것이니 사람이 살기에 좋은 지역을 일러놓았다. 이처럼 이중환은《택리지》에서 당시 사람들의 풍수적인 생각을 정리하였다.

옛사람들은 사람이 살아가며 집을 짓거나 마을을 조성하는 가장 중요한 요소를 정해놓고 있었다. 이러한 요소에 해당하는 것 중 한 가지는 적의 눈에 쉽게 띄지 않는 지형이며, 그다음으로는 외부의 바람이 마을로 밀려닥치지 않는 입지이다. 적의 눈에 띄지 않는 조건의 입지를 병화兵火와 흉년凶

28) 조선 후기의 실학자로 본관은 여주이고 자는 휘조(輝祖) 호는 청담(淸潭) · 청화산인(靑華山人)이다. 이익(李瀷)의 문인으로 실사구시 학풍의 영향을 많이 받았다. 1713년(숙종 39) 증광문과(增廣文科)에 병과(丙科)로 급제하여 가주서(假注書), 부사정(副司正)을 거쳐 1723년(경종 3)에는 병조정랑, 부사과에 임명되었다. 전국 각지 지역의 교통, 지리, 문화, 인물, 특산물 등을 정리하여 인문지리서인 《택리지》를 저술하였다(두산백과; 한국학중앙연구원, 《한국민족문화대백과》 참조).

29) 이중환이 현지답사를 기초로 저술한 우리나라 지리서. 1753년에 쓴 정언유(鄭彦儒)의 서문이 2면에 걸쳐 있고, 사민총론(四民總論), 팔도총론(八道總論, 평안도 · 함경도 · 황해도 · 강원도 · 경상도 · 전라도 · 충청도 · 경기도), 복거총론(卜居總論, 地理 · 生利 · 人心 · 山水), 총론 등으로 구성되어 있다(한국학중앙연구원, 《한국민족문화대백과》 참조).

年이 없는 피란避亂과 보신保身의 땅이라고 하는데, 대부분 십승지지十勝之地라고 한다.

병화와 흉년을 피하는 것처럼 중요한 것이 바람의 영향을 피하는 입지이다. 바람이란 천기의 흐름을 말해주는 현상이다. 바람이 불어야 나무가 흔들리고 구름이 흘러 움직임이 나타난다. 그보다 문제인 것은 한자 구성에서 바람이란 무엇을 의미하는지 문제를 파악하는 것이다.

풍은 바람을 의미하는 글자이다. 풍風은 무엇인가를 방어한다는 의미의 별丿과 작은 해충의 이름인 이(sucking lice)[30]를 의미하는 슬虱자가 결합되어 있다. 즉 바람을 의미하는 풍風자는 이를 나타내는 슬虱자와 막을 별丿자가 결합되어 만들어졌다.

이 글자에는 어떤 의미가 있는가? 아주 오래전 사람들이 인식하기에 바람에는 이가 들어 있다는 말이다. 지금과 달리 한자가 만들어지던 시대에는 돋보기가 없었으니 작은 세균을 증명하거나 발견할 수 없었다. 그러나 바람이 불어오면 사람들에게 병이 들었다. 그래서 사람들은 바람 속에 병균이 있다고 보았다. 그 당시 사람들 눈에 보이는 가장 작은 병적 요소는 이였다. 바람을 의미하는 한자 풍風은 그런 의미를 지니고 있다.

좁은 곳으로 통과하는 바람은 속도가 빨라지기 때문에 소리가 나서 사람들의 신경을 자극하였다. 그러나 넓은 곳으로 부는 바람은 속도가 떨어지고 소리가 적으므로 해가 적다고 믿었다. 바람이 불어오면 병이 만연했으므로 반드시 방어가 필요했다. 사람들은 이러한 병적 요인과 해가 되는 요인을 방

30) 곤충류 이목[吸蝨目]의 총칭. 모두 외부기생성인 흡혈곤충으로 사람이나 가축 등의 포유류에 기생한다. 이가 기생하면 가렵고 긁으면 두드러기나 피부염을 일으킨다. 세계 각지에 널리 분포하며 지금까지 약 280종이 기록되었다(두산백과 참조).

어하기 위해 풍수림을 조성하였다. 또 옛사람들은 바람이 강하게 불면 재산이 흩어진다고 믿었다. 바람이 불어오면 방어하기 위한 여러 가지 방어 장치를 생각해서 조성하였는데 가장 합리적인 요소가 수목비보였다.

바람은 반드시 한 방향에서 불어오는 것이 아니다. 이 땅의 지형에서 겨울철에는 북쪽에서 차가운 바람이 불어온다. 따라서 이를 방어하기 위해 나무를 심기도 하였다. 동절기가 되면 계곡에서도 차가운 바람이 발생하여 마을이나 가옥에 영향을 주었으므로 수목비보가 필요하였다.

수목비보는 바람을 차단하기 위해서만 조성된 것은 아니다. 때로는 마을이나 가옥에 흉한 기운을 보내는 바위나 형상을 가리기 위해서도 수목비보가 요구되었다. 수목은 인간이 사용할 수 있는 가장 편하고 가공이 가능한 재료였기 때문에 다양하고 합리적으로 이용되었다.

동수(洞樹)

흔히 풍수림이라고 하면 동수洞樹가 해당하는데 마을 앞에 심어진 나무를 말한다. 마을의 앞에 허한 곳이 있거나 마을이 트여 있어 바람이 불어오면 조성한다. 마을 앞이 그다지 허하지 않아도 마을 앞에 있는 계곡이 깊거나 칼처럼 날카로우면 나무를 심어 비보했는데, 우리나라 풍수림에서 가장 많은 부분을 차지한다.

우리나라 전통마을 중에는 그 형상이 마치 호리병 같은 지형이 많다. 배산임수 지세에 입구가 좁은 지세는 전형적인 마을의 입지에 해당한다. 마을의 입지가 청룡과 백호로 지칭되는 산이 앞을 가려주면 교쇄交鎖가 된 것으로 본다. 그러나 앞이 열리면 수구水口[31]가 열렸다고 표현한다. 수구가 열리면 바람이 들어오고 마을에 좋지 않은 기운이 들어온다. 더 두려운 것은 마을의 기가 밖으로 새어나가는 것이다. 입지의 중요한 요소 중 한 가지는 장풍藏風이다. 장풍이 이루어지지 않으면 마을에 우환이 생기므로 바람을 막아야 한다. 이때 조성하는 것이 동수이다.

흔히 동수를 풍수림이라고 한다. 마을 숲이라는 우리말도 있고 달리 수구막이숲이라고도 한다. 마을을 포근하게 감싸 안아 외부로부터 시선을 차단하고 물이 빠지는 허한 곳을 가리는 것이 수구막이숲의 실질 기능이다. 마을에서 물이 빠져나가는 곳이 허하면 나무를 심어 비보한다.

금당실 솔숲

금당실은 십승지十勝地의 땅으로 알려져 있다. 수령 250~300년 된 소나무 600여 그루가 마을 숲을 이루고 있다. 경북 예천군 용문면 상금곡리 금당실 마을은 소백산 줄기에 자리하는데 조선 중기 이후 십승지의 하나로 알려져 있다. 소백산의 높은 산자락에 둘러싸여 있다. 생산력을 자랑하는 넓은 들이 있으며 마을을 감아 휘도는 금곡천이 천혜의 명당이다. 모든 명당에도 약점이 있듯 마을 앞쪽의 수구가 트여 1500년대에 오미봉에서 금곡천을 따라 정

31) 청룡과 백호의 끝부분이 만나는 지점으로 명당수(明堂水)가 빠져나가는 곳을 가리킨다. 풍수에서는 수구가 교쇄(交鎖)되었는가 그렇지 않은가에 따라 그 안에 맺힌 혈이 진혈인지 아닌지 판별하는 결정적 근거로 본다. 또 땅의 귀하고 천함, 역량의 크고 작음이 모두 수구와 관련이 있다. 수구의 구체적 위치는 산세나 산맥이 달리는 방향에 따라 결정되며 한양의 경우 광희문 부근이 수구였다(한국학중앙연구원 한국학정보화실).

자산까지 2km 길이로 솔숲을 조성하여 수구막이숲을 이루었다. 마을 사람들이 '솔 둥지'라고 부르는 마을 숲으로 현재 250~300년 된 소나무 거목들로 이루어진 숲이 600m가량 남아 있다.

송말숲(연당숲)

경기도 이천시 백사면 송말2리에 있는 송말숲(연당숲)은 조선 중기의 문신 임내신이 1520년 낙향해 이룬 풍천 임씨 집성촌에서 조성한 마을 숲으로, 전형적인 수구막이로 꼽힌다. 마을은 전형적인 배산임수 지형이다. 원적산 줄기가 마을을 감싸는데 단 한 곳, 마을 앞쪽의 시냇물이 흘러나가는 수구가 허하므로 숲을 조성해 양쪽 산줄기를 연결하여 수구를 막았다.

이천 쇠일마을의 동수

마을의 좁아지는 부분에 마을과 밖의 기운을 차단하는 동수를 심었다.

전국적으로 수구를 방어하는 동수로 관리되는 숲은 1,500여 곳에 이른다. 단순히 한 지역의 풍습이 아니라 전국적인 현상이다. 경기도 이천시를 예를 들어 살펴보면 이천시에도 적지 않은 동수가 있다. 대표적으로 월촌숲, 쇠일 마을의 동수와 내하숲의 동수가 있다.

내곡리 솔수펑이

창원시 의창구 북면北面 내곡리乃谷里에는 송촌이라는 마을이 있고 솔수펑이라고 부르는 수구막이숲이 있다. 마을 입구를 가리고 있는 전형적인 수구막이숲에 해당한다. 솔수펑이는 달리 솔밭, 솔숲, 솔수풀, 송림이라고도 한다.

소나무 20여 그루 중 몇 그루는 가지가 능수버들처럼 아래로 길게 쭉 늘어지는 능수형 소나무다. 늘어뜨린 가지 끝이 아래로 쳐져 있는데 일종의 처진 소나무처럼 보이는 품종이다. 그러나 인근 밀양 매전의 처진 소나무보다 더욱 쳐져서 나무의 끝이 지표면에 닿았다. 가지의 가늘기가 더한 세류송細柳松이다. 어디에서나 흔히 볼 수 없는 수종으로 보호해야 할 희귀 수종이다.

그러나 능수버들, 능수소나무, 능수벚나무처럼 가지가 늘어지는 나무는 비보풍수용으로는 그다지 좋지 않다. 늘어진 나무가 보이는 곳에서는 사람이 목을 매어 죽는다는 이야기가 있다. 이를 결항목結項木이라 한다. 따라서 늘어진 나무로 수목비보를 하는 경우는 마을에서 나무의 형체가 자세히 보이지 않거나 거리가 멀어야 한다.

춘천 심금솔밭

춘천시 북동쪽의 우두동에서 소양강댐으로 이어지는 도로를 달리다가 올미마을에서 볼 수 있는 솔밭으로 올미마을 벌판에 200년 전 조성되었다. 마을 앞이 인근에서 보기 드문 너른 벌판이라서 방풍을 위해 심은 인공조림으로 보인다. 그러나 벌판에 부는 바람보다 중요한 것이 있다.

이 마을은 소양강에서 불어오는 차가운 바람에 노출되어 있다. 북쪽에 소양강댐이 있다. 심금솔밭은 바람과 냉기를 모두 막아야 하므로 풍수비보를 위해 조성한 마을 숲이다. 논 가운데 훤칠한 소나무들이 기다란 띠를 이루며 도열해 주변을 압도한다.

올미마을은 여우고개와 시루고개 같은 고개와 마을 뒤로 대략 100m 거리에 산이 있고 좌우로 너른 벌판이 있다. 북쪽에서는 소양강이 흘러내리고

춘천 올미마을 심금솔밭

차가운 기운을 방어하기 위해 조성한 풍수림이다.

1km를 내려가면 화천華川 방향에서 흘러온 북한강과 합수된다. 이 숲은 실질적으로 겨울철 북서풍과 소양강에서 불어오는 바람을 막기 위한 방풍림 성격이 강하다. 현재 소나무 450여 그루가 긴 숲 형태로 있다. 수구막이 형태와 달리 수구와는 관계가 없다. 과거에는 숲 길이가 2km에 이르렀다고 하나 지금은 그 30%만 남아 있다.

주실마을 숲

경북 영양군 일월면 주곡리 주실마을은 청록파 시인 조지훈의 생가가 있는 곳으로 유명하다. 해마다 지훈예술제가 열리는 숲이 있는데, 시인의 숲으로 불린다. 언뜻 이 숲은 자연적으로 이루어진 것처럼 보이지만 사실 마을에서 비보용으로 조성한 풍수림이다.

경북 영양과 봉화를 이어주는 918번 지방도로를 따라 달린다. 안동으로 이어지는 이 길은 사방으로 벼랑 같은 바위가 많으며 굽이치는 강물이 있는 지형과 연결된다. 도로를 따라 달리다보면 갑자기 어둑한 숲 터널이 길을 가로막는다. 250년이나 된 느티나무를 비롯해 느릅나무, 소나무 등이 빼곡하게 들어찬 이 숲은 1700년대 한양 조씨 집성촌이 풍수의 기맥을 보완하기 위해 조성한 마을 숲이다. 숲은 역사가 오래된 주실마을을 외부로부터 완벽하게 차단해준다.

오리장림

경북 영천에는 오리장림五里長林이라고 불리는 대단히 큰 숲이 있는데 그 거리가 오리(2km)에 달한다고 해서 이런 이름으로 불렸다. 그런데 근래에 와서는 자천리숲이라는 이름으로 널리 알려져 있다. 아마도 이 부근 마을 이름이 자천리라서 그렇게 불리는 모양인데 옛날처럼 그냥 오리장림이라고 불렸으면 하는 마음이 간절하다.

자천리숲이라는 이름도 그다지 나쁘지는 않다. 이곳에 도로가 나기 전에는 자천리 일대를 중심으로 좌우 5리에 걸쳐 울창한 숲을 이루었다고 해서 붙여진 이름이 오리장림이다. 문화를 발전시키는 것도 좋으나 과거 문화를 계승하고 보존하는 일도 중요하며, 마을 이름이나 역사성을 지닌 이름이 붙은 문화재나 대상물을 보호하는 것도 중요하다. 지역 이름을 유지하는 것도 역사성을 증명하는 일이 된다.

오랜 세월 탈 없이 이어지던 숲이 국도가 개설되면서 좌우로 갈리고 말았다. 그 후 오리장림은 학살과도 같은 고난에 내밀렸다. 학교 설립, 도로 확장

영천 오리장림

오리장림은 5리에 이르는 긴 숲이었으나 지금은 곳곳이 깨져 옛 모습을 온전하게 알 수 없다.

에 제 살을 내주어야 했다. 사라호태풍 같은 자연재해로도 많은 부분이 유실되어버렸다. 지금은 자천마을 앞 군락지 등 몇 곳에서만 옛 향취를 더듬어 볼 수 있다. 옛 모습을 알고 있거나 역사성을 인식하는 사람들에게는 아쉬움이 크지만 지금도 가보면 차량통행이 뜸한 국도를 따라가는 호젓함이 평온을 느끼게 해준다. 오리장림은 우리 민족의 자연애호사상과 관련된 귀중한 자료로 천연기념물로 지정하여 보호하고 있다.

당산림, 성황림

당산堂山은 수호신守護神이 있다고 하는 마을 가까이의 산이나 언덕에 있으며 성황당城隍堂과 큰 차이가 없다. 당산은 전국적으로 존재하는 대상이나 다른 종교 건물 또는 터에 비해 규모가 매우 작아서 모르거나 지나치는 경우가 많다. 혹은 미신으로 취급당하거나 점차 사라지는 현상을 보이고 있다. 그러나 전통마을이나 시골이라 부르는 향촌은 물론이고 도시 내부에도 당산은 있다. 당산은 작은 집 형태이거나 나무를 신앙의 대상으로 삼기도 한다.

당산은 가장 원초적인 민간신앙의 하나이다. 무속적인 연관성으로 당산을 무속이라 오해하는 사람도 있는 것이 사실이지만 당산은 무속이라기보다 토테미즘에 가깝다. 옛날부터 사람들은 기후와 자연변화에 대한 두려움으로 자연물에 외경심畏敬心을 가지고 있었다. 때때로 자연현상은 인간이 거부할 수 없는 두려움을 주었다.

사람들은 부락이나 마을 주변의 뭔가 특이하거나 모양이 특별한 외물外物, 나무, 바위에 대하여 마을 사람들의 평안을 지켜주는 힘을 지닌 존재로 여겼다. 당산은 지방에 따라 그 형태나 제례가 다를 수 있다. 당산에 사당을 지어 제사지내거나 큰 돌로 제상을 만들기도 한다. 오래된 나무를 당산으로 모시는 경우가 흔하며 이 나무를 포함한 숲을 당숲이라고도 한다.

당산은 성황당과 의미가 비슷한데 성황당도 당산의 일종이다. 달리 서낭당이라고 하는데 지방에 따라 할미당, 천황당, 국사당 등으로 부르기도 한다. 서낭신은 토지와 마을을 수호하는 신이다. 서낭당은 보통 신수神樹라고 불리는 오래된 나무를 중심으로 한다. 주변 잡석을 쌓은 돌무더기나 당집이 있다. 고갯마루, 길옆, 부락 입구, 사찰 입구에 위치하며 때로 장승, 솟대가 병립한다.

당산이나 성황당은 마을의 안녕을 위한 원초적 종교시설이다. 대부분 마을 입구에 세워지며 외부에서 들어오는 액厄, 질병, 재해, 호환虎患 등을 막아주는 부락수호가 그 근본이념이다. 혹은 종교적 개념으로 현실적인 생계문제 해결과 두려움 제거와도 관계가 있다. 성황당과 당산은 혼합되거나 분리되어 있지만 그 역할은 그다지 차이 나지 않는다.

원주 성남리 성황림

원주 신림면 성남리에는 성황림城隍林이 있다. 중앙고속도로 신림나들목에서 나와 치악산으로 오르는 방향으로 진입하면 곧 길가에 있는 성황림을 만난다. 신림神林에는 원래 당숲이 두 군데 있었다. 성남1리 소나무숲은 아랫당숲이라고 하는데 예전에 장마를 당해 대부분 사라지고 소나무 몇 그루만 남아 있다.[32] 우리가 만나는 성황숲은 성남2리 자연잡목림으로 이루어진 성황림이다.

이 마을의 성황림은 성황당을 중심으로 이루어져 있다. 보통의 당숲이나 수구막이숲과 달리 마을에서 일정 거리 떨어져 있다. 성황림 사이로는 냇물이 흐르고 안으로 들어서면 성황림 안에 나무판자를 이용하여 벽을 만들고 기와로 지붕을 얹은 당집형 서낭당이 있다. 그 옆으로 마을로 이어지는 2차선 포장도로가 있다. 철망이 쳐져 있고 들어가지 말라는 경고문이 붙어 있다. 겉에서 보아도 온대지방의 대표적 낙엽활엽수림이 자라고 있음을 알 수 있다.

원주 성남리 성황림

입구에는 철문이 있고 가까운 곳에 장승을 세웠다. 안으로 들어가면 작은 당집이 있다.

32) 국립민속박물관, 《한국민속신앙사전: 마을신앙 편》, 2009 참조.

내부로 들어가면 지름이 1m가 넘는 전나무 몇 그루가 있고 복자기나무 10여 그루가 크게 자라고 있다. 냇가를 따라 각시괴불나무가 무리지어 자생하며 음나무, 졸참나무, 층층나무, 피나무, 가래나무 등 낙엽활엽수림이 가득 자란다. 성남리 주민들이 해마다 4월 8일과 9월 9일에 제사를 지낸 것으로 알려졌으나 현재는 제례의식이 중단되었다고 한다.

홍도 당산림

홍도는 전라남도 신안군 흑산면에 딸린 섬으로 동경 125° 12′, 북위 34° 41′에 위치하며 면적은 6.47m², 산 높이는 368m, 해안선 길이는 19.7km, 연평균 기온은 14.1℃, 강수량은 1,172mm이다.

홍도 깃대봉 맞은편 남서쪽으로 231m의 양산봉을 주산으로 해서 동백나무 당산림이 있다. 동백나무숲은 꽃이 피면 화려함이 극에 달한다. 섬 안에 원시림原始林처럼 잘 보존되어 있는 동백나무 당산림은 예부터 주민의 신앙생활 중심지로 여겨졌다. 해마다 음력 섣달그믐이면 풍어제豊漁祭를 지내기도 한다.

외연도 당산림

대천해수욕장이 있는 대천, 보령 지방에서 해안을 기준으로 서쪽으로 배를 달려 대략 40km 거리에 외연도가 자리한다. 충남 보령시 오천면 외연도리이다. 육지에서 멀리 떨어져 있어 안개에 가린 듯 까마득하게 보이는데, 그런 이유에서 외연도라는 이름이 붙었다고 한다. 대천항에서 쾌속선을 타고 닿을 수 있는데 외연도까지는 약 3시간 걸린다.

외연도리 뒷산에는 울창한 상록수로 이루어진 당산림이 있다. 동백나무, 후박나무, 식나무, 보리밥나무, 먼나무, 무른나무, 돈나무 등 상록활엽수림이다. 이 상록수림은 50년 전 천연기념물로 지정되었으며 지금도 당산림으로 이용된다.

완도 주도 상록수림(莞島珠島常綠樹林)

전라남도 완도군 완도읍 군내리 산259번지에 자리한 섬으로 주도는 그 모양이 둥글게 생긴 구슬 같다고 해서 붙여진 이름이다. 천연기념물 제28호로 지정되어 있으며 섬 면적은 약 1만 7,190m²로 그다지 큰 섬은 아니다. 주도는 군내리에서 바로 앞에 있는 작은 섬으로 헤엄쳐 건널 수 있을 정도로 가

완도 주도

완도항 앞에 자리한 작은 섬 주도는 하늘에서 보면 마치 구슬 같은 모양이라 주도라 부른다. 상록수림이 보존되어 있고 내부에 당산이 있다.

깝다. 섬은 늘 푸른색으로 보이는데, 이는 각종 상록활엽수로 덮여 있기 때문이다.

이 섬은 조선시대 봉산封山으로 나무를 벌채하지 못하도록 금해왔다고 한다. 아마도 그때부터 나무가 보호되어 지금에 이르렀을 것이다. 섬 중앙에 서낭당이 있어 나무들을 베지 못했으므로 옛날의 원시림原始林 모습을 그대로 간직하고 있다. 무인도에 서낭당이 있는 것은 드문 경우이며, 바닷가 혹은 섬마을에 당산이나 성황당이 유난히 많은 것은 바다에서 죽는 사람이 많았기 때문으로 보인다.

기장 죽성리 해송(機張竹城里海松)

부산광역시 기장군 기장읍 죽성리에 있는 해송으로 2001년 5월 16일 부산광역시기념물 제50호로 지정되었다. 동해안 자락의 작은 어촌마을인 기장읍 죽성리 두호마을 뒷산 언덕배기에 있다. 죽성리 해송은 나무 여섯 그루가 모여 큰 나무 한 그루처럼 보이는 노거수로 수령은 250~300년으로 추정되며 수관樹冠 지름 30m, 높이 20m에 이른다. 예부터 주민들이 음력 정월 보름에 풍어를 기원하는 풍어제를 지냈으며, 서낭신을 모신 국수당이 있어 마을의 안녕을 기원하는 장소로 민속적인 유래가 깊고 문화재적 가치가 높은 기념물이다.[33]

33) 두산백과 참조.

마을나무

마을나무는 다양한 형태로 존재한다. 가장 일반적인 형태가 동수洞樹이다. 마을의 수구를 지키는 비보림 형태의 동수는 전형적인 마을나무라고 할 수 있다. 제언림堤堰林에 심어진 나무나 바닷가 방풍림으로 심어지거나 보호되는 나무도 마을나무에 속한다. 그러나 이러한 나무는 여러 그루이거나 군집을 이룬다. 이와 달리 한 그루나 몇 그루가 마을나무로 그 역할을 하는 경우도 있다.

마을나무는 대부분 천연기념물天然記念物이거나 보호수保護樹로 지정되어 보호받고 있다. 전국 어디를 가나 천연기념물이나 보호수로 지정된 나무가 있다면 마을나무로 인식해도 틀린 것은 아니다. 천연기념물로 지정된 나무들 중에서도 종류가 많기도 하지만 극히 적은 양으로 특이한 나무도 있다. 천연기념물로 지정된 나무 중에는 은행나무가 23종으로 가장 많다.

은행나무

은행나무는 우리나라에서 흔히 볼 수 있는 나무다. 은행나무는 전국에서 골고루 자라며 다양한 용도로 사용된다. 천연기념물이 아닌 은행나무는 도심과 시골은 물론이고 산속 깊은 곳에도 만날 수 있다. 학교 운동장이나 유적지에도 흔하며 향교에는 반드시 심어져 있다. 마을 입구에 심어진 은행나무는 크기도 크거니와 신목이자 당산목堂山木으로 추앙받는다.

마을 중앙에 세워진 은행나무는 지형을 보완하거나 물형론에 따라 배치되어 있다. 사찰 입구나 내부에 심어진 은행나무는 사찰의 안녕을 수호하는 천왕天王의 나무다. 우리나라 은행나무 중 나이가 많은 은행나무는 대부분 사찰과 연관이 깊다. 이처럼 나이가 들어 수백 년 이상 된 은행나무에는 대부분 저마다 그럴듯한 전설 하나쯤 서려 있다.

우리나라에서 천연기념물로 지정된 은행나무들은 500년 이상의 수령을 뽐낸다. 우리나라에서는 은행나무 스물세 그루가 천연기념물로 보호받고 있다. 신라의 마의태자가 심었다고 전해지는 경기도 양평군의 용문사 은행나무(천연기념물 제30호)와 충남 금산군 추부면 요광리의 은행나무(천연기념물 제84호)가 있으며, 충남 금산군 보석사 은행나무는 천연기념물 제365호로 지정되었는데 수령이 천 년이 넘었다.[34] 1,000년 정도 된 충남 부여군 내산면 주암리의 은행나무는 천연기념물 제320호로, 백제 성왕 16년(538)에 사비(부여)로 도읍을 옮길 당시 좌평 맹씨孟氏가 심었다고 전해진다.

전라도 지역에서 천연기념물로 지정된 은행나무는 세 그루다. 화순군 이서면 야사리 은행나무는 조선 성종 때 마을이 생기면서 심었는데 길이가 27m나 되는 노거수이다. 강진군 병영면 동성마을 한가운데에 있는 은행나무는 마을의 상징목이다. 네덜란드인 하멜 일행이 1656년에서 1663년까지 7년간 억류 생활을 했던 곳으로, 《하멜 표류기》에 기록된 큰 은행나무가 바로 이 나무라고 알려져 있다. 담양군 무정면 술지마을 한복판에 있는 은행나무는 일제강점기, 8·15광복, 6·25전쟁과 같은 중대사가 있을 때 울었다고 전해진다.

인천광역시 강화군 서도면 볼음도리에 있는 은행나무는 천연기념물 제

34) 조원범 외, 《옛이야기 속 고마운 생물들》, 국립생물자원관, 2017 참조.

304호로 지정되어 있다. 높이 24.5m인 노거수로 나무 나이는 추정하기 어렵지만 800여 년 전 홍수에 떠내려온 것을 심었다고 하여 대략 그 정도 나이로 추정한다. 부러진 가지를 불에 태우면 재앙을 받는다는 전설이 있다.[35]

양평 용문사 은행나무보다 100년 정도 어린 괴산 읍내리 은행나무는 고려 성종 때 이곳 성주(지금의 군수)가 만든 못 주위에 심은 나무 가운데 살아남은 것이라고 한다. 괴산 읍내리 은행나무라 불리는 이 은행나무는 천연기념물 제165호로 지정되어 있다. 강릉 장덕리 은행나무는 수령이 800여 년 되었으

영동 영국사 은행나무

영동 영국사의 은행나무는 수령이 약 1,000년 된 것으로 추정하는데 높이 31.4m, 가슴높이 둘레 11.54m로 영국사 정문에서 200m 정도 떨어진 곳에 있다. 가지는 사방으로 퍼졌으며, 서쪽으로 뻗은 가지 가운데 한 개는 땅에 닿아 뿌리를 내리고 독립된 나무처럼 자라고 있다. 양평 용문사 은행나무보다 나이가 많을 것이라고 한다.

35) 한국학중앙연구원, 《한국민족문화대백과》 참조.

며 천연기념물 제166호이다. 당진 면천 은행나무는 천연기념물 제551호로 수령이 1,000년 정도 된 것으로 추정한다. 고려 태조 왕건이 통일할 때 공을 세운 복지겸 장군과 그의 딸 영랑과 관련된 설화가 전한다.

오랜 기간 성균관을 지키고 있는 성균관 명륜당 앞의 서울 문묘 은행나무는 천연기념물 제59호로 지정되어 보호받고 있으며, 성균관 대성전 은행나무는 서울특별시 기념물 제37호이다. 이밖에도 전국적으로 기념물이나 보호수로 지정된 은행나무는 그 수가 적지 않다.

낙안읍성 은행나무

낙안樂安은 백제 때부터 읍치邑治가 있었다고 하며, 고려 말에는 왜구의 피해로부터 주민을 입보入保하기 위하여 토축土築 읍성邑城이 축조되었다. 1397년(태조 6)에 백성을 동원하여 토성土城을 쌓은 것이 현재 낙안읍성樂安邑城의 전신前身이다. 세종 대에는 둘레 592보步의 석축石築으로 읍성이 있었다고 기록되어 있다.

낙안읍성은 배를 닮은 모습으로 행주형行舟形이라고 한다. 낙안읍성을 행주형으로 인식하는 것은 나름대로 이유가 있다. 향교의 뒷산은 배의 닻에 해당한다. 돛은 성내의 동내리와 남내리 마을에 있는 은행나무 두 그루를 의미한다. 노는 성곽을 따라 있는 노거수에 해당한다.

행주형에 해당하는 마을은 샘도 깊게 파지 않는다. 배의 밑바닥을 파면 배로 물이 스며들어 가라앉는다고 보기 때문이다. 즉 행주형 마을에서 우물을 파면 마을이 망하고 사람이 떠난다고 여겼다.

읍성 안에는 300~600년으로 추정되는 노거수 32그루가 있으며 그중 15

그루가 지방기념물로 지정되어 관리되고 있다. 이 나무들은 각각 은행나무 3그루, 느티나무 1그루, 팽나무 6그루, 푸조나무 3그루, 개서나무 2그루이다. 이 중에서 중앙에 있는 은행나무 2그루는 배의 돛대에 해당되는 중요한 나무인데 높이가 28m, 둘레가 10m로 가장 오래되고 큰 나무이다.

행주형 지세에는 반드시 닻과 돛에 해당하는 사물이나 지형 혹은 인공 구조물이 있어야 한다. 낙안읍성은 물형론에 따라 행주형으로 강을 거슬러 올라가는 배의 형국으로 인식되었다. 배가 떠내려가지 않도록 닻이 필요하고 배가 항해하려면 돛이 필요하다. 닻은 주산이며 향교 뒷산에 해당한다. 항해를 위한 돛은 성읍 내 은행나무 두 그루가 해당된다.

순천 낙안읍성 은행나무

낙안읍성 내부에는 오래된 은행나무가 자란다. 보통 은행나무는 집 가까이 두지 않는다. 낙안읍성은 행주형으로 은행나무가 행주형 지세에서 돛 역할을 한다.

국가 보호 천연기념물지정 나무(숲)

마을나무로 지정되거나 보호수림으로 지정된 나무는 적지 않은데 대구 도동 측백나무숲, 서울 재동 백송, 제주 삼도 파초일엽 자생지, 제주 토끼섬 문주란 자생지, 울릉 통구미 향나무 자생지, 울릉 대풍감 향나무 자생지, 울릉 태하동 솔송나무·섬잣나무·너도밤나무군락, 울릉 도동 섬개야광나무와 섬댕강나무군락, 울릉 나리동 울릉국화와 섬백리향군락, 단양 영천리 측백나무숲, 울주 목도 상록수림, 옹진 대청도 동백나무 자생북한지, 강화 사기리 탱자나무, 내장산 굴거리나무군락, 울진 수산리 굴참나무, 함평 기각리 붉가시나무 자생북한지, 영양 감천리 측백나무숲, 부안 도청리 호랑가시나무군락, 부안 격포리 후박나무군, 제주 신례리 왕벚나무 자생지, 제주 봉개동 왕벚나무 자생지, 제주 도순리 녹나무 자생지, 제주 천지연 담팔수 자생지, 강진 까막섬 상록수림, 해남 대둔산 왕벚나무 자생지, 울릉 성인봉 원시림, 보은 속리산 망개나무, 괴산 추점리 미선나무 자생지, 괴산 율지리 미선나무 자생지, 안동 구리 측백나무숲, 서울 삼청동 등나무, 서울 삼청동 측백나무, 괴산 사담리 망개나무 자생지, 파주 무건리 물푸레나무, 무주 삼공리 반송, 청도 동산리 처진소나무, 울진 화성리 향나무, 당진 삼월리 회화나무, 제원 송계리 망개나무, 정선 반론산 철쭉나무 및 분취류 자생지, 고흥 외나로도 상록수림, 영동 매천리 미선나무 자생지, 고창 삼인리 송악, 부안 미선나무 자생지, 포항 발산리 모감주나무와 병아리꽃나무군락, 양구 개느삼 자생지, 제주 납읍리 난대림, 제주 산방산 암벽식물지대, 제주 안덕계곡 상록수림, 제주 천제연 난대림, 제주 천지연 난대림, 진안 마이산 줄사철나무군락, 진안 은수사 청실배나무, 임실 덕천리 가침박달군락, 임실 덕천리 산개나리군락,

울진 쌍전리 산돌배나무, 완도 대문리 모감주나무군락, 제주 월령리 선인장 군락, 제주 상효동 한란 자생지, 정선 두위봉 주목, 제주연안 연산호군락, 하동송림·해송(곰솔)·긴가지해송, 여주 효종대왕릉(영릉) 회양목, 포천 직두리 부부송, 강릉 산계리 굴참나무군, 청도 가지산 철쭉나무군락, 창덕궁 뽕나무, 장성 단전리 느티나무, 완도 정자리 황칠나무, 보성 전일리 팽나무숲, 장흥 삼산리 후박나무, 하동 축지리 문암송, 의령 백곡리 감나무, 의령 세간리 현고수(느티나무), 고창 수동리 팽나무, 정읍 두월리 청실배나무, 평창운교리 밤나무, 강화 참성단 소사나무, 고창 교촌리 멀구슬나무, 화성 융릉 개비자나무, 나주 송죽리 금사정 동백나무, 나주 상방리 호랑가시나무, 보은 용곡리 고욤나무, 강릉 방동리 무궁화, 옹진 백령도 연화리 무궁화, 청주 연제리 모과나무, 제주 도련동 귤나무류, 독도 사철나무, 광주 충효동 왕버들군, 제주 강정동 담팔수 등이 있다.

풍치림

풍치림風致林(scenery forest)은 자연경관을 보존하기 위하여 보안림으로 지정한 산림이다. 산림법 시행규칙 제44조에 규정된 풍치보안림 지정기준은 ① 명승지, 유적지, 관광지, 공원, 유원지 등의 주위 산림과 그 진입도로변으로 풍치보전상 필요하다고 인정되는 산림, ② 고속도로변, 주요 간선도로변, 철도변 및 도시 주변으로 풍치보존상 필요하다고 인정되는 산림에 대하여 풍치림으로 지정하도록 되어 있다. 1993년 말 보안림으로 지정된 풍치림은 3만 4,623ha이다.[36)]

담양 관방제림

전남 담양군 담양읍 객사리1(객사리, 남산리 일원)에는 관방제림官防堤林이 조성되어 있다. 관방제는 관방천에 있는 제방으로 담양읍 남산리 동정자마을로부터 수북면 황금리를 지나 대전면 강의리까지 길이 6km에 이르는 곳이다.

관방제가 유명한 이유는 약 2km에 걸쳐 거대한 풍치림을 이루었기 때문이다. 이 풍치림을 관방제림이라고 하는데 면적 4만 9,228m^2에 추정수령 300~400년에 달하는 나무들이 빼곡하게 자리를 잡고 있다. 그 모습이 아름다워 1991년 11월 27일 천연기념물 제366호로 지정되었으며, 2004년에는 산림청이 주최한 '제5회 아름다운 숲 전국대회'에서 대상을 수상하기도 했다. 주요 수종은 푸조나무(111그루), 팽나무(18그루), 벚나무(9그루), 음나무(1그루), 개서어나무(1그루) 외에 곰의말채, 갈참나무 등 약 420그루가 자라고 있다. 현재 천연기념물로 지정된 구역 안에는 오래되고 큰 나무 185그루가 자라고 있다.[37)]

전하는 이야기에 따르면, 관방제는 영산강 상류인 담양천의 물을 다스리기 위해 성이성 부사가 제방을 축조하고 나무를 심었다고 한다. 이후 1854년(철종 5) 부사 황종림黃種林이 관비로 연인원 3만 명을 동원하여 만들어 관방제림이라고 불렀다. 관방제림은 홍수 피해를 막으려고 나무를 심은 인공림이다.

36) 두산백과 참조.
37) 한국관광공사, 《대한민국 구석구석》 참조.

자연재해를 막기 위해 조성한 제방과 숲으로 비보 개념을 따랐다.

함양 상림

경남 함양군 함양읍 대덕리大德里에 있는 상림上林은 천연기념물 제154호이다. 낙동강 지류인 남강南江의 분류分流 위천渭川이 범람하는 홍수 피해를 막기 위해 조성한 풍수림이다. 본래 상림上林과 하림下林으로 나뉘어 있었으며 이것을 합쳐 대관림大館林이라고 한다. 이 숲은 문창후文昌侯 최치원崔致遠이 심은 것으로 전해진다.[38]

함양 상림

홍수 피해를 막고자 조성된 풍수림이다. 이는 땅과 나무를 동시에 이용한 비보풍수이다.

38) 두산백과 참조.

의림지 소나무숲

충북 제천시 모산동 241번지 소나무숲에 자리 잡은 의림지義林池는 전북 김제 벽골제, 충남 당진 합덕제 등과 함께 3대 고대 수리시설로 꼽힌다. 1976년 충북지방기념물 제11호로 지정되었으며, 의림지 주변 소나무숲인 '의림지 제림'은 2006년 문화재청이 국가지정문화재 명승 제20호로 지정했다.[39] 의림지 제방에 식재된 의림지 제림에는 100~200년 된 소나무 400그루가 보존되고 있으며 풍치림이나 계곡의 바람을 막는 방풍림 역할을 한다.

제천 의림지 제림

제천 의림지 제림은 풍치림일 뿐 아니라 계곡과 호수의 찬 기운을 막고 바람을 차단하는 목적을 지닌 풍수비보림이다.

39) 한겨레신문, 2009. 11.

방조어부림

어부림魚付林은 바닷가에서 마을 공동으로 어부들이 물고기를 잡기 위해 조성하는 숲이다. 물고기가 서식하기 좋은 환경을 조성할 목적으로 물가에 심는다. 근본적으로 해류가 급하지 않고 간만干滿의 차가 작은 해안선을 따라 어류의 유치, 증식을 위해 조성한 인공림 또는 천연림을 말한다.

경상남도 남해군 삼동면 물건리에 있는 방조어부림이 대표적인 예이다. 일제강점기에도 어부림은 보호하였다. 어부림에 관한 법률을 살펴보면 1908년에 발포한 '삼림령森林令'에 보인다. 이 법에서 어부림은 보안림保安林으로 편입해 보호하였다. 같은 법률 제6항에 어부魚付에 필요한 개소라고 하는 항이 있음이 확인된다. 보안림은 벌채와 개간이 금지되어 보호받았다.

남해 물건리방조어부림(南海勿巾里防潮魚付林)

경상남도 남해군 삼동면 물건리에 자리한 물건리방조어부림은 일찍이 그 가치가 인정되어 1959년 1월 23일 천연기념물 제150호로 지정된 대표적 방조림이다. 약 300년 전 마을 사람들이 방풍과 방조를 목적으로 심었다고 한다. 마을 사람들은 이 숲이 해를 입으면 마을이 망한다고 믿어 오래도록 보호해왔다.

수난이 없었던 것은 아닌데 일제강점기가 위기였다. 일제강점기 말엽 일본인들이 목총을 만들기 위해 이 숲의 나무들을 욕심냈다. 일본인들이 이 숲에서 느티나무 7그루를 자르려고 하자 마을 사람들은 총칼에 맞서 이 숲을 보호하였다. 일본인들이 경주 영동마을을 자르고 철도를 내려고 했을 때 온

마을 사람들이 목숨 걸고 막은 일과 비슷하게 물건리 마을 사람들도 목숨을 걸고 벌목을 방어하였다.

방조어부림은 만곡으로 굽은 바닷가를 따라 초승달 모양으로 이루어졌다. 길이가 1,500m에 이르고 총면적은 2만 3,140m^{2}이다. 숲속에 서 있는 이팝나무 노거목은 서낭당나무로 되어 있다.

남해 미조리 상록수림(南海彌助里常綠樹林)

경남 남해군 삼동면 미조리 산121에 있는 상록수림으로 천연기념물 제29호로 지정되어 있다. 미조리 바닷가 언덕 경사면에 있으며 면적은 1,729.2m^{2}로 마을의 해풍을 막기 위해 방풍림으로 조성된 어부림이다.

남해의 방풍림

월포 방조림이다. 남해군 해안에는 방풍림이 유난히 많아서 모든 해안에 방풍림이 있다고 해도 지나친 말이 아니다. 겉으로는 방풍 기능만 있는 것처럼 보이나 곳곳의 방풍림은 고기를 부르는 어부림 기능과 파도에 모래가 떠내려가는 것을 방어하는 방조림 기능을 한다.

처음에는 풍수설風水說에 따라 지형의 결점을 보완하기 위해 보호하기 시작했다. 이 숲이 우거지면 인물이 난다는 전설이 있어 숲이 잘 보호되고 있다.40) 이 방풍림은 단순히 바람을 차단하는 것으로 그치지 않고 방조림과 어부림 기능을 병행한다. 최근에는 해수욕을 위해 해변을 찾아오는 사람들에게 휴식 장소가 되고 있다. 그밖에 남해군에는 구미방풍림, 장학방품림, 월포방풍림 등이 있다.

해송림, 방풍림

해송림이나 방풍림은 우리와 너무나 친숙한 나무 군락이다. 어느 곳이든 바닷가에 가면 소나무군락이 있다. 소나무군락은 특히 해수욕장 근처나 모래로 이루어진 사구沙丘가 있는 곳에 발달하였거나 보호받고 있다. 동해와 서해를 가리지 않고 우리나라 해수욕장은 소나무로 군락을 이루었다. 바닷가나 해수욕장의 소나무들은 생태적으로 매우 중요한 역할을 한다.

바닷가나 해수욕장의 소나무들은 길게 띠를 이룬 형태로 바닷가를 따라 발달하거나 보호받고 있다. 특히 남해의 경우 해변을 따라 상록수림이 발달하였지만 강원도와 경기도 해변은 소나무로 이루어진 경우가 많다.

해변을 따라 이루어진 해송림과 상록수림은 다양한 기능을 한다. 이 나무들은 바다에서 불어오는 바람을 막는 방풍림 기능은 물론 겨울철 바다에서

40) 두산백과 참조.

불어오는 냉기를 방어한다. 바다에서 불어오는 냉기와 염분이 섞인 바람을 차단해 농작물의 염해鹽害와 냉해冷害를 막고 파도와 바람으로 생기는 해변의 모래 유실을 방어한다.

완도 미라리의 상록수림

남해 해변에서는 곳곳에 약속이나 한듯 방풍림 기능을 하는 긴 띠 형식의 상록수림常綠樹林을 볼 수 있다. 완도군은 바다에 있고 큰 섬이 적지 않다. 특히 완도 앞바다에는 소안도, 노화도, 보길도라는 비교적 큰 섬이 몰려 있다. 이 섬들은 남태평양에서 불어오는 바람을 막아 한반도 남부를 보호하는 첨병 역할을 한다. 그러나 막상 바람을 막는 섬들은 거친 파도와 바람에 노출된다. 따라서 이 섬들에는 섬 주민을 보호하기 위해 바람을 차단하는 상록수림이 발달하였다. 또 섬 주민들은 상록수림을 보호하여 바람으로부터 삶의 터전을 지켜가고 있다.

미라리의 상록수림은 소안도 해안을 따라 400m에 이르도록 길게 발달하였다. 이 숲의 주된 수종은 메밀잣밤나무, 구실잣밤나무, 생달나무, 광나무, 후박나무 같은 상록활엽수종이다. 미라리의 상록수림은 마을로 파고드는 바닷바람을 막아 섬 주민의 주거환경과 농경지를 보호하는 방풍림 역할을 수행하는 풍수림이다.

관매도 해송림(海松林)

전남 진도군 조도면에는 관매도觀梅島라는 섬이 있다. 진도군 서남쪽에 위치한 섬으로 진도군의 팽목항에서 배를 타고 1시간 20여 분이나 걸린다.[41]

작은 섬이지만 경치가 매우 뛰어나다. 이름에서 의미하듯 예전에는 매화가 매우 많이 자생自生하였다. 1700년경 자료에 따르면 매화가 해변을 따라 2km나 자생하였다고 하나 지금은 멸종 상태이다. 매화는 사라졌으나 곰솔 숲은 마을을 지키고 있다. 곰솔은 달리 해송海松이라 부르는 소나무로 육지의 적송赤松과는 생김과 생육이 다르다.

관매도 해송림은 겨울철에 불어오는 차가운 북서풍과 모래바람을 막는 방풍림 기능을 한다. 역사도 짧지 않아 1600년대에 조성되었다. 전국에서 규모가 가장 큰 것으로 알려진 관매도 해송림은 1600년경 강릉 함씨가 이 섬에 정착하면서 조성했다고 한다. 관매도 해송림은 애초부터 해안사구海岸沙丘에 조성되었으며 태풍 피해로 숲 가장자리가 허물어져 보호가 필요하다.

관매도 해송림도 일제강점기에 수난을 당하였다. 일본인들이 이 숲의 해송을 전봇대로 쓰려고 곧고 굵은 소나무를 골라 베어내 해변에 쌓아두었는데 전쟁이 끝나서 사용하거나 가져가지 못하고 그대로 썩어버렸다. 2004년 솔껍질깍지벌레가 번져 소나무 30%가 죽었다. 또 소나무좀이 발생해 고사가 이어지면서 수세樹勢가 약해졌다.

영흥도 소사나무숲

인천시에 속하는 영흥도는 옹진군에서 백령도 다음으로 큰 섬이다. 시화공단에서 대부도, 선재도를 거쳐 들어간다. 영흥도 북쪽 끝에 있는 해수욕장이 영흥도십리포해수욕장靈興島十里浦海水浴場42)이다. 이 해수욕장에는 2,975m^{2}에

41) 이재언, 《한국의 섬–진도군》, 지리와역사, 2015 참조.
42) 두산백과 참조.

이르는 소사나무(Carpinus coreana)숲이 있는데 이 나무들은 수령이 수백 년이나 되었다.

소사나무숲은 해변의 해수욕장과 마을을 가르는 경계선을 이루고 있다. 여름철에는 더위를 식혀주는 정자나무 역할을 하고 농경지의 염해鹽害를 방지한다. 겨울에는 서북방에서 불어오는 차가운 바람을 막는 방풍림 역할을 한다. 전국 유일의 해변 괴수목지역怪樹木地域으로 국내 유일의 소사나무 군락지이다. 소사나무는 서어나무의 일종으로 키가 10m 정도에 불과하지만 바람을 막는 역할은 크다.

영흥도 십리포해수욕장 소사나무숲

영흥도 십리포해수욕장의 소사나무숲은 여름철 피서지로 이용되는데 텐트를 치는 공간의 해를 막아준다. 또 바다에서 불어오는 바람을 막아 농경지 피해를 최소화한다. 인근 장경리해수욕장에도 방풍림이 조성되어 있다.

맹방 해송림

부산에서 시작해 동해안의 최북단 고성에 이르는 해변에는 약속이나 한 듯 해송림과 육송이 긴 띠를 이루는 방풍림을 형성하고 있다. 모든 해수욕장에는 방풍림이 있다고 생각하면 될 정도다. 삼척의 맹방해수욕장도 그중 하나다. 해수욕장에 조성된 해송림이나 육성의 방풍림은 바닷가에 위치하여 해안림이라고도 한다. 바닷가의 해송림은 뜨거운 여름철 모래사장에서 시원한 그늘을 제공한다. 그러나 해안림이 중요한 이유는 해풍이나 모래를 막아주고 쓰나미(지진해일) 같은 자연재해를 방재하기 때문이다.

맹방 해송림을 가장 잘 볼 수 있는 곳은 삼척시내에서 근덕면 맹방리로 넘어가는 한재 정상이다. 고개 정상에서 맹방 일대를 조망할 수 있는데 맹방 해송림은 명사십리 모래사장을 따라 폭 60여 m, 길이 4km로 조성되어 있다.[43] 동해안의 모든 해수욕장에는 바람과 열, 자연재해를 방어하는 해송림이 조성되어 있다고 봐도 그다지 틀리지 않는다. 이 해송림들은 철저하게 인간의 생활을 지키고 피해를 방어하는 풍수림이다.

허난설헌 생가 뒤의 초당솔밭

강릉江陵 하면 경포대鏡浦臺가 생각날 것이다. 경포대 부근에 허균許筠[44]과

43) 강원도민일보, 2019. 1. 6.

44) 조선 중기의 문신으로 문인이다. 본관은 양천이고 자는 단보(端甫), 호는 교산(蛟山)·학산(鶴山)·성소(惺所)·백월거사(白月居士)이다. 문장으로 이름 높았던 봉(篈), 난설헌(蘭雪軒)과 형제이다. 국문소설 《홍길동전》을 썼다(한국학중앙연구원, 《한국민족문화대백과》 참조).

45) 본관은 양천이고 호는 난설헌(蘭雪軒)이며 본명은 초희(楚姬)다. 명종 18년(1563) 강원도 강릉에서 태어났다. 허균의 누나로 이달(李達)에게 시를 배워 8세 때 시를 지었다. 15세 때 김성립(金誠立)과 결혼했으나 관계가 원만하지 못했다. 딸과 아들을 모두 잃고 오빠 허봉이 귀양 가는 등 불행한 처지를 시작(詩作)으로 달래며 섬세한 필치와 독특한 감상을 노래해 애상적 시풍의 특유한 시세계를 이룩했다. 중국에서 《난설헌집》이 간행되어 격찬을 받았고 일본에서도 시가 애송되었다(두산백과 참조).

허난설헌許蘭雪軒45) 생가가 있다. 주소는 강원도 강릉시 초당동 477-8이다. 허난설헌의 생가를 살펴보면 바다를 등지고 자리했는데 뒤쪽은 동해이고 좌측은 경포호이다. 좌측은 낮기는 하지만 산이 막고 있다. 생가는 멀리 떨어진 벌판을 건너 산을 바라보는 형상이다.

일반적으로 양기지의 터를 정할 때는 배산임수의 터를 고르지만 이곳은 산이 없는 벌판이다. 특이한 것은 생가 뒤와 좌측에 소나무숲이 형성되어 있다는 것이다. 초당솔밭이라고 부르는 소나무숲은 동해와 경포호 방향을 완벽하게 차단하고 있다.

강릉 허난설헌 생가 뒤의 초당솔밭

허난설헌과 허균의 생가 뒤를 가리고 있는 초당솔밭이다. 허난설헌의 생가는 바다를 등지고 산을 바라보는 지세인데, 이 솔밭이 산 역할을 한다. 단순하게 바다에서 불어오는 바람을 차단하는 것 이상의 조산비보에 해당한다.

생가가 먼저 들어섰는지, 소나무를 먼저 심었는지는 알 수 없다. 우리의 전통 풍수에서 집을 짓거나 마을의 터로 정하는 양기지를 찾을 때 가장 먼저 살피는 이치는 배산임수인데 이 집의 터는 배산임수가 이루어지지 못했다. 따라서 집 뒤의 무성한 소나무숲이 산 역할을 대신했다. 소나무를 심어 산의 역할을 대신하는 의산依山 기법은 평야나 평지에서 사용하는 풍수적 기법이다.

사찰 비보풍수목, 풍수림

사찰비보寺刹裨補 용도 풍수림도 있다. 역사가 오래된 사찰은 자연적인 수풀이 갖추어지기도 하지만 숲을 조성하여 사찰을 보호하기도 한다. 광양光陽의 옥룡사玉龍寺 주변에도 사찰을 보호하기 위한 숲이 조성되어 있다. 옥룡사 동백숲은 옥룡사를 둘러싸고 조성되었다. 총면적 7ha에 수백 년 된 고목 6,000여 그루가 있는데, 옥룡사와 사찰터의 지기를 보호하기 위해 식재植栽되었다.

그밖에 영광 불갑사 참식나무 자생북한지, 진도 쌍계사 상록수림, 장성 백양사 비자나무숲, 부산 범어사 등나무군락, 청도 운문사 처진소나무, 고창 문수사 단풍나무숲, 담양 봉안리 은행나무, 화순 개천사 비자나무숲, 구례 화엄사 매화, 장성 백양사 고불매, 순천 선암사 선암매, 진안 천황사 전나무 등이 대표적인 사찰림에 해당한다.

김제 망해사 사찰림

큰 나무들이 당우를 위협한다. 일반 양기지에서 지나치게 큰 나무는 지기를 빼어가므로 조심스럽다. 그러나 망해사는 바다를 바라보고 있어 해풍이 심하므로 나무를 심어 비보했다. 대부분 사찰에는 노거수가 많은데 특성상 계곡에 위치하는 경우가 많으므로 바람을 차단하고자 함이다.

나무를 이용한 기타 비보

나무를 이용한 비보는 아주 다양하다. 대부분 숲이나 독립된 거목巨木 형태로 비보를 이루고 있지만 인간의 손을 거쳐 다양성을 지닌 비보물裨補物로 탄생하기도 한다. 대표적인 비보물로는 장승, 솟대, 제주도의 정랑이 있다.

장승은 한국의 마을 또는 절 입구, 길가에 세운 사람 머리 모양 기둥을 말한다. 돌로 만든 석장승과 나무로 만든 목장승이 있다. 전국적으로 분포하며 대부분 목장승이다. 장승의 기능은 다양하다. 지역 간의 경계표境界標와 도로의 이정표里程標를 기록하는 기능도 있다. 풍수적으로는 마을의 수호신 역할을 한다. 마을의 수호신으로 세운 장승은 이정표가 없다.[46] 최근 세워지는 장승에는 과거와 달리 이정표가 없으므로 과거 기능을 적용하면 풍수적 색채가 강하다.

솟대는 민간신앙民間信仰을 목적으로 또는 경사가 있을 때 축하의 뜻으로 세우는 긴 대이다. 지역에 따라 다양한 이름으로 불리며 삼한三韓시대에 신

김제 청운사의 목장승

사찰 입구에는 절의 땅을 표시하는 의미로 장승이 서 있는 경우가 많다. 장승은 동수, 사찰비보, 마을비보 등 다양한 비보에 보조물로 사용된다. 그러나 애초에 장승은 노표(路標) 기능을 했다.

46) 두산백과 참조.

을 모시던 장소인 소도蘇塗에서 유래했다고 한다. 소도에 세우는 솟대[立木]가 그것이며, 소도라는 발음 자체도 솟대의 음이 변한 것이라는 설이 있다.[47] 장승 옆에 장대를 세우고 장대 끝에 새를 나무로 깎아서 달기도 했다.

제주도의 정랑은 육지 기준에서 문 역할을 한다. 문은 집 안 출입을 통제하는 것으로 가내풍수家內風水의 시작점이다. 기둥을 두 개 세우고 구멍을 세 개 뚫어 나무 가운데에 긴 막대를 걸친다. 집 안에 사람이 있나 없나를 파악하고 바로 돌아올지 등을 표현한다.

47) 두산백과 참조.

조산비보

조산造山은 산을 만든다는 의미이다. 달리 가산假山이라고도 한다. 서울의 지형 중에는 보토현補土峴이라는 곳이 있다. 이름 그대로 해석하면 흙을 이용하여 쌓았거나 보충한 곳이라는 의미다. 이 보토현이라는 지형은 북한산에서 경복궁으로 이어지는 기맥상에 위치하는 고갯마루이다. 과협過峽 형태로 이루어져 양쪽에 높은 지세를 두고 낮아진 지형인데, 이곳은 자연적으로 흙이 씻겨 나가거나 사람의 통행으로 산의 능선이 깎이는 곳이다. 이러한 지세는 기가 약해지거나 상처를 입는다고 보기에 지속적으로 흙을 이용해 보토하였다. 그런 연유로 보토현이라는 이름이 생겨났다.

그뿐이 아니라 서울에는 비슷한 지형 이름이 더 있다. 서울 중구 을지로 6가에서 방산동 4번지에 걸쳐 있던 흙더미를 일컬어 가산이라고 불렀다. 얼마 전 해체한 동대문운동장이 있던 자리다. 이 흙의 더미를 달리 조산造山이라고도 했다.

가산은 여러 가지 의미를 지닌 산이다. 해마다 장마가 지면 청계천을 따라 모래와 흙이 떠내려와 범람하였다. 따라서 3년 정도 시간이 흐르면 흙을 퍼 올리는 준설浚渫이 필요했다. 이때 퍼 올린 흙과 모래는 어떤 목적을 위해 일정한 구역 안에 모아 쌓아두었다.

애초에 한양 도성을 쌓을 때 청룡인 낙산이 지나치게 허약하고 짧아 도성의 동쪽이 허약하였다. 그와 같은 이유로 동대문은 흥인지문興仁之門이라는 이름으로 갈 지之자를 붙여 산의 이어짐으로 문자비보를 하였는데, 그럼에도 여전히 부족했기에 지맥의 부족함을 메우기 위해 준설한 흙을 쌓아 산이 이어진 것처럼 만들었다. 이를 조산비보라고 한다.

이 지역에 가산이 본격적으로 만들어진 것은 영조英祖 때다. 청계천을 준설하여 생긴 토사를 지금의 평화시장 뒷골목에 쌓았다. 이 흙무더기는 국립의료원을 거쳐 방산동 일대 맞은편 동대문종합상가에 이르렀다. 해체한 동대문운동장이 해당하는 지역이다. 평지에 인공적인 언덕이 생겨나고 해마다 쌓여 점차 높아지자 주민들이 이를 가산이라고 부르거나 조산이라고 불렀다. 붉은 산이 보기 흉하여 나무와 화초를 심자 진정으로 산 모습이 되었다.

1914년에 이르러 새로이 서울의 지명을 정하며 조산동이라고 부르기도 했다. 청계천에서 떠내려온 흙으로 이루어진 조산은 풍수적으로 부족한 서울의 동쪽 지세를 안정시키고 지기를 높이는 방법으로 행해졌다.

조산이라고도 불리지만 가산은 대부분 정원을 꾸미기 위해 흙을 이용해서 만든 산이다. 이는 일종의 조형물이다. 정원에 많이 쌓았기 때문에 일반적으로 잊고 지나가거나 모르고 지나가지만 비보풍수 목적이 없는 경우도 있다. 대부분 돌과 흙을 이용해 쌓는 것은 축대라고도 한다. 그러나 돌과 흙을 쌓아 만든 것 중에는 가산이라 불리거나 조산이라 불리는 것이 있다. 이

가산은 축산築山과는 다른 개념이다.

가산이라 불리는 인공산은 우리 정원 구성에서 대부분 사용한다. 중국에서는 송나라 때에 생겨난 것으로 알려졌다. 이 땅에서는 백제와 신라시대에 이미 활발하게 이용되었다. 조산은 보토補土라고도 하는데 흙을 더 쌓아 지대를 높이는 경우에도 해당한다. 더욱 중요한 목적은 허한 곳에 바람이 들지 않게 흙을 쌓아 막는 것이었다.

조산은 인공적으로 산을 축조하는 것으로 그치지 않는다. 사람들은 다양한 대상을 조산이라 불렀다. 그들이 지명을 부르는 의미에 따르면, 조산은 마을 입구에도 있고 고갯마루에도 있으며 그 형상은 더욱 다양하다. 일반적으로 조산은 흙을 퍼 날라 쌓아서 산을 만든 것이다.

그러나 사람들은 반드시 흙으로 만든 산만 조산이라고 부르지 않았다. 다양한 조형물을 조산이라 부르기도 했다. 지역에 따라 조산이라 불리는 곳은

남원시 조산동 일대

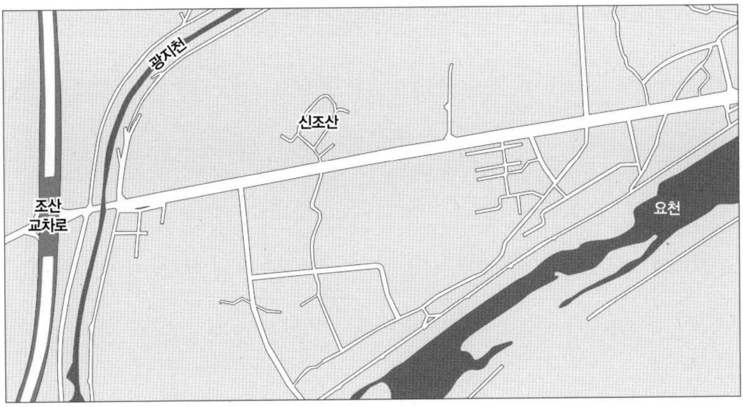

지명에 조산(造山)이 들어가는 경우 과거에 풍수적 목적으로 인공 가산을 만들었던 곳임을 알 수 있다.

돌무더기로도 있고 숲으로도 있다. 부근에는 장승이나 솟대가 서 있기도 하다. 심지어 남근석男根石 모습으로 세워져 있는 조형물도 조산이라고 한다. 이 모든 것을 조산이라고 부르는 것은 그들이 느끼는 상징성 때문이다. 생김이나 조성 형태가 달라도 산을 상징하기 때문이다.

조산이 있는 마을의 이름은 대부분 조산리造山里라고 불린다. 태실胎室이 있는 마을이 태봉리胎峰里인 것처럼 조산이 있는 동네는 조산리이다. 전라북도 남원군에는 조산동이라는 지명이 있는데 아마도 이곳 어딘가에 조산 흔적이 있을 것이다.

종묘의 가산비보

종묘는 왕실의 중요 시설이다. 역대 조상의 신위를 모시고 제사를 지내는 곳이므로 좋은 터에 좋은 기상을 찾아 자리를 정하는 것은 당연했다. 종묘는 한양의 성곽보다 먼저 축조를 시작했다. 종묘는 태조 때 일단 완공을 보았지만 완전하지 않았다. 시기마다 증축이 필요했고 더불어 국가 건설 초기의 어수선함 속에서 축조했기 때문에 시간이 흐를수록 부족한 점이 드러나 여러 가지 정비와 보완이 필요하게 되었다. 그 첫 번째 보수와 정비 작업은 태종대에 들어 신속하게 이루어졌고 이후에도 여러 번 보수해 조산을 이루었다.

현재 종묘의 지형을 차분히 살펴볼 필요가 있다. 정전에 서서 살펴보면 앞쪽으로 안산처럼 감아드는 야트막한 구릉丘陵이 감싸고 있다. 아무 생각 없이 바라보면 그저 청룡과 백호에 이어진 산의 모습이다. 그러나 이 야트막한 구릉은 사람이 흙을 지어 날라 인공으로 조성한 가산假山이다. 지금처럼 흙을 나르거나 파는 기계가 없으므로 삽이나 괭이로 흙을 파서 지게에 얹은 다음 바지게나 단가를 이용하여 날랐을 것이므로 그 작업량은 대단했을 것이다.

음택陰宅은 비보가 통하지 않는다는 것이 이상적인 답변이다. 그러나 양택은 비보풍수가 영향을 미친다. 태조 재위 7년(1398)에 종묘는 일차 완성되었다. 종묘는 국왕과 왕실 시조를 비롯한 조상의 신위를 모시는 신궁神宮이다. 음택의 기능을 하는 신궁이 양택의 형상으로 조영된 곳이다. 풍수지리에서는 혈을 포함하는 혈장穴場이 긴요하게 짜여 있어야 길하다. 또 청룡과 백호가 수구 앞에서 교쇄되어 파구를 가려야 국이 완성된 것으로 본다.

애초에 종묘의 수구는 허하게 열려 있었다. 산세가 있어도 그 힘이 너무 미약했을 것이다. 수구가 조여지듯 긴요緊要한 곳이 명당이라는 것이 풍수의 원리이다. 그러나 종묘의 산세는 지나치게 약하고 수구가 열린 형국이었다. 결국 태조는 명령을 내려 조산비보를 시행하게 했는데 종묘 앞 산줄기 끝에 조산造山을 하도록 결정했다. 태종 9년(1409)에 다시 증축하였다. 결국 조산을 통한 조산비보로 종묘가 주변 산에 아늑하게 감싸이고 내부의 기운이 새어나가지 않도록 하였다.

양택에서는 담도 좌청룡 우백호 역할을 하기도 한다. 왕궁이나 왕실건물에서는 회랑도 사신사 역할을 수행한다. 따라서 담이나 회랑은 청룡과 백호 역할을 하고 호종사로 역량을 발휘한다. 1410년에는 종묘의 동서 양쪽에 상廂(행랑)을 지었다. 이는 다시 한번 종묘의 기운을 긴요하게 하였다. 서

위에서 내려다본 종묘

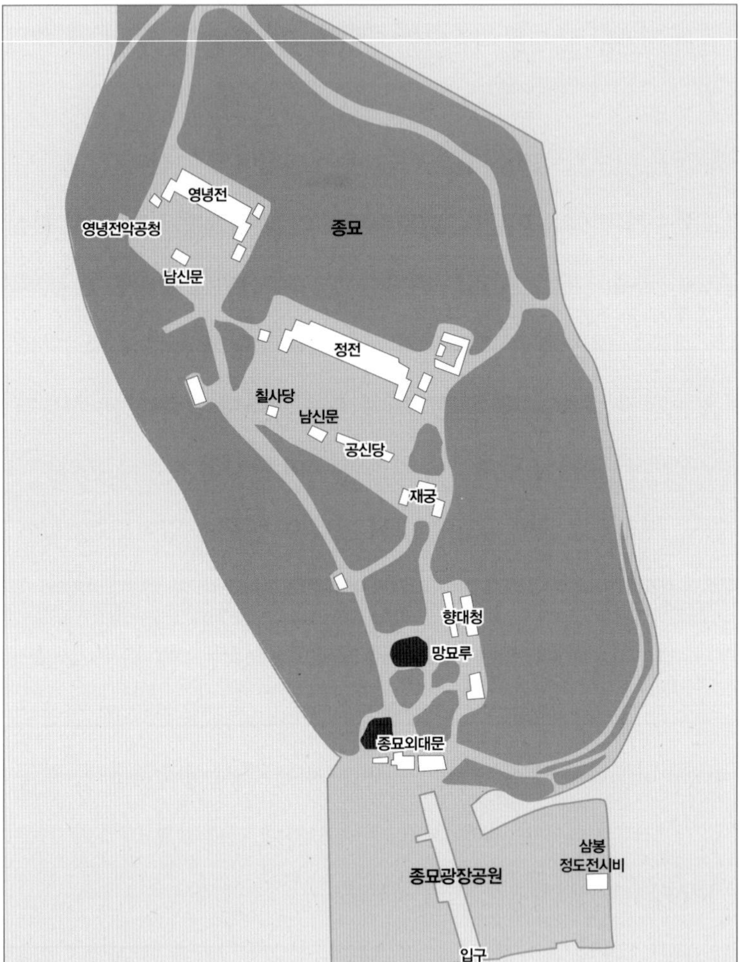

현재 종묘는 숲에 둘러싸여 있다. 그러나 애초에는 백호와 안산이 부실하여 조산으로 비보해 오늘에 이르고 있다.

쪽 행랑은 막힌 공간으로 창고 기능을 하고 동쪽 행랑은 트인 공간으로 제례 때 비나 눈을 피하여 배위拜位할 수 있는 배례청으로 사용되었다. 용도성이 돋보이지만 풍수적으로 보면 이는 조산과 더불어 이중 비보장치에 해당한다고 볼 수 있다.

종묘에 회랑을 설치하는 방식은 중국의 종묘제도에도 없는 우리나라의 개성적인 종묘 건축 형식인데 사실 풍수적 요인을 무시할 수 없다. 즉 조산을 설치하고도 바람의 영향을 걱정하여 회랑을 설치한 것이 아닌가 하는 의심이 든다. 풍수연구가라면 반드시 생각할 것이다. 아무튼 이것이 현재 종묘 정전 양끝의 동서 월랑月廊인데 전형적인 청룡과 백호 역할을 한다.

보토소(補土所)

보현봉을 보토하는 행위가 있었다. 보현봉은 북한산국립공원의 북한산에 있는 봉우리로 높이가 714m에 이르며 경복궁의 주산인 백악으로 이어진 주맥이다. 보현봉에서 시작한 강한 용맥이 도성의 줄기가 된다.

숙종 39년인 계사년癸巳年 기사에 따르면, 당시 경리청 당상이었던 민진후閔鎭厚가 건의하여 흙을 모아 보축補築하였다. 정종 8년 갑진년甲辰年에도 다시 보축하였다. 이 시기에는 지속적으로 보축하기 위해 제도적 장치를 마련하였는데 경리청의 돈 1,500냥과 첩가전帖價錢 500냥, 첨보전添補錢 1,700냥을 본청에 급여하여 이식을 받아 사용하도록 조목을 만들었다는 기록이 있다.

정종 21년 정사년에 또 흙을 이동시켜 보축하였다. 이 시기에 총융사에게 명하여 한성부 당상, 준천사濬川司 당사오가 더불어 춘추로 조사하여 초기草記하도록 규례를 전하였다.

《신동국여지승람新東國輿地勝覽》의 기록도 보인다. "응봉鷹峰은 백악 동쪽에 있는데 도성이 그 위로 지난다. 봉 아래 후원의 주맥인 보토처는 해마다 봄 가을로 병조, 공조, 한성부의 당랑관이 어영대장과 더불어 세밀하게 살펴본다"라고 기록되어 있다.

기록을 다시 살펴보자.

"도성 북쪽 30여 리 지점에 양주 땅이 있다. 일명은 화산華山이요, 신라시대 지명은 부아악負兒岳이라 하였다. 평강平康의 분수령에서 잇따라 세워진 봉우리와 첩첩한 뫼 뿌리가 잇따라 뻗어 와서 서쪽으로 양주에 이르러 서남쪽에 도봉산이 되고 또 북산北山, 사실 경성京城의 진산鎭山이다. 고구려 동

북악터널의 보토소(補土所), 보토현(補土峴)

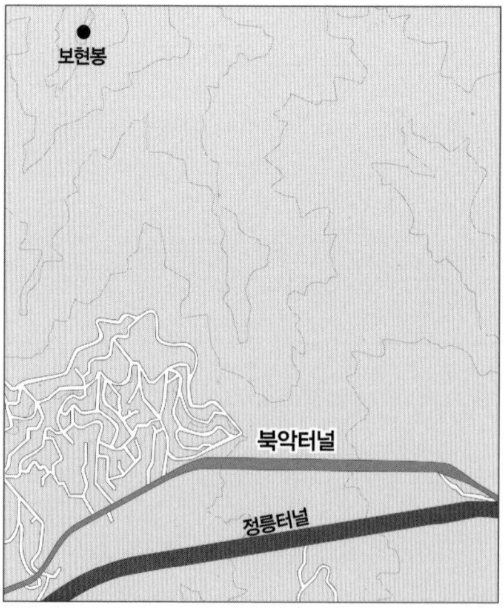

현재의 북악터널 위가 보토현 위치다. 과거의 백악산(白嶽山), 즉 현재의 북한산 보현봉(普賢峰) 아래 기슭에 해당하는 지역으로 도성의 주된 산맥이다. 흙을 채워 메우면서 제사를 지냈는데 그 사유를 축문에는 '삼각(三角)의 신(神)'이라고 썼다.《한경지략(漢京誌略)》의 〈백악신사(白嶽神祠)〉에 나온다.

명왕의 아들 비류沸流와 온조溫祚가 남쪽으로 와서 한산漢山에 이르러 부아악에 올라가서 살 만한 곳을 찾아보았으니 이곳 북악이다. 백운白雲, 만경萬景, 인수仁壽 세 봉우리가 있어 그렇게 이름하였다. (…) 보현봉의 곁가지 산발이 곧 도성의 주맥이기 때문에 총융청에서 보토소를 설치하고 주관하여 보축하였다."48)

이상은《동국여지비고東國輿地備考》〈산천山川〉의 내용 중 일부이다. 일종의 과협過峽이 문제가 된다. 과협은 산줄기의 행룡行龍에서 낮아지거나 좁아진 곳이다. 기록에서 보이듯 북한산과 북악산 사이 지형이다. 이 지형은 산이 솟았다가 내려오는 길목이고 전형적인 행룡行龍의 과협이 풍수지리상 맥의 기운이 약하다고 생각되었다. 기록에 보이듯 이 맥이 도성을 지나 궁으로 연결된다.

조선시대에는 도성과 궁궐의 지맥을 보호하고 보전하는 데 군왕들이 신경 썼으므로 궁궐의 지맥을 보호하기 위해 흙을 메워 채우니 이를 보토한다고 한다. 이는 조산풍수의 일환이다.

따라서 이곳을 지키거나 방어하고 살펴보는 기관으로 총융청摠戎廳을 두어 관할하게 하였다. 조선시대에 지어진《산경표山經表》에서 정의하듯 북한산은 한북정맥漢北正脈에 이어진다. 한북정맥은 백두산에서 출룡한 백두대간을 따라 흐르다가 강원도 금강산에서 갈려 평강平康 추가령에서 분지하고, 경기도 양주에 이르러 도봉산과 북한산을 거쳐 북악에 인입되고 경복궁에 다다른다.

48) 오월의 세상 이야기(http://blog.daum.net/aroma-may/9812973).

아미산(峨嵋山)

조산은 허한 곳에 조성하여 바람을 막기도 하지만 정원 조성에도 사용한다. 대부분 정원은 인공적으로 가산을 만들기 때문에 조산하였다고 할 수 있다. 그러나 비보가 되려면 특별한 목적이 있어야 한다.

앞에서도 언급했듯이 경복궁 교태전 후원에는 아미산이 있다. 그러나 아미산은 이름만 거창했지 그 규모는 아주 작다. 경회루의 연못을 파내면서 나온 흙을 이용하여 인공적인 산을 조성하였다. 높지 않은 후원을 조성하

경복궁 아미산

아미산(峨嵋山)은 이름으로만 따진다면 하늘을 찌르는 높은 산이다. 그러나 교태전 뒤의 아미산은 경회루 연못을 팔 때 나온 흙으로 만든 작은 정원에 불과하다. 조선 왕실의 풍수 개념을 보여주는 예로 조산비보는 물론이고 문자비보를 더했다.

며 아미산이라 이름한 것은 글자비보와 조산비보를 병행한 것이다. 즉 산이 아니지만 산이라는 이름을 붙여 배산임수의 전형적인 목적을 달성하는 과정이며 굳이 큰 산을 의미하는 아峨라는 글자를 사용한 것은 문자비보이기도 하다.

경주 안압지

풍수는 역사가 오래되었기에 시원을 정확히 알 수 없으나 이미 삼국시대에도 곳곳에서 풍수 흔적이 나타난다. 경주에는 많은 유적이 남아 있고 문화재도 있지만 그 시대 생활상이나 가족의 생활상을 볼 수 있는 유적도 있다. 그중 하나가 경주에서 월지라고 불리는 안압지雁鴨池이다.

안압지는 인공 연못인데 이곳을 조성하는 과정에서 나온 흙을 이용해 무산십이봉巫山十二峰49)을 만든 것으로 알려져 있다. 특히 이 가산들은 호안부湖岸部에 자리하여 풍취를 더한다. 단순하게 가산을 쌓거나 꽃과 나무를 심기도 하지만 풍수적 목적으로는 바람이 들어오거나 산이 낮은 지역에 조산하여 비보한다.

49) 무산(巫山)은 중국 쓰촨성 우산현 남동쪽에 자리 잡은 바산산맥(巴山山脈) 속의 아름다운 봉우리 이름이라는데, 그 형세(形勢)가 무자(巫字)와 같아서 무산이라 일컫는다. 장엄한 산릉이 첩첩으로 하늘을 가리고 큰 강이 그 속을 꿰뚫어 무협(巫峽)을 이루며, 12개 봉우리 밑에 신녀묘(神女廟)가 있다고 믿었다(두산백과 참조).

경주 안압지 일대

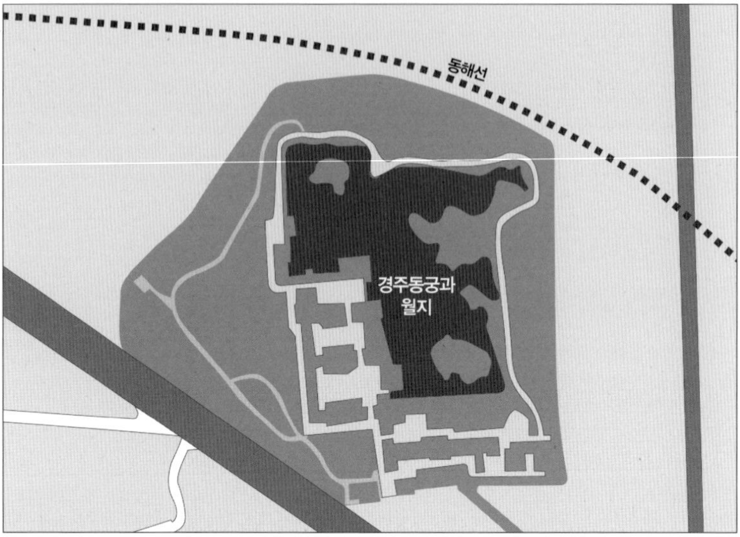

벌판에 갑자기 나타나는 산과 나무. 안압지 주변의 언덕과 산, 나무는 모두 인공으로 조형된 것이다. 일종의 조산풍수로 경치와 유흥, 풍취를 위한 가산을 조성하였다.

안동의 조산비보

안동은 우리나라에서 조산비보가 가장 발달한 지역에 속한다. 안동에서 비보풍수를 알리는 단어는 산재한다. 성내조산城內造山, 견항조산犬項造山 같은 이름이 조산비보의 흔적과 현실을 말해준다. 안동의 기록에 따르면 아직까지도 11개 지역에 무려 22기의 조산이 남아 있다고 한다. 이 가운데 속현이었던 일직과 풍산의 조산 7개를 제외하면 9개 지역에 15개 조산이 있다.

현재까지도 발견되는 안동 지역의 대표적 조산으로는 풍산읍에 자리한 오미리 조산당이 있다. 그런데 안동은 조산 안에 당산이 같이 있거나 기도처가 있는 경우가 흔하다. 안동의 조산은 다른 지역과 달리 비보풍수의 성격은 물론이고 마을 사람들의 신앙처 성격이 복합적인 경우가 많다.

칠곡의 조산박이

조산박이는 칠곡군漆谷郡 가산면架山面 학하鶴下1리에 있는 작은 언덕을 이르는 말이다. 이 언덕을 인력人力을 동원하여 만들었다 하여 조산造山박이라고 부른다. 과거에는 어떠했는지 알 수 없으나 지금은 아주 작아 산이라고 하기가 민망하다. 그럼에도 마을 사람들이 이 작은 흙더미를 조산박이라고 부르는 이치는 이 산이 비보풍수 역할을 한다는 의미이다. 학상1리 소복召福이 마을 뒷산은 와우형臥牛形이다.

이 산은 제법 긴 형상이다. 동서로 뻗었으며 그 아래쪽은 다시 남북으로 뻗었다. 이 조산박이라는 지점에서 바라보면 남북으로 길게 뻗은 산 모양이 소가 누워 있는 것처럼 보인다. 옛사람들은 이 산세를 누워 있는 소로 보았던 모양이다. 그래서 사람들은 이 산을 와우형이라고 주장한다. 이 산이 미치는 부분에서 소복이마을 쪽으로 향하는 곳을 소의 머리와 입 부분이라 하고 감실마을 쪽은 꼬리 부분이라고 한다.

소는 늘 먹는 짐승이다. 누워서도 먹고 서서도 먹는다. 누워 있으면 새김질이라도 한다. 누워 있는 소 앞에 먹을 것이 없어서는 안 된다. 소의 배는 늘 불러 있어야 한다. 따라서 늘 먹을 것을 가까이 주어야 한다. 입 부분에 해당하는 소복이마을 가까운 곳에 소가 풀을 뜯어먹을 수 있는 산을 인공으로 만든 것이 바로 이 소박이라고 불리는 흙더미라고 한다.

사두형蛇頭形의 경우 앞쪽에 안산案山으로 바위 형태의 청와안青蛙案이나 풀로 뒤덮인 적초안積草案이 있어야 한다. 말의 형국은 앞에 구유가 있어야 하는 것처럼 와우형 앞에는 안산으로 풀이 난 산이 있어야 한다. 소가 뜯어먹어야 할 풀이 나는 곳이다. 이 마을에서는 풀이 덮인 소박이가 필요했기에 그런 연유로 조형했다. 그러나 이 언덕이 언제 만들어져 언제 허물어지고 흩어졌는지 아는 사람이 없다.

지금도 조산박이라고 부르는 산이 존재한다. 아니, 작은 흙무더기가 존재한다. 언뜻 보면 그저 작은 흙무더기에 불과하다. 예전에는 소나무가 많아서

칠곡 조산박이

경상북도 칠곡군 가산면 학하1리의 조산박이, 소복마을이다. 이곳의 뒷산은 와우형이다. 누운 소의 풀을 의미하는 가산을 만들었는데 지금도 가산이라는 지명이 남아 있다. 도로 이름도 인동가산로이다.

완전한 산 모양이었다고 한다. 조산박이의 산 높이가 어른 키로 두세 길이 넘을 정도였다고 한다. 그러나 반복적인 경지 정리로 크기가 줄어들었다. 조산박이를 달리 숙원宿願박이로 부르기도 한다. 옛날에 이곳에서 당산제를 지내고 숙원을 빌었기 때문이란다. 현재도 양석陽石과 큰 소나무 한 그루가 서 있는데 옛 정서가 사라져 아쉬울 뿐이다.

대구 무태마을 조산

고려 초기에 지금의 대구광역시 북구 서변동은 무태無怠로 불렸다. 이 마을은 은씨殷氏의 집성촌이었다. 도시화는 모든 지형을 변화시킨다. 고려 초기만 해도 무태마을은 지금의 지형과는 달랐다. 마을 앞에 내[川]가 있고 뒤에 산이 있는 전형적인 배산임수 마을이었다. 당시 힘을 얻은 은씨들은 방우들에 살았다.

은씨들 중에서도 대단한 부호富戶가 있었다. 어디나 그렇지만 먹을 것이 있으면 손님이 끓기 마련이다. 부잣집은 이름을 얻은 명문답게 집안에 손님들이 끊일 새가 없다. 은씨 부잣집 종부宗婦는 손님을 대접하느라 귀찮고 힘이 들어 지쳐 있었다. 그래서 늘 어떻게 하면 손님이 오지 않을까 고심하였다.

어느 날, 탁발승이 지나가며 시주를 청했다. 종부가 탁발승에게 쌀 한 되를 바랑에 넣어주며 저간의 사정을 이야기했다. 이어 어떻게 하면 손님이 줄겠는지 물었다. 탁발승은 집 뒤의 산을 파헤치면 손님들의 발길이 끊어질 것이라고 말해주었다.

옳다구나 생각한 종부는 남 몰래 하인을 시켜 산을 파헤쳤다. 산을 파고 내려가니 갑자기 학鶴 세 마리가 땅속에서 나와 날아가 버렸다. 대사의 말이 적중했던 것일까? 종부의 남편을 비롯해 은씨 집안 남자들이 하나둘 죽어갔다. 아울러 가세도 기울었다. 종부는 그제야 뉘우치고 하인을 시켜 산을 다시 쌓았으나 날아간 학이 돌아올 리 없었다. 죽은 사람도 다시 살아날 수 없는 법이다. 집안 살림도 기울어 결국 망하고 말았다.

사람들은 학이 날아간 그 산을 조산鳥山이라고 하였다. 그러나 다른 사람들은 은씨집 종부가 다시 산을 쌓아올리게 하였다고 하여 조산造山이라고 부르기도 한다. 당시 대를 이은 은씨들은 지금도 무태에 2~3호가 살고 있다. 그들이 있어 이 전설이 전한다. 당시 조산은 산 아래로 고속도로가 지나가고 과수원이 생겨 옛 흔적은 찾을 수 없지만 산의 형태는 보인다.

다양하게 남아 있는 조산

남원시 산내면 조산마을에는 조산이 두 개 있다. 마을 입구에 들어서면 조산이 오른쪽 끝에 하나 있는데 이것은 마을의 재앙을 방지하고 평화를 위해서 오래전부터 있었다고 한다. 이 조산은 암반 위에 205m 정도 높이로 쌓여 있는데 암반을 포함하여 305m나 된다. 둘레는 9m 정도로 맨 끝에는 입석이 세 개 서 있다. 다른 하나는 당산나무와 나란히 서 있는데 높이가 11m

이고 둘레는 4.5m에 이른다.

경상북도 구미시 무을면 안곡리 안실마을에도 가산이 있다. 이 마을의 산 이름도 조산이다. 풍수지리상 지형지세를 보완하기 위해 인공적으로 만든 산이다. 경상북도 구미시 옥성면 대원리 죽계마을에도 조산이 있다. 역시 풍수지리상 약한 지형지세를 보완하기 위해 인공적으로 만든 산이다. 그밖에도 전국적으로 조산은 곳곳에 있다. 조산은 사라졌어도 조산리, 조산동, 조산마을과 같은 이름으로 흔적이 남아 있다.

우리나라의 조산마을

강원도 양양군 양양읍 해맞이길
경기도 동두천시 천보산로
경상남도 창녕군 창녕읍 직교리
경상남도 함양군 서상면 상남리
경상남도 함양군 서상면 조산안길
경상북도 김천시 부항면 부항로
경상북도 김천시 부항면 하대리
광주광역시 광산구 하산동
전라남도 강진군 병영면 성남리
전라남도 무안군 망운면 조산길
전라남도 여수시 소라면 조산로
전라남도 장성군 동화면 동호리
전라남도 장성군 북이면 사거리
전라남도 장성군 북이면 조산길
전라남도 해남군 현산면 입제길
전라남도 해남군 현산면 조산리
전라북도 고창군 고수면 상평리
전라북도 고창군 흥덕면 오호리
전라북도 고창군 흥덕면 흥덕리
전라북도 남원시 농원길
전라북도 남원시 조산길

물비보

물을 이용한 비보는 근본적으로 계수즉지界水則止의 이치에서 비롯했다. 즉 흐르던 기氣는 물을 만나면 그치는 이치를 이용한 것이다. 풍수지리 원리에서 물은 기맥을 넘지 않는다. 물은 기맥을 멈추게 하며 아무리 강한 기맥도 물을 넘지 못한다. 물과 기맥은 불가분 불침범의 규칙을 가지고 있다. 이는 산서山書에서 이르는 맥우수지脈遇水止의 법칙이다.

각종 풍수지리 서적에는 산을 타고 움직이는 기가 물을 만나면 비로소 멈추니 혈이 이루어진다고 설명했다. 이는 음양의 이치와도 상응하는 것으로 물은 움직이니 양이고 산은 움직이지 않으니 음이다. 음과 양이 만나니 비로소 잉태孕胎하는데 이를 혈穴이라 한다.

풍수지리라는 단어의 풍수는 장풍득수藏風得水에서 나온 말이다. 바람을 가두고 물을 만나야 한다는 말이다. 풍수는 근본적으로 바람과 물을 다루는 것이니 바람은 가두어 움직이지 않게 하고 물은 얻어 사람의 삶에 보탬이 되어야 한다. 그런 측면에서 비보풍수의 근본 목적은 장풍득수라고 할 수 있다. 비보를 목적으로 심어지거나 보호되는 나무숲은 충실하게 장풍 역할을 수행한 것으로 볼 수 있다. 장풍은 근본적으로 명당을 에워싼 사신사가 내당으로 스며드는 바람을 차단하는 것을 표현한 것이다. 더욱 중요한 것은 내당 내부의 좋은 기가 밖으로 새어나가지 않는 것이다.

장풍득수에서 바람을 가두는 것과 비교하여 물은 득수라고 한다. 득수는 물을 얻는다는 의미이니 달리 말하면 물을 이용하는 방법이다. 풍수지리에서 물은 매우 중요하다. 사람이 목숨을 연명하려면 반드시 물이 필요하다. 그런 의미 이외에도 물에는 여러 가지 풍수적 용도가 있다. 풍수지리 이법에서 물의 가장 중요한 한 가지는 기를 멈추게 한다는 것이다. 용을 따라 흐르던 기는 물을 만나면 멈추고 비로소 혈이 이루어진다. 득수의 중요한 점은 기를 가둘 수 있다는 것이다.

사신사가 잘 짜인 국에서는 장풍이 이루어진다. 장풍이 이루어지면 기가 안정된다. 그러나 사신사가 허약하고 수구가 열리면 기가 흩어지고 바람이 새어든다. 바람이 새어들면 안정된 기가 흩어지고 문제가 일어난다. 바람에 기가 흩어지면 재산이 흩어지고 병이 온다. 그러나 청룡백호의 교쇄가 미약하더라도 물을 만나면 기가 보전된다. 이러한 이치는 생기가 물을 만나면 멈추기 때문이다.

우리의 전통 개념에서 기맥의 이치는《산경표山經表》를 살펴 알 수 있다. 산의 흐름이 기맥의 흐름이다. 기맥은 산의 능선을 따라 흐른다. 그러나 산에 벌판이 이어지면 생기는 어디로 스며드는지 알 수 없게 되는데 이를 산맥지지散脈之地라고 한다. 산맥지지면 병이 오고 황천黃泉이 엇갈린다.

기는 물을 만나면 멈춘다. 기맥이 흐르는 앞에 물이 횡류橫流하거나 환포

環抱하면 기맥이 멈출 수밖에 없다. 이를 일러 산은 물을 넘지 않는다고 표현했으나 근본적으로 기맥은 물을 만나면 멈추게 된다. 따라서 생기취집生氣聚集 목적으로 기를 멈추게 하거나 기를 보호해야 하는 경우는 인위적으로 물이 담긴 호수나 못을 조성하여 그것을 가능케 할 수 있다. 이를 이용한 것이 물의 비보이다.

우리 촌락의 전형적인 지세는 배산임수를 근본으로 한다. 그 이념은 높은 곳을 등지고 물을 바라보는 지세라고 설명할 수 있다. 물을 바라보는 지세라고는 하지만 반드시 물을 바라본다는 의미는 아니다. 좀 더 근본적인 의미는 낮은 곳을 향으로 잡는다는 의미가 된다. 물은 자연의 이치에 따라 낮은 곳으로 흐르니 자연히 낮은 곳을 본다는 의미는 물을 바라본다는 의미와 동의어가 된다.

물이 기를 차단한다는 측면에서는 다양한 목적으로 사용할 수 있다. 예를 들어 앞산의 모습이 험악하다면 물을 이용해 그 기를 차단할 수 있다. 앞의 사물이 화형산이라면 물을 이용해 화기를 방어할 수 있다. 다가오는 살기를 방어할 수 있고 다양한 기를 지닌 각종 물기를 모두 방어할 수 있다.

한양 도성을 축조할 때도 관악산의 화기가 두려우나 한강이 있어 화기를 억제할 수 있으리라고 보았다. 그러나 도성 완공과 경복궁 건설 이후 여러 상황으로 판단할 때 관악산의 화기가 완벽하게 차단된 것으로 보이지 않는다. 그렇다 하더라도 우리 조상들은 물이 기를 차단한다는 사실에 주목하여 여러 가지 방법으로 비보하였다.

물을 이용하는 비보 중 가장 많이 사용하는 방법이 마을 앞의 수구를 방어하고 비보하기 위해 못을 파는 것이다. 우리의 비보풍수에서 마을 입구가 열려 기가 새어나가는 경우를 허하다고 표현하고 이를 방어하는 방법으로 나무를 심는 수목비보와 물을 이용하는 비보가 동시에 고려되었다. 따라서 전국적으로 산재하는 동수는 물을 병행하여 비보하는 방법이 많이 사용되었다.

송말리 연당지

경기도 이천시 백사면 송말2리에는 주민들이 나무를 심어 비보한 수구막이가 있다. 수구막이가 신기한 것은 아니어서 전국적으로 적어도 1,500여 곳이 있다. 수구막이는 각각 다른 이름으로 불리는데 동수, 수구막이, 수구맥이 등이 그것이다.

경기도에서도 다양한 비보풍수를 확인할 수 있다. 경기도에서는 대표적인 수구막이 중 한 곳이 송말리의 수구막이다. 그런데 송말리 수구막이숲 앞에는 인공적으로 만든 연못으로 연당지가 있다. 오래전 마을 사람들은 나무를 심어 수구막이를 조성하면서 연못을 함께 만들어 마을의 기운이 빠져나가는 것을 방어하였다.

송말리는 산자락이 마을을 환포하여 에워싼 모습이다. 이 마을은 풍수지리상 물 위에 연꽃이 피어 있는 연화부수형蓮花浮水形이다. 이를 완성하기 위해 트인 곳을 마을 숲으로 막은 것이다. 마을의 수구를 긴요하게 막고 바람이 새어들거나 빠져나가는 것을 비보하기 위해 나무를 심어 비보하고 그 앞

송말리 연당지

마을 앞은 좁아지는 병목과 같다. 새어드는 바람을 차단하고자 나무를 심어 수목비보하고 기가 새어나가지 않도록 물을 가두는 연못을 조성하였다.

에 못을 조성하였다. 전형적인 물을 이용한 비보에 해당한다.

아산 외암마을

충남 아산에 자리 잡은 외암마을은 우리나라 전통마을 중 하나로 찾아오는 사람이 많아 언제나 붐비는 곳이다. 마을의 주산은 설화산雪華山이고 예안 이씨들이 터를 잡은 땅이다. 주차장에 차를 세우고 작은 다리를 건너 마을로 들어가기 전 볼 수 있는 외암동천巍岩洞天이라는 글씨가 예전에는 이곳이 제법 깊은 골짜기였음을 알린다.

외암마을은 500년 역사를 자랑한다. 설화산 기슭에 자리한 외암마을은 대략 500년 전에 조성된 마을로 조선 명종 연간에 장사랑 벼슬을 지낸 예안 이씨 이정李珽(?~1546)이라는 분이 이주하여 터를 닦았다. 이후로 예안 이씨들이 대를 이어 세거하여 지역의 대표적인 전통마을로 자리 잡았다. 이 마을에서는 대대로 인재가 많이 나왔는데 이정의 6대 손인 이간李柬 선생이 출생하였다. 이간 선생의 호가 외암巍巖인데, 이간 선생의 호를 따라 이 마을을 외암마을이라 부르게 되었다. 그 뒤 한자만 외암外岩으로 바뀌었다.

외암마을에는 다른 마을처럼 양반가의 고택이나 유명한 사찰이 있는 것은 아니지만 명물이 두 가지 있다. 마을 골목을 이루는 돌담이 이 마을의 명물이다. 우리나라 전통마을에는 하나같이 돌담이 있다. 외암마을도 다르지 않아 마을 곳곳으로 연결되는 돌담이 전통을 증명하는 듯하다.

우리 조상들은 마을을 누비는 돌담에도 풍수를 적용하였다. 우리나라 전통마을의 특징 중 하나는 마을에서 집과 집 사이를 이어주는 담이 있다는 것이다. 담은 신분을 나타내는 도구이기도 했으므로 높은 담은 양반가의 담이며 낮은 담은 평민이나 양반의 마름들이 살던 집을 에워싸고 있다. 이런 담이 서로 연결되어 마을 전체가 미로 속에 자리하는 듯한 느낌을 준다. 우리나라의 전통적인 담은 돌담, 흙담, 흙벽돌담, 판축담 등 다양한데 외암마을의 담은 돌담이다.

우리의 전통 골목길은 가늘고 구불거린다. 이 구불거리는 마을길은 양옆의 담으로 인해 형성된 것처럼 보인다. 우리 선조들은 마을 내부의 도로를 넓게 개설하지 않았다. 여러 가지 이유가 있겠지만 풍수적 요소를 부정할 수 없다. 길이 넓으면 큰 바람이 지나가는데, 이는 재산의 흩어짐을 의미했다. 또한 직선으로 길을 내면 충에 직접 노출되는 것으로 보았다. 물론 작은 골목길이 회류하듯 돌아나가면 굽는 바깥쪽에 충冲이 발생하지만 직선으로 충살을 맞는 것보다는 나은 것으로 판단하였다.

외암마을에서 돌담보다 더 재미있는 것은 마을 곳곳으로 흐르는 물이다. 외암마을은 어떤 마을이나 다른 전통 고택과 달리 돌담을 따라 흐르는 물길이 집집마다 연결되어 있다. 집 안에 작은 연못을 만들거나 화원을 지나가고 집 앞으로 지나치기도 한다. 이 물줄기는 집집마다 지나치며 특색 있는 정원을 꾸미게 하고, 생활용수로 사용하게 하며, 때로는 마을 내부의 습도를 조절하는 목적으로 이용되었다.

물을 마을로 끌어들이거나 집 안으로 끌어 습도를 조절하거나 정원에 연못을 만드는 조경은 일반적인 마을 형태가 아니다. 특히 우리나라 전통 조경에서도 집 안에 연못을 만드는 경우는 극히 드물다. 별원別院이라면 연못 조경이 가능하다. 이는 집 안에 우물이나 연못이 있으면 물에 빠져죽는 사람이 있다는 이치 때문이기도 하다. 아울러 물은 음한 것이므로 집 안이 음해진다는 이론도 가미된다. 그런 이치에도 불구하고 외암마을은 물을 불러들여 집 안으로 흐르게 하였다.

이러한 이치에는 풍수적 견해가 섞여 있다. 마을 뒤에 우뚝 솟아오른 설화산은 주산이지만 화형산이라고 한다. 그러나 막상 외암마을을 찾아가 보면 주산인 설화산이 화형산으로 보이지는 않는다. 오히려 목형산木形山이나 관모봉官帽峰 형태로 보인다. 인재가 나는 산으로 분석이 가능하다. 그런데 무슨 이유로 화형 운운하고 화기를 제압하기 위해 물을 집 안으로 끌어들였다고 했을까?

문자의 특이성 때문이라고 생각한다. 중국에서는 복蝠자를 복福이라고 생

아산 외암마을의 돌담

담은 타인의 침입을 방어하는 용도가 있지만 화재를 방어하는 근본적 비보풍수에 해당한다.

아산 외암마을의 물줄기

외암마을은 집집마다 내부로 물을 끌어들여 돌아가게 했다. 일반적인 풍수에서는 적용되지 않으나 비보풍수의 용도가 있다.

각한다. 즉 박쥐를 나타내는 글자이지만 복과 같은 음으로 읽기 때문에 박쥐 모양이나 박쥐를 의미하는 글자가 복을 나타내게 된 것이다. 또 여덟을 의미하는 팔八자가 발음 특성상 복과 같은 음이 난다. 이 이치에 따라 팔이라는 숫자가 가장 좋은 숫자라는 인식이 생겼다. 이름하여 어의전성과 같은 의미가 되는 것이다.

외암마을도 그런 어의전성을 생각해볼 수 있다. 설화산이 화형산이 아님에도 화형이라고 생각한 이유는 산 이름에 화華가 들어 있기 때문이다. 물론 이 글자는 화려하다는 의미이지 불을 의미하는 것은 아니다. 그러나 발음에 따라서는 불을 의미하는 화火와 같은 소리가 난다. 이 소리의 기운이 불을 의미한다고 생각했을지도 모른다. 따라서 집 안으로 밀려오는 화기를 방어하기 위해 물을 끌어들여 비보한 것으로 파악할 수 있다. 물을 이용한 비보풍수이다.

운조루의 비보풍수

전남 구례군 토지면 오미리에는 그 유명한 운조루雲鳥樓[50]가 있다. 조선 영조 52년(1776) 낙안부사를 지낸 유이주가 세운 건물로 99칸의 대규모 주

50) 구례군 토지면 오미리에 있으며, 낙안부사를 지낸 안동 출신 유이주가 99칸 집을 지었다. 운조루라고 불리는 사랑채를 비롯한 이 집은 중요민속자료 제8호로 지정되었는데, 운조루가 자리한 터는 《조선의 풍수》를 지은 일본의 풍수지리학자 무라야마 지준의 글에도 소개될 만큼 널리 알려진 명당이다(신정일, 《신정일의 새로 쓰는 택리지 2: 전라도》, 다음생각, 2012).

택이었다고 하나 현재는 7칸이 남아 있다. 특히 이 집은 조선시대 품격을 나타내는 품자형品字形 가상을 지닌 주택이다. 우리말에 '품격이 있다'는 말이 있다. 이것이야말로 가진 자의 품위와 인격을 나타내는 말로 대변된다.

그러나 이 말의 근본은 그가 사는 집이 품자형 배치를 이루었다는 말이다. 즉 옛날에는 품격이 있으려면 품자 형태로 배치된 집을 세 채 가져야 했다는 말이다. 가진 것이 있으며 배움이 있어야 품위가 있다는 말이다. 운조루라는 이름은 중국의 시인 도연명陶淵明이 지은 《귀거래사歸去來辭》에서 가져왔다고 한다.

어느 고택이나 특징이 있고 아름답다. 운조루의 특징은 내수구內水口와 외수구外水口의 긴요함이 돋보이는 점이라고 할 수 있다. 좌청룡과 우백호의 뛰어남도 눈에 드러나지만 내수구를 이루는 도랑과 외수구를 이루는 섬진강蟾津江[51] 모습이 내명당의 긴요함을 이루고 있다. 내당수와 객수의 절묘함이 어느 고택보다 뛰어나다고 할 수 있다. 그러나 이보다 더 뛰어난 것은 연당蓮塘이라 불리는 연못이다.

운조루 앞의 안산은 매우 뛰어나다. 이 산 이름은 오봉산五峰山인데 신하들이 엎드려 절을 하는 형국으로 인식되었다. 특히 남쪽의 산세는 불이 타오르는 듯한 형상으로 흔히 화형산체라 불리는 산의 형태를 지녔다. 따라서 화재 위험성에 노출되어 있다. 아무리 명당이라도 불길을 무시할 수는 없다. 특히 운조루가 자랑하는 마을은 여러 가지 형국으로 분석하지만 운조루터에

51) 길이 212.3km, 유역면적 4,896.5㎢로 전북 진안군과 장수군의 경계인 팔공산에서 발원하여 진안군 백운면과 마령면 등에 충적지를 만들고, 임실군 운암면에서 갈담저수지로 흘러든다. 곡성읍 북쪽에서 남원시를 지나 흘러드는 요천과 합류한 후 남동으로 흐르다가 압록 근처에서 보성강과 합류한다. 그 뒤 지리산 남부의 협곡을 지나 경남·전남의 도계(道界)를 이루면서 광양만으로 흘러들어간다(두산백과 참조).

서 거북이 형상을 한 돌이 많이 나와 금구몰니형金龜沒泥形52)의 명당으로 인식되며, 남한의 3대 길지라는 평을 듣고 있다.

운조루가 아무리 뛰어난 명당터에 있다고 해도 화형체 산은 비보가 필요했다. 한양과 경복궁을 축조하며 관악산의 화기를 제압하기 위해 숭례문이라는 이름을 지어 남대문을 세우고 광화문 앞에 해치를 설치하는 비보를 했듯이 운조루에도 화기를 방어하기 위한 비보가 필요했다. 운조루 앞의 연당은 바로 이 화기를 제압하고 내당의 기운을 보존하기 위해 만든 것으로 전형적인 물비보에 속한다.

운조루의 연당

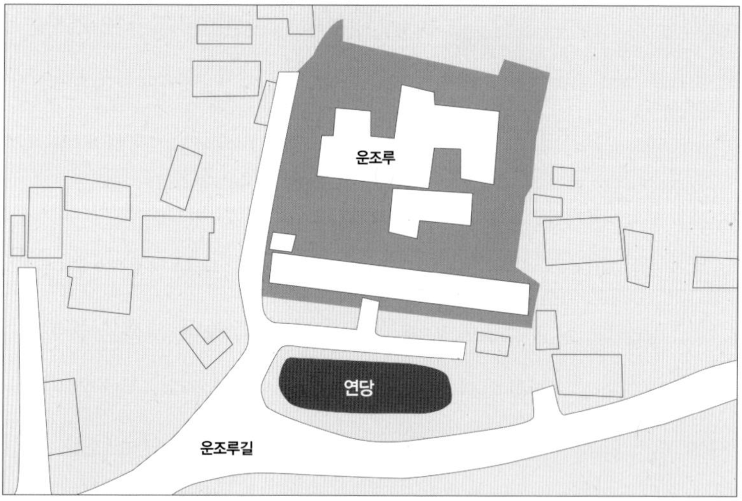

운조루 앞 일자형 건물 앞에 있는 공간이 연당이다. 연당은 앞쪽 안산의 화기를 방어하는 매우 중요한 요소이다. 물을 이용하여 화기를 방어한 대표적 비보풍수의 현장이다.

52) 금거북이가 물이 있는 곳으로 들어가는 형국의 땅으로, 니(泥)는 진흙, 모래밭의 의미이니 금거북이가 논밭으로 들어가는 형국이다. 거북이는 장수를 의미한다.

불교의 사탑비보

우리나라는 천 년 이상 불교가 전승되어왔다. 공식적으로 소수림왕小獸林王시대에 불교가 전래된 것으로 파악한다면 그 시간은 시공을 뛰어넘는 긴 시간이다. 지금도 볼 수 있지만 사찰의 터는 마을에도 있고 산지에도 있으며 도시에도 남아 있다. 이러한 사찰의 입지를 파악해보면 위치에 따라 산중사찰山中寺刹과 도회지都會地에 자리한 평지사찰平地寺刹로 구분할 수 있다.

불교는 삼국시대 4~5세기에 걸쳐 우리나라에 전래된 것으로 파악한다. 그 당시 사찰은 도회지 사찰이었을 것이다. 경주慶州만 보더라도 신라시대 사찰터는 대부분 평지에 있고 사람이 머무는 도회지에 있었다.

이 땅의 불교는 최고통치자인 왕의 후원을 받았다. 고구려·백제는 물론이고 신라가 그러했고 뒤를 이은 고려도 다르지 않았다. 국시國是로 전래된 종교로 최고권력자와 통치자의 승인 아래 포교되었으므로 도회지에 사찰이 세워졌을 것이다. 그러나 지금에 이르러 도회지 사찰은 과거와 비교할 때 그다지 많이 남아 있지 않다. 물론 지금도 포교를 위한 사찰이나 기도원, 포교원은 시가지나 도심에 세워지고 있음도 감안해야 한다.

사실 사찰을 의미하는 사寺자가 애초에 절이라는 의미가 아니라 사람이 머무는 여관旅館, 객관客館이라는 의미였다는 것을 생각하면 불교는 도회지에 전래되었을 가능성을 배제할 수 없다.

지금 사찰은 대부분 산중에 있다. 그럼에도 시중에 자리한 사찰이 적지 않다. 과거의 입지에 대를 이어온 사찰은 도회지에 제법 많이 묻혀 있다. 새로이 포교원을 건설하거나 설립하는 경우에도 민중 속으로 파고들어 도회지에 자리 잡는 경우도 많아졌다. 민중 속으로 파고들어 포교한다는 의미가 강해지는 시대이다.

대부분 사찰이나 이름난 고찰, 대찰은 산속에 있으므로 산중사찰이라 부를 수 있다. 산중사찰은 산에 있다는 의미가 강하다. 그러나 깊이 생각하면 산중사찰은 중생과 멀리 떨어져 산속에 들어간 사찰을 말한다. 우선 그 규모가 크려면 해당 입지가 필요하다. 또 수도처라는 개념에서 산중사찰의 입지는 번잡한 도심지 사찰과는 격이 다르다.

처음 전래 당시 시중에 있던 사찰이 왜 산으로 이동했을까? 중국의 경우를 살펴도 우리와 비슷한 과정을 겪었다. 이름난 사찰들이 산으로 간 까닭이 있을 것이다. 그 이유가 우리와 비슷한지는 알 수 없다. 우리 사찰이 산중으로 간 이유는 여러 가지일 것이다. 큰 이유 중 하나는 도선국사의 사탑비보설일 것이다. 이미 이 시기에 도선국사는 산천의 순역을 따져 비보사탑을 세울 장소를 정한 것으로 보인다.

이후에도 사찰이 산으로 가야 하는 이유가 많아졌을 것이다. 불교의 탈속주의脫俗主義와 수행주의修行主義가 번잡한 세속을 등지게 만들었을 것이다.

조선의 숭유억불정책은 불교를 산으로 몰아내는 데 일조했다. 산악숭배사상도 절이 산으로 간 이유가 될 것이다. 물론 세속에 물들어 수련과 해탈을 위한 수도를 방해하는 세속의 괴로움과 장해도 영향을 미쳤을 것이나 승려들의 일탈을 경계하기 위한 하나의 방편임을 무시할 수 없다. 그럼에도 절이 산으로 들어간 큰 이유 중 하나가 비보풍수라는 사실을 되새겨볼 필요는 있다.

비보사찰

절은 종교적 상징이자 종교적 행사의 현장이다. 그러나 반드시 종교적 목적으로 지어진 것은 아니다. 오래전 건립된 사찰들을 자세히 살펴보면 사람이 거의 살지 않는 곳에 자리하거나 산 높이 사람이 찾아 올라가기도 힘든 곳에 자리한 경우가 있다. 이러한 사찰은 대부분 풍수지리의 영향을 받아 기를 보호하거나 국가안위國家安危를 위하여 특정한 위치를 찾아 자리한 것으로 판단할 수 있다.

풍수이론은 광범위하고 다양하다. 이를 적용하여 완벽한 택지나 양기지를 찾기는 어렵다. 무엇보다 풍수적으로 불안하거나 취약한 지세가 많이 나타난다. 깊은 계곡으로 이루어져 우기에는 물이 불어 마을을 위협할 수 있다. 때로는 지나치게 강한 바위로 이루어져 가까운 곳에서 살아가는 민초들을 위협할 수도 있다.

사찰의 비보적 개념이 적용된 풍수는 두 가지 경우 모두 해당된다. 위험한 지역에는 방어와 경고를 하기 위해 절이 들어선다. 후자의 경우에는 지나치게 강한 기운을 누르기 위해 사찰이나 탑을 짓는다. 때로는 탑을 세우거나 부처를 조각하여 세우기도 한다. 허약하거나 지나친 것을 보완하는 것이 비보풍수 개념이다. 이러한 경우 절의 크기나 위치, 불상의 크기, 탑의 크기와 위치 등을 풍수이론에 입각하여 만든다.

남양주시에 자리한 봉영사奉永寺와 같이 계곡 끝이나 계곡이 합쳐지는 곳에 자리한 사찰은 비보사찰일 가능성이 높다. 즉 왕족의 제사를 지내는 사찰이지만 계곡으로 몰려드는 물을 방어하기 위한 비보사찰이다. 청도의 덕사와 같이 기가 지나치게 강하거나 산수가 도망치는 곳에 배치하는 사찰은 진압풍수에 해당한다. 안양시 삼성산의 호압사도 지기를 누르고자 하는 풍수

봉영사의 입지

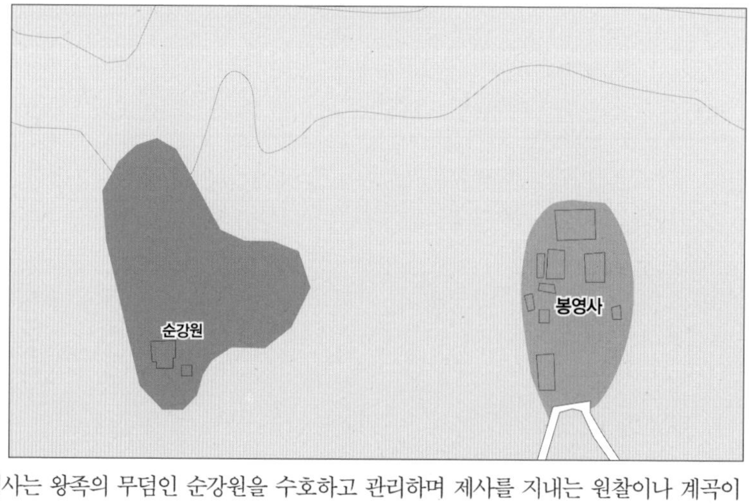

봉영사는 왕족의 무덤인 순강원을 수호하고 관리하며 제사를 지내는 원찰이나 계곡이 합해지는 지점에 지어진 이유가 있을 것이다. 이는 우기에 계곡물이 불어나 사하촌의 인명을 살상할 가능성이 있어 방어하고자 하는 비보사찰의 목적이 있음을 보여준다.

적 관점에서 지어진 진압풍수의 흔적이다.

금강산 끝단에 자리한 고성 화암사華巖寺[53]도 좌향이 틀어졌다는 이야기를 많이 한다. 특히 천년고찰의 경우 무조건 기맥을 따질 일이 아니다. 이 시기 사찰은 사탑비보설과 밀교풍수密敎風水에 따라 건립된 경우가 허다하다. 따라서 천년고찰은 사탑 자체가 비보풍수라는 인식을 가지고 살펴보아야 한다.

일반적인 개념의 풍수에서는 안산을 중요시한다. 화암사는 안산이 없는 방향으로 대웅전이 놓여 있어 대웅전 방향이 잘못된 것이 아닌가 하는 의문이 있을 수 있다. 일반적으로 절에서는 지형에 따라 방향을 정하는 경우는 드물고 주불主佛에 따라 방향을 정한다. 그러나 비보사찰의 배치는 다를 수 있다.

화암사는 다른 목적으로 좌향이 정해졌을 수 있다. 동해안으로 침입하는 왜구들을 높은 곳에서 미리 관측하려는 목적이다. 즉 왜구가 바닷가에 나타나면 법고法鼓나 범종梵鐘을 울려 바닷가 마을에 알려주는 역할을 수행하기 위한 방향일 수 있다. 이 또한 비보사찰의 역할이다.

천년고찰 속리산 법주사에도 비보사찰의 전설이 남아 있다. 속리산 수정봉에는 거북바위가 있다. 당태종이 세수를 하려는데 큰 거북바위가 눈을 부라리는 모습이 물에 비쳤다. 이 거북이 동쪽 나라에서 중국을 노려보기 때문에 중국에 재물이 모이지 않는다고 여긴 당태종이 거북을 찾아 없애라고

53) 고성군 토성면 신평리에 있으며 신라 혜공왕 5년(769) 진표율사가 창건하고 이름을 '화암사'라고 했다. 인조 11년(1633) 택당 이식(李植) 선생이 간성군수로 있을 때 썼다는 간성지 화암사조에 따르면, 천후산 미시파령(天吼山 彌時坡嶺=미시령) 밑에 화암(禾岩)이란 바위가 오른편에 있기 때문에 절 이름을 화암사라 했다고 한다(http://www.toursorak.com/gosung/go-26.html).

금강산 화암사 수바위

화암사의 좌향은 독특한데 바다로 접근하는 왜구를 감시하는 목적이 있었을 것으로 보인다. 화암사 앞의 수바위는 여러 전설과 영험을 보여주지만 관망대 역할로도 손색이 없다.

했다. 결국 속리산 수정봉에서 거북을 발견한 당태종의 부하는 거북의 목을 자르고 등에 10층 석탑을 올렸다. 이는 단맥의 풍수진압과 탑을 세워 진압하는 진압풍수의 전형이다. 명나라 때 이여송이 거북바위의 목을 잘랐다는 설화도 있다. 효종대왕 당시 옥천군수 이두양의 명령에 따라 각성이라는 스님이 거북머리를 찾아 붙였고 충청병사 민진익閔震益이 충청관찰사 임의백任義伯과 상의하여 거북 등에 있던 탑을 허물었다고 한다. 이 또한 법주사에 전해오는 풍수와 관련된 내용이다.

여수시에는 흥국사興國寺라는 절이 있다. 고려시대 대표 승려인 보조국사普照國師 지눌知訥은 현재의 흥국사 자리에 절을 지으면 국가의 흥망성쇠와 같이한다는 신인神人의 말에 따라 비보사찰로 흥국사를 건립했다. '흥국興國'이라는 절 이름 역시 여기에서 연유하였다. 전국적으로 흥국사는 적지 않다. 이 모두가 국가의 흥성을 기원하는 비보사찰이다.

여주에 자리한 신륵사神勒寺에는 청룡이 끝나는 바위 위에 탑이 두 기 있다. 신륵사에서는 이 탑들이 여강驪江의 홍수에 대비해 항상 경각심을 갖도록 해주면서 동시에 수류를 진압하는 역할을 기대하는 의도를 가지고 이곳에 풍수비보탑으로 세운 것이다. 특히 이곳에 세워진 다층전탑은 고려 전기에 신륵사의 청룡 끝자락에 건립한 것으로 추정한다. 이 전탑이 건립되었으므로 고려 때는 벽사甓寺 혹은 벽절이라 불렀다고 한다. 신륵사의 기본 기능은 여강의 수류를 진압하기 위한 비보사찰의 특징을 강하게 가지고 있다.

전국적으로 비보사찰은 흔히 볼 수 있다. 바로 이웃 동네에서도 볼 수 있을 정도다. 사당역 부근에는 관음사觀音寺라는 규모가 그다지 크지 않은 고찰이 있다. 관음사는 관악산 주봉에서 북동쪽으로 뻗어 있는 마지막 봉우리의 기슭에 있는데, 비보사찰로 명당에 절을 세우고 기도하면 나라가 융성하게 된다는 불교의 호국사상에서 비롯했다.

한양이 조선의 새 도읍으로 정해진 후 사찰 네 곳이 한양을 수호하는 비보사찰로 정해졌다. 1927년경에 쓰인 《봉은사본말사지奉恩寺本末寺誌》에는 조선이 개국 후 한양으로 천도할 때 무학대사가 한양을 둘러싼 동서남북 네 곳의 사찰을 비보사찰로 삼았다는 내용이 전한다.

무학대사가 정한 한양의 비보사찰裨補寺刹은 동쪽의 청련사, 서쪽의 백련사, 남쪽의 삼막사, 북쪽의 승가사이다. 네 곳 중 삼막사와 승가사, 백련사는 지금도 그 자리에 남아 있다. 이와 더불어 불암사가 동쪽의 수호사찰이었다거나 진관사가 서쪽의 수호사찰이었다는 등의 이설도 전해진다. 아울러 최근에는 이 비보사찰이 창건된 시기가 다르므로 무학대사 전설과는 맞지 않는다는 이론도 있으나 이 사찰들이 비보사찰 역할을 했다는 사실은 부정되지 않는다.

특히 도선국사의 의견을 당시 왕이 따랐다는 주장이 있다. 왕이 모든 주현州縣에 칙령을 내려 총림과 선원을 건설하고 불상과 불탑을 조성하니 그 수가 3,500여 개소에 달하였다고 전한다. 그 일부는 다음과 같다. 모든 것을 확인할 수 없으나 이로써 사탑비보설의 한계를 파악할 수 있다.

전라남도

- 강진군 월출산 무위사
- 강진군 천태산天台山 정수사淨水寺
- 구례군 오산鰲山 사성암四聖庵
- 구례군 지리산 화엄사華嚴寺
- 순천시 비봉산 향림사香林寺
- 승주군 운동산雲動山
- 상사면 비천리 도선암道詵庵
- 승주군 조계산 선암사仙巖寺
- 영암군 월출산月出山 도갑사道岬寺
- 해남군 금강산金剛山 은적사隱寂寺
- 화순군 무등산 규봉사圭峯寺
- 화순군 덕룡산 불회사佛會寺
- 화순군 덕룡산 운흥사雲興寺

- 화순군 천불산 운주사雲住寺
- 화순군 천태산 개천사開天寺

전라북도

- 백공산百工山 선원사禪院寺
- 남원시 만복사지萬福寺址
- 순창군 광덕산 강천사剛泉寺
- 완주군 대둔산 안심사安心寺

경상남도

- 사천시 봉명산鳳鳴山 다솔사多率寺
- 사천군 지리산 영악사靈岳寺
- 진양군 영봉산 용암사지龍菴寺址

경상북도

- 구미 금오산 해운사 도선굴
- 금릉군 불령산 청암사靑巖寺
- 의성군 등운산 고운사孤雲寺

서울·경기

- 서울 금화산 봉원사奉元寺
- 북한산 도선사道詵寺

- 가평군 운악산 현등사懸燈寺
- 남양주군 천보산 불암사佛岩寺
- 안양시 삼성산 삼막사三幕寺
- 용인 성륜산 용덕사龍德寺
- 파주군 고령산 보광사普光寺
- 포천군 백운산 흥룡사興龍寺

당간, 당간지주

당간은 절을 알리는 깃발을 거는 깃대이다. 이 깃대를 지탱하는 지상의 구조물이 당간지주이다. 충청북도 청주시 도시 중앙에 자리한 당간지주는 지세를 보완하기 위해 세워진 당간지주이다. 당간은 본래 절의 사역寺域을 알리는 표식으로 사용되었다. 혹은 불교가 번성할 때 위세를 드러내는 표식이다. 그러나 도시에 남아 있는 당간지주 중 몇몇은 불교의 색채를 떠나 비보풍수 역할을 한다.

상주시내 한복판에는 옛 동방사東方寺의 터가 있다. 동방사는 처음부터 고을 한가운데 지어졌다. 일반적으로 산에 터를 잡는 절과 다른 개념의 절이었다. 이 땅에 불교가 전래된 초기에는 사람들이 많이 사는 번화가에 절을 지었을 것이라는 예측이 가능하다. 그러나 이후 절은 산으로 스며들었다. 청주의 동방사지는 포교布敎 목적이나 전래 시점에서 마을에 지어진 사찰은 아니다. 절이 종교의 대상물이지만 이 동방사의 절터와 남아 있는 당간지주는 비보풍수를 보여준다.

1881년 제작된《동해사실기》에 이르기를 "상주 들녘이 떠다니는 배의 형국과 같아 배를 묶어두기 위해 병성천과 북천 사이에 가산을 만들어 동방사를 세웠다"라고 되어 있다. 또 부처로 눌러 배가 떠내려가지 않도록 하려고 석불을 장엄하였다. 현재 동방사터 당간지주는 상주시 복룡동에 있고 떠나가는 배를 잡아 누르기 위해 장엄했던 석불은 왕상공원에 모셔져 있다.

상주 옛 지도

상주는 물형론으로는 행주형으로 분류·정의되었다. 행주형의 경우 돛대가 필요한데 상주시 한복판에 동방사를 짓고, 돛대를 의미하는 당간지주를 세웠다. 54)

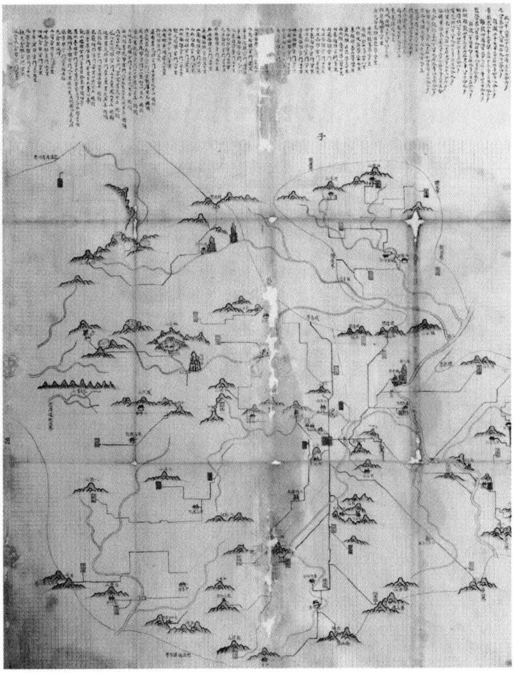

54) 상주박물관,《옛 지도로 재현하는 경상도 상주》.

마애불과 미륵불

예산에는 남연군南延君55)묘가 있다. 남연군묘는 애초에 연천에 있었는데 정만인이라는 풍수사의 힘을 빌려 흥선대원군이 가야사伽倻寺56)를 불태우고 이장을 한 곳으로 유명하다. 지금의 남연군묘는 가야사 탑원에 자리한다. 탑을 쓰러뜨리고 그 자리에 묘를 이장한 것이다. 옛말에 절터에는 묘를 쓰지 말라고 했는데 흥선대원군은 그와 같은 잠언도 무시할 정도로 황제에 대한 욕망이 강력했던 모양이다.

남연군묘에서 좌측을 바라보면 골짜기 하나가 보이고 그곳에 미륵불彌勒佛이 모셔져 있다, 이 미륵불은 상가리 미륵불이라고 불린다. 남연군묘에서 동북쪽으로 대략 150m 떨어진 골짜기 입구에 서 있다. 전설에 따르면 남연군묘를 이장하기 위해 흥선대원군이 가야사를 불태우자 돌아서버렸다고 하는데 현재는 골짜기를 바라보고 서 있다.

미륵불은 돌기둥 모양의 입상이다. 고려시대에 유행한 형식이라는데 조선시대 것인지는 알 수 없다. 미륵불로 불리지만 조각 형태로만 살피면 관세음보살을 표현한 것으로 보인다. 문화재자료 제182호로 지정된 이 미륵불은 북쪽 계곡에서 오는 병마를 물리치기 위해 북향하였다는 설도 있다. 이 미륵불의 형태로 보아 깊은 계곡에서 몰아오는 바람과 차가운 기운을 방어하려

55) 남연군 이구(1788~1836)는 흥선대원군의 아버지다. 그의 묘는 경기도 연천에 있었으나 흥선대원군이 충남 덕산(德山)으로 이장하였다. 1868년(고종 5) 독일 상인 E. J. 오페르트 등이 묘를 도굴하는 사건이 일어나 흥선대원군이 쇄국양이 정책을 강화하는 계기가 되었다(두산백과 참조).

56) 충남 예산군 덕산면 가야산 옥양봉 남쪽 기슭에 있었다. 누가 언제 창건했는지는 전하지 않으나 한때 수덕사(修德寺)보다 규모가 컸다고 한다. 옛 절터에 남연군묘가 있으며 인근에 충청남도 문화재자료 제182호로 지정된 미륵석불이 있다(두산백과 참조).

예산 상가리 미륵불

이 미륵불은 신기하게도 앞을 보는 것이 아니라 골짜기를 보고 뒤돌아서 있다. 북쪽 계곡에서 오는 병마를 물리치기 위해 북향하였다는 전설로 미루어 비보적 이유로 세워진 미륵불로 보인다.

고 세운 전형적인 비보풍수의 전개로 보인다.

서산의 유명한 불교적 유물이라면 백제의 미소로 불리는 서산마애삼존불瑞山磨崖三尊佛과 보원사지普願寺址가 있다. 서산마애삼존불과 보원사지로 이어지는 길에 강댕이 미륵불이 자리한다. 서산시 운산면 용현리 산7-105번지, 강당교에서 100m 거리에 있는데 고풍저수지의 상류 부분이다. 이 미륵불은 중국 사신들이 오가는 통로에 세워졌다고 하지만 보원사를 수호하는 비보장승이었다는 주장이 더 설득력이 있다.

해미읍성海美邑城에도 비보를 위한 장승형 미륵불이 있다. 조산리미륵이라고도 불리는 이 미륵상은 남쪽을 방어하고, 반항리미륵은 서쪽을 방어한다.

황락리미륵은 북쪽을 방어하며 산수리미륵은 동쪽을 방어한다. 평지에 쌓은 해미읍성은 동서남방이 훤히 트여 있다. 해미읍성 북쪽에 가야산이 둘러 풍수상 배산임수의 터임이 분명하지만 삼방이 모두 허하다. 북쪽은 막아졌다고 하나 가야산과 역산 사이에 운산에서 솔티로 넘어오는 길이 있어 허하다고 보았다. 따라서 해미읍성을 둘러싼 네 곳에 방향을 정해 비보풍수 목적으로 미륵을 세웠다.

순천順天 낙안읍성樂安邑城57)에도 풍수적 목적으로 석구가 세워져 있다. 우

해미읍성의 석구

산의 강한 기세를 막으려는 비보책으로 선택된 석구상이다. 우리나라에는 유례가 없다고 하나 안양 삼성산 정상의 불을 먹는 석구와 그 의미가 다를 바 없다.

57) 순천시 낙안면에 있는 조선시대 읍성이다. 태조 때인 1397년 왜구가 침입하자 이 고장 출신 김빈길 장군이 의병을 일으켜 흙으로 성을 쌓았고, 300년 후 임경업 장군이 낙안군수로 와서 지금과 같이 돌로 된 성으로 고쳤다. 관아로 쓰던 건물과 초가 100여 채가 옛 모습대로 보존되어 있다(김한종 외, 《한국사 사전 1-유물과 유적·법과 제도》, 책과함께어린이, 2015 참조).

리나라에서 개를 수호신으로 삼는 경우는 흔치 않으나 일본은 다르다. 그러나 낙안읍성은 개를 수호신으로 삼았다. 낙안읍성의 석구는 원래 세 마리인데 지금은 두 마리만 남아 있다.

풍수지리설에 따르면 한 마리는 지금의 오봉산이라 부르는 멸악산이 험준하고 산세가 강하여 이를 대응하고자 하는 목적으로 세웠다고 한다. 다른 한 마리는 제석산과 거선봉의 사나운 기운을 막기 위해 비보책으로 세웠다고 한다. 북쪽을 바라보는 한 마리는 금전산과 조산, 우산, 고동산의 산세가 보여주는 강한 압력을 누르기 위해 세웠다고 한다. 이처럼 개를 수호하여 풍수진압에 사용한 예는 낙안읍성이 유일하다. 그러나 자세히 살펴보면 안양 삼성산에 화기를 제압하기 위해 세운 석구도 같은 일환임을 알 수 있다.

탑비보, 부도비보

탑은 부처의 사리를 모시는 장엄구였다. 부처의 사리가 부족해지자 부처의 말씀인 경전이나 부처의 상像과 같은 장엄을 하였다. 이 탑과 부도 또한 불교의 사탑비보에 이용되었다. 전국적으로 사탑비보는 흔하며, 사찰이 없던 곳에 세워진 사탑은 대부분 비보용이다. 특히 음한 곳에 세우는 탑은 양물陽物을 대신하는 것으로 비보의 전형이다. 경내에서 허한 곳을 고승의 부도로 비보하는 방법도 전형적인 사탑비보의 일환이다.

불교의 비보사탑설裨補寺塔說은 고려시대에 꽃을 피웠다. 《고려국사도선전高

麗國師道詵傳》에는 땅의 기가 약한 곳을 보완하는 비보설을 정의한 문단이 있다.

"사람이 만약 병이 들면 곧 혈맥을 찾아 침을 놓거나 뜸을 뜨면 병이 낫는다. 산천의 병도 역시 그러하다. 이제 내가 지적한 곳에 불상을 세우고 부도를 세우는 일은 사람이 침을 놓고 뜸뜨는 일과 같다. 이를 비보라 한다."

비보사탑설의 정의는 명백하다. 비보사탑설은 절을 짓는 것으로 그치지 않는다. 바위가 있는 곳은 마애불磨崖佛이나 미륵불彌勒佛을 새겨 비보하기도 했다. 때로는 진압을 하기 위해 절을 짓고 탑을 세우기도 했다.

특히 탑은 다양한 압승을 목적으로 세워졌다. 청도의 덕사에서 보이듯 달아나려는 길기吉氣를 잡거나 누르는 데도 사용했다. 지형이 허약하면 탑이나 부도를 세워 기를 보충했다. 가평 현등사懸燈寺의 화담당경화탑華潭堂敬和塔58)

가평 현등사 화담당경화탑

혈장이 이루어졌으므로 누군가는 묘를 쓰고자 할 수도 있다. 그러나 주변 바위가 날카로워 이금치사(以金致死)의 위험이 있다. 살기가 넘치는 곳에 고승의 부도를 세워 방어하였다.

은 살기가 넘치는 곳에 부도를 세운 것이다. 음기가 강하면 음양의 조화를 이루기 위해 양물 대용으로 탑이 세워지기도 했다.

유교의 본향인 안동에는 대단히 많은 탑이 조성되어 있다. 안동은 가산假山도 많이 조성되어 비보풍수를 적극적으로 도입한 것으로 파악되는데, 사탑도 매우 많아서 비보사탑설의 적용을 실감나게 한다. 안동에서 영주를 거쳐 청송에 이르거나, 안동에서 의성을 거치는 지역은 회류回流하는 물이 많

영양 봉감동 모전5층 석탑

안동을 시작으로 청송, 영주, 영양 등의 물가는 가파르고 물이 굽이쳐 흘러 바위가 드러나 있다. 이 드러난 바위가 현군사로 보여 음한 기운이 피어나므로 이를 방어하고자 양물의 대체물상으로 모전석탑을 이용한 비보를 적용했다.

58) 조선 후기의 승려 화담당 박경화(1786~1848)의 사리를 모신 승탑이다. 기단석 앞면에 '화담당경화탑'이라는 명문이 음각되어 있으며 뒷면의 음각으로 미루어 조선 헌종 14년(1848)에 건립된 것을 알 수 있다. 화담당은 순조 3년(1803) 화양사의 월화스님에게서 승이 되고 지각대사의 불법을 이어받아 전국 사찰을 돌며 불경을 연구하고 법회를 열었으며 만년에 현등사로 들어와 수도하다가 입적하였다.

으며 바위도 많은 지역이다.

물이 많으면 물가의 벼랑이 많은 법이다. 물이 많으면 자연히 풍속이 음해지기 쉽다. 아울러 벼랑은 직하로 떨어지는 모습이라 흔히 풍수지리의 난의사亂衣砂나 현군사縣裙砂[59]의 모습이다. 역시 음한 기운이 강한 사격砂格이다. 양반의 고을인 안동을 시작으로 청송에 이르는 구역 일대가 음한 기운이 강하므로 풍수지리로 억누르려고 했을 것이다. 절이 없음에도 양반골인 안동에 사탑이 적지 않은 것은 비보풍수의 일환으로 인식할 수 있다.

59) 난의사, 폐의사(弊衣砂), 현군사, 음란사(淫亂砂)는 의미가 비슷하다. 흔히 난의사는 여성의 치마를 벗어 걸어놓은 형상의 바위나 지세를 말한다. 여성의 치마를 벗어놓은 것은 지극히 음란하다고 하여 비보하기도 한다. 물가의 벼락이나 도로를 따라 수직에 가까운 벼랑이 있는데 그 색이 탁하고 지저분하면 난의사로 해석한다. 흔히 널경지대라고 하는 높은 산에서 바위가 흘러내리는 지세도 음란하다고 해석한다. 여성 성기와 유사하다고 보았기 때문이다.

문자비보와 그림비보

사람이 부르는 용어 혹은 말에는 파장波長이 있다. 이 파장에는 좋고 나쁨, 옳고 그름, 강하고 약함 등 다양한 기가 숨겨져 있다. 이 파장에 따라 일정한 결과를 만들어낸다. 사람은 주변에 어떤 지명, 어떤 이름이 있느냐에 따라 영향을 받는다. 이를 파동학波動學이라고도 하는데, 파동이 인간의 행동에 영향을 미친다는 사실은 과학적으로 증명된 바 있다.

흔히 성명학姓名學을 예로 들 수 있다. 과거 성명학은 단순히 음양오행陰陽五行에 치우쳐 있었으나 점점 발달하며 다양한 이론을 수용하기에 이른다. 따라서 성명학은 각기 파동을 따지는 이치를 적용한다. 물론 성명학은 그 사람의 사주를 분석하여 없는 오행을 적절하게 이용하기도 하고 용신用神과 희신喜神을 사용하기도 한다. 이는 예부터 전승된 방법이기도 하다.

성명학은 그것으로 그치지 않는다. 가장 먼저 파동을 분석·적용하여 한글의 글자를 적용한다. 이어 한자를 적용할 때 자원字源을 분석하여 적용하며 수리數理도 적용한다.

그것으로 부족하여 파동이나 의미에 영향을 주는 글자를 추려 불용한자不用漢字를 구별한다. 이후에도 동자이음어同字異音語를 배제하고 수리삼원오행數理三元五行, 분파分破와 상호운相互運을 파악한다. 이 중 가장 중요한 것이 파동과 자원이다.

우리 조상들은 다양한 방법으로 소리에 따른 변화와 적용을 파악하고 이 소리의 파동에 따른 변화를 문자로 표현하였다. 따라서 파동에 따른 비보가 문자로 기록되었다고 할 수 있다. 우리는 문자를 보고 읽으면서 파동을 일으킨다. 이 파동은 문자로 생긴 것이다. 따라서 인간의 삶에 좋은 영향을 미치는 문자를 적용하고자 하였다.

인간사에 완벽한 것은 없으며 완벽한 지세를 찾아 집을 지었다 하더라도 비보가 필요하다. 세상 어디에도 인간이 추구하는 완벽한 지세가 없으므로 비보는 반드시 필요하다. 외측에 비보하였더라도 내부적으로 비보가 필요하다. 현대사회의 기준으로는 인테리어가 될 것이다. 막연한 치장이나 멋이 아니라 비보인테리어다. 이로써 우리 조상들은 조금이라도 마음의 평온을 얻고자 노력했다.

이 땅에 살아온 조상들은 문자와 그림을 이용해 비보하고자 노력했다. 주로 가내풍수家內風水에 적용한 측면이 있다. 그러나 단순하게 가내풍수에 적용한 것이 아니라 대국적으로는 큰 그림에 적용하기도 하였다. 따라서 전국을 여행하다보면 곳곳에 그와 같은 비보의 흔적이 문자와 그림으로 남아 있음을 살필 수 있다.

산 이름

우리나라는 산이 많은 국가다. 국토가 개발되고 서남부로 평야가 보여 인식이 다를 수 있지만 이 땅을 이루는 지세의 70% 이상은 산으로 이루어져 있으므로 산지국가山地國家로 보는 것이 옳다. 꾸준한 간척干拓과 인공적인 평탄화平坦化, 도시개발로 산이 무너지고 점차 개발되어 평지가 되거나 사라지는 측면이 있으나 이 땅의 산은 전 국토의 대부분을 차지한다.

어디를 가나 산이 있고 이 땅의 사람들은 산에 의지하여 살아왔음을 부인할 수 없다. 예부터 이 땅의 사람들은 땅을 살필 때 반드시 산을 먼저 살폈다. 이에 이 땅에 전해지는 전설과 설화도 대개 산에 관한 것이다. 전설과 설화가 대부분 생활상을 표현하는 것이라고 할 때 이 땅의 사람들은 산에 대하여 경외심을 지녔음을 알 수 있다.

산에 의지하는 사상은 다양한 형태로 나타난다. 특히 산에 대한 전설은 차치하고라도 산을 우리 뿌리로 보는 지모사상地母思想과 산신사상山神思想은 우리 선조들이 산을 어떠한 존재로 인식했는지를 보여준다. 따라서 우리 조상들은 산에 대한 염원과 경외심을 나타내는 이름을 지었다.

이뿐만 아니다. 지세가 불안하거나 풍수적으로 부합하지 못할 때는 위기의식을 느꼈다. 따라서 지세에 유리하거나 인간에게 도움이 되는 이름을 산에 붙이기를 원하였다. 그와 같은 이름은 전국적으로 산재한다.

산 이름에서 가장 먼저 나타나는 것이 불교적 색채이다. 이는 종교성이 반영된 것이다. 종교도 풍수의 한 줄기로 보는 견해에서는 수용이 가능한 사상이다. 속리산俗離山을 예로 들어보자.

법주사 창건 233년 만인 신라 선덕왕 5년(784), 진표율사眞表律師가 김제金堤 금산사金山寺를 떠나 속리산에 이르자 들판에서 밭갈이하던 소들이 모두 무릎을 꿇었다고 한다. 이를 보고 사람들이 감동하여 머리를 깎고 속리산으로 입산수도를 하였다고 한다. 이때부터 속세를 떠난다는 속리산이라는 이름이 생겼다고 전한다.

그밖에도 우리 산에는 불교적 색채가 강한 이름이 많다. 용화산龍華山, 문수산文殊山, 구화산九華山, 대불산大佛山, 달마산達磨山, 천황봉天皇峰, 비로봉毘盧峰, 관음봉觀音峰 등이 불교적 색채가 강한 이름이다. 불교적 색채가 강한 이름은 불교의 영향과 평안을 구하는 마음이 반영된 것으로 본다.

산 이름 중에는 형태를 따라 지은 것도 있다. 이러한 산의 이름은 풍수의 물형론과 연관이 있다. 말의 입과 닮았다고 하여 말아가리산, 갑옷을 입은 모양과 같다고 하여 무갑산武甲山, 사자 형상이면 사자산獅子山이다. 날쌘 매가 날아오르는 듯하다고 하여 응봉鷹峰이라는 산 이름이 있다. 고창에는 개이빨산이라는 이름의 산이 있듯이 바위의 험한 모양을 표현한 산 이름도 있다. 파주의 감악산은 검은빛과 푸른빛이 동시에 흘러나온다 하여 감악紺岳, 즉 감색바위라고 하였다.

공주의 계룡산鷄龍山은 대표적인 물형론에 따른 산 이름이다. 웅장한 산세가 닭의 볏 모양이며 산세가 닭도 같고 용도 같다 하여 계룡산이라 한다. 전국적으로 많은 산 이름 중에는 옥녀봉玉女峰이 있다. 옥녀봉은 아름다운 산의 모양을 나타낸 이름이기도 하지만 그 마을에서 아리따운 여인이 태어나기를 바라는 소망을 반영한 것이기도 하다. 김해 장유면에도 옥녀봉이 있는데 그 연유가 재미있다. 건너편에 왕자봉이 있으므로 그에 대하는 여자를 의미하는 산이 있어야 한다는 이유로 지어진 산 이름이다. 우리네 개념에서 산 이름 짓기 심성이 잘 드러난 경우로 달리 보면 음양의 조화에 대한 관념이기도 하다.

비봉산飛鳳山은 산의 형상과 더불어 봉황鳳凰의 기운을 얻고자 함이요, 무학산舞鶴山은 학이 날개를 펴고 춤추는 듯한 수려한 산의 형상과 더불어 학이 지니는 맑은 기운을 타고나기를 바란 것이다. 용산龍山, 용두산龍頭山, 비학산飛鶴山, 구봉산龜鳳山, 기린산麒麟山, 와룡산臥龍山, 와우산臥牛山 등은 산세를 살펴 지은 이름이며 물형과 더불어 그 땅에서 훌륭한 인물이 나기를 바라는 마음과 염원이 깃들어 있다. 의미나 바라는 바가 있어 정해진 이름도 있다. 노고산老姑山은 산을 지모사상으로 살피며 발전한 이름이며 달리 할미봉이라 부르는 산도 있다.

완벽하게 풍수지리적 이치를 지닌 산도 있다. 충북에 자리한 계명산鷄鳴山이 그렇다. 백제시대에 이 산 남쪽 마고성麻姑城에 왕족이 성주로 있었다. 당시 산에는 지네가 많이 살았는데 성주의 딸이 산기슭에서 지네에 물려 죽게 되자 성주는 산신령에게 치성을 드렸다. 그러자 꿈에 한 노인이 나타나 말하길, 지네는 닭과 상극이니 산에 닭을 풀어놓으라고 하였다. 성주가 그 말에 따라 닭을 방목하자 지네가 사라졌다. 그러나 다시 지네가 들끓을 것을 염려하여 계속 닭을 풀어놓아 길러 곳곳에 닭의 발이 닿지 않은 곳이 없다 해서 지어진 이름이다. 원래 오동산 또는 심항산이라 부르던 산 이름을 이때부터 계족산鷄足山이라 부르게 되었는데, 1958년 충주시에서 여명을 알리는 뜻의 계명산으로 개칭하였다.[60]

60) 두산백과 참조.

마을 이름

곳곳에 있는 마을 중 고성리古城里라는 마을이 있다. 이는 이 마을에 오래전 성이 있었다는 의미이다. 제주 성산읍 고성리에는 가돈이라는 지명이 있다. 지형이 자연적으로 물을 가둔 형태이므로 물을 가둔다 하여 가돈이라 칭한 것이다.

강원도 화천군 사내면 사창리史倉里는 과거에 군사용 창고가 있었기 때문에 사창리라는 이름을 가지게 되었다. 사창리라는 지명은 전국적으로 적지 않다.

사창리라는 지명은 대부분 국가가 운영하는 창고가 있던 곳으로 지역의 요충을 의미한다. 또 사창社倉의 사社는 본래 여러 민가가 모여 한 부락을 이루는 촌락공동체를 뜻하며 창倉은 가뭄이나 홍수 따위의 비상시를 대비하여 곡물을 저장하는 곳간으로 조선시대에는 고을마다 이런 사창을 두었다.

전국의 사창리

경기도 화성시 양감면 사창리(社倉里)
강원도 화천군 사내면 사창리(史倉里)
충청북도 괴산군 괴산읍 사창리(四倉里)
충청북도 음성군 금왕읍 사창리(社倉里)
충청남도 태안군 이원면 사창리(社倉里)
전라북도 고창군 부안면 사창리(社倉里)
전라남도 무안군 몽탄면 사창리(社倉里)
전라남도 장성군 삼계면 사창리(社倉里)
경상남도 창녕군 부곡면 사창리(社倉里)

경기도 의왕시 백운호수 주변에는 학鶴을 상징으로 하는 마을 이름이 많다. 청계동 1통은 학현마을이라고 부르는데 학이 날아가려는 형국이라 한다. 이 마을의 기씨 묘역은 학형의 혈이라 전하며 고개도 학고개이다. 청계동 2통은 학의리였으나 학의동으로 승격되었다.

마을 이름은 그 고장의 풍습과 풍수지리를 나타낸다. 배머리라는 이름은 배가 정박하는 포구의 머리 부분이라는 뜻일 수도 있고, 산의 형국이 배의 머리와 같다고 하여 얻은 이름일 수도 있다. 강원도 화천군 상서면 봉오리의 마을 지명인 멍에골은 소의 쟁기인 멍에를 닮은 계곡에 위치해서 붙은 이름이다. 이 마을에는 드므골이라는 골짜기도 있는데 드므는 궁궐에 놓는 물그릇이다. 깊은 산골에 그런 골짜기 이름이 있는 것이 신기하다.

전국적으로 유포리柳浦里라는 지명도 많다. 보통은 버드나무가 많아서 붙여진 이름이라고 한다. 그러나 한자 '류柳'는 버드나무를 뜻하지만 이 글자가 지명에 쓰일 때는 길게 뻗은 지형을 가리킨다. 멱우리라는 지명도 흔하다. 그 지형이 마치 개구리를 뜻하는 옛말인 머구리처럼 생겼기에 머구리 또는 머구니로 불리다가 멱우리로 변했다. 포천시 내촌면에는 마명리馬鳴里라는 마을이 있다. 처음에는 이 마을 이름이 말울음이었다. 마을을 둘러싼 주변 산세가 말의 머리 모양 같다고 한다. 말울음이 한자로 바뀌며 마명리가 되었다.

바닷가에는 사랑리沙浪里라는 지명이 있다. 바닷물이 밀려오는 맨 끝 지역으로 모래사장이 형성되었기에 붙여진 이름이라고 할 수 있다. 갈천葛川이라는 지명은 달리 갈곡葛谷, 가래울, 가리울이라고도 하는데 물이 갈라진다[分岐]는 의미다. 이때 갈라진다는 의미를 한자 갈葛로 표기했다. 내[川]가 갈라진 곳에 위치한 마을을 흔히 가래울이라 하는데 전국적으로 흔한 마을 이름이다.

전라도 고창군 신림면에는 반룡이라는 마을이 있다. 여러 가지 한자를 의미하지만 원래 의미는 반룡盤龍일 것이다. 지세를 나타내지만 풍수적으로 큰 인물이 날 것이라는 이름이다. 경북 영덕, 경기도 화성, 충북 괴산, 함북 길주, 전북 정읍에는 공통적으로 칠보산七寶山이 있다. 이 고장에 명당이 일곱 개 있다는 의미를 지닌 산이다. 경기도 남양주의 한강가에는 팔당八堂이라는 지명이 있다. 이는 이 지역에 명당이 여덟 개 있음을 의미한다.

가장 중요한 마을 이름은 그 마을의 지세를 보완하는 이름을 명명하는 방법이다. 서울의 방배동方背洞이라는 이름은 한자로 풀어보면 방향을 등지고 있다는 의미다. 무엇을 등졌는지에 대한 의견이 분분하나 우면산牛眠山을 등진 것은 분명하다. 즉 배산임수의 땅이다. 우면산은 소가 잠자는 모습의 산이라는 의미다. 이는 형세론에 부합하는 것으로 소가 잠든 모습은 명당을 나타낸다.

마을 이름이 미래의 변화를 보여주는 경우도 있다. 강원도 화천군 북한강 상류에는 해산이라는 지명이 있다. 해산의 해는 태양이란 의미에서 한자로는 일산日山으로도 쓴다. 부근에는 최북단 해산령터널이 있다. 굳이 일산이라 하지 않고 해산이라고 쓴 이유가 있을 것이라는 주장이 제기된다. 이곳 지명에 대하여 해산을 한자로 일산日山이 아니라 해산海山이라고 쓴다는 주장도 있다. 물이 바다처럼 넘실거린다는 뜻으로 이는 북한강 상류인 평화의 댐을 선인이 예측한 것이라는 주장도 있다.

영종도永宗島의 순우리말 해석은 길게 뻗은 마루가 있는 섬이다. 과거 영종도에는 어울리지 않는 해석이나 인천공항의 활주로가 깔린 지금에는 이 섬 이름이 언제 지어졌고 무엇을 의미하는지 연구가 필요하다.

광양에는 쇠섬이 있었다. 원래 섬 이름은 쇠섬이었는데 쇠자를 한자로 표기하여 금호도金湖島가 되었다. 섬 주변의 간석지를 매립하여 우리나라 제2

인천 영종도(永宗島)

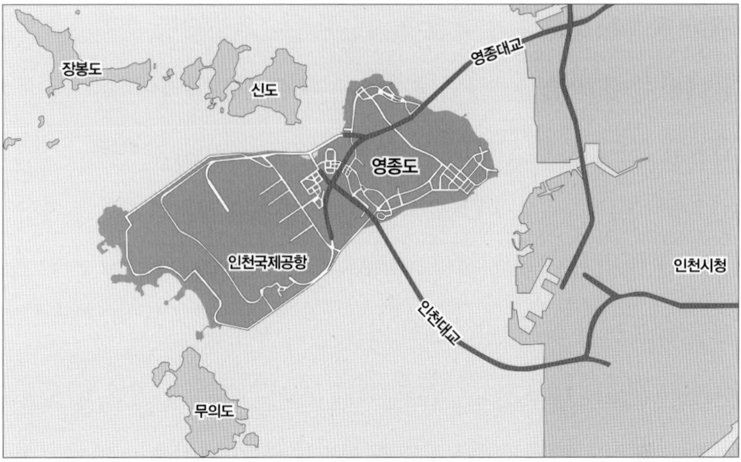

영종도(永宗島)는 긴 마루라는 뜻의 섬이다. 이곳에 대형 활주로가 깔렸으니 긴 마루라고 할 수도 있다. 미래를 보는 눈이 있는 누군가가 작명(作名)한 것이 아닐까?

의 제철소인 광양제철소의 전진기지가 건설됨으로써 육지화되었다. 물론 쇠라는 것이 발음상으로 소를 의미하는 것이라 보아 우도牛島라고 부르는 것도 가능하다. 그러나 철鐵을 의미하는 발음도 쇠다. 광양에 제철소가 지어졌다는 것을 생각하면 선인은 다른 의도로 이런 이름을 지은 것이 아닌지 의심스러워진다.

그림비보

그림비보는 개인이 누구나 손쉽게 사용했던 비보 방식으로 자칫 잘못 흐르면 염승厭勝으로 갈 가능성이 있다. 그림비보는 무엇보다 자기 감정을 조정하거나 의식을 조율하는 데 많이 사용한 비보풍수이다. 특히 그림비보는 선비들이나 문인들의 문인화도 포함하는 매우 넓은 영역이다.

방법적으로는 그림에 의미를 부여하는 방식으로 한국화韓國畵나 전통적인 문인화文人畵 혹은 산수화山水畵로 비보한다. 특히 일반 선비 가문에서 가장 많이 사용한 방식이 그림에 의미를 부여하는 것이다. 그 방법도 수백 가지가 넘으므로 대표적인 몇 가지로 그 의미를 분석한다.

양반가 사랑에는 대부분 미인도美人圖가 한 폭은 걸려 있었다. 윗옷을 반이나 벗고 머리를 감는 미인도가 선비의 사랑방에 걸린 이유는 미인을 탐하거나 여색을 탐하고자 함이 아니다. 이는 선비로서 여색을 멀리하고자 하는 경계를 나타내는 것이니 전형적인 그림비보에 해당한다.

미인도

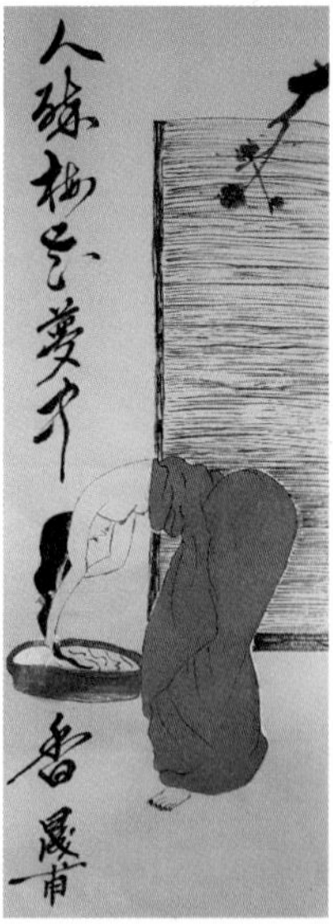

사대부의 사랑에 걸린 미인도에는 여색을 탐하지 말고 여색에 빠지지도 말라는 경계의 의미가 깃들어 있다.

선비들은 다양한 방법으로 그림비보를 행하였다. 공부를 게을리하지 않고 나아가 등용문登龍門에 오를 것을 결심하여 잉어 한 마리를 그려 붙이고, 임금 앞에서 시험을 보아 궁궐의 명당에 나아감을 추구하여 게 두 마리를 그려 방에 걸었다. 이를 이갑二甲이라 한다. 게의 껍데기가 갑甲을 나타내며 초시와 전시 두 번에 걸친 시험을 통과하고자 게를 두 마리 그렸다.

사군자四君子는 선비의 상징이다. 선비들이 매란국죽梅蘭菊竹의 사군자를 그려 걸어놓고 살핌은 그 의미를 되새기는 것으로 삿된 것을 피하고자 함이니 그림비보에 해당한다. 엄동설한의 차가운 기운을 이기고 꽃을 피워 선비의 기개를 나타내는 매화, 깊은 산중에 피어 청초한 향기를 내는 난초, 늦가을 찬바람 부는 벌판에 피어 은사의 풍모를 드러내는 국화, 현자의 모습으로 지조와 절개를 상징하는 대나무가 사군자이다.

산수화는 차경借景의 전형이다. 그림을 통해 산수를 즐기는 것이나 반드시 풍수적 요소가 가미되어야 한다. 산수에서 주산은 높게 그려야 하니 이는 큰 인물이 남을 원하는 것이요, 반드시 수구를 긴요하게 그리니 이는 재물이 새어나감을 방어하고자 함이다. 산수화에서 수구를 처리하기는 가장 어려운데 산을 교차시켜 교쇄하거나 섬을 그리고 오리라도 그렸다. 때로는 배를 타고 노를 젓는 사공을 그리거나 어부가 탄 배를 그리고 물이 빠져나가는 수구처를 좁게 그렸다. 가장 많이 사용하는 기법은 물이 빠져나가는 곳에 다리를 그려 수구를 막는 방법이다.

그림을 거는 방향도 각각 다르다. 색상으로 오행을 적용하여 거는 방법이 있으니 청록색 그림은 동쪽에 건다. 붉은색 그림은 남쪽에 걸고 흰색이 강한 그림은 서쪽에 건다. 검은색이 많이 사용된 그림은 북쪽에 건다. 기본 바탕이거나 황토색이 많이 쓰인 그림은 흔히 사유四維 혹은 사우四隅라고 부르는 동북쪽, 남동쪽, 남서쪽, 북서쪽과 중앙에 많이 건다.

산수화는 배산임수를 보충하는 용도로 사용한다. 양기지 풍수에서 집 뒤에 큰길이 나거나 물이 있으면 불안하고 신경성 장애가 생길 것을 두려워한다. 이러한 경우에는 산의 그림을 그려 도로나 물이 있는 방향에 부착한다. 또 사주명리학四柱命理學에 따라 부족한 기운을 보충하는 의미에서 부족한 오행을 참조해 그림을 그려 붙이거나 색채를 사용한다.

강원도 영월에는 금몽암禁夢庵61)이라는 암자가 있다. 이 암자는 단종릉이 있는 곳에서 멀지 않은데, 단종의 제사를 지내던 곳이다. 금몽암은 월정사의 말사인 보덕사報德寺의 부속암자이다. 1457년(세조 3)에 유배 중이던 단종이 금중禁中에 꿈을 꾸고 창건하였다고 전한다. 꿈에 보았다 하여 금몽암이라 하고 원당願堂으로 삼았다.

이 사찰에는 음식을 만드는 부엌의 벽에 할아버지 그림이 붙어 있다. 언뜻 보아서는 신선神仙 같기도 하고 무속의 그림 같기도 한데, 사실 부엌을 맡고 있다는 조왕신竈王神62)을 그린 것이다. 조왕신은 조신, 조왕각시, 조왕대신, 부뚜막신이라고도 한다. 사찰에서는 조왕각을 따로 지어 탱화를 안치해 모시거나 부엌에 탱화를 걸어놓기도 한다. 이와 달리 민간신앙의 조왕신은 부뚜막에 올려놓는 조왕중발(자그마한 그릇)로 나타난다. 이러한 조왕신의 탱화도 일종의 그림을 이용한 비보풍수에 해당한다.

61) 임진왜란 때 불탄 뒤 1610년 군수 김후(金候)가 다시 짓고 노릉암(魯陵庵)이라고 했으며, 1698년 단종이 복위되고 그 묘가 장릉(莊陵)으로 승격되자 암자터에 큰 절을 지어 보덕사라 하고 금몽암을 폐했다. 1745년 장릉 참봉 나삼(羅蔘)이 사재로 옛터에 새로 절을 짓고 금몽암이라 했으며, 1792년 한명(漢溟)·재엽(載燁) 등이 중수하여 오늘에 이른다(한국학중앙연구원, 《한국민족문화대백과》 참조).

62) 근본적으로 화신(火神)인 조왕신은 부엌의 존재가 되었고, 가신(家神) 신앙에서도 부녀자들의 전유물이었다. 조왕신 풍습은 우리나라 전역에 퍼져 있으나 남부와 충청도에서 비교적 잘 발달하였다(두산백과 참조).

영월 금몽암 조왕신

조왕신은 부엌을 지키는 신이다. 예부터 음식에 탈이 나는 것을 방어하거나 먼 길을 떠난 가족이 굶지 않기를 기원한 신이다. 가신(家神)의 일종으로 화신(火神)에 속한다.

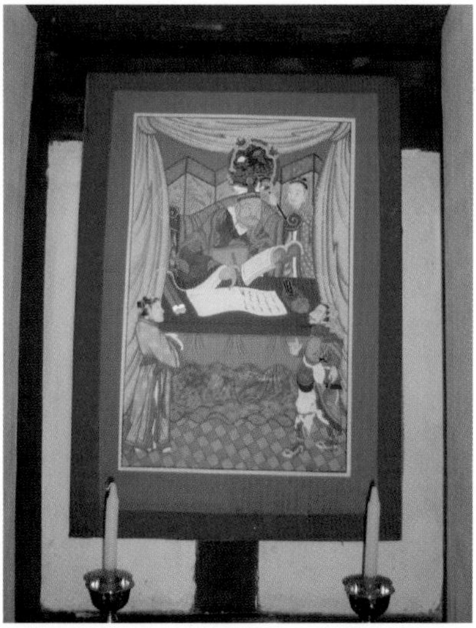

경복궁 신무문의 현무(玄武)

경복궁 북문인 신무문에는 북방의 신인 거북이 한 쌍을 그려놓았다. 모든 왕궁의 문에는 이처럼 방향을 지키는 신물을 그려 배치한다. 도성이나 중요한 성의 문에도 동서남북을 의미하는 신물을 그렸는데 이 그림에 사용되는 신물은 사신사이다.

그림비보는 산성의 문이나 왕궁의 문은 물론 도성의 문에도 적용하였다. 한양 도성의 동소문東小門은 정문이 아닌 소문小門이다. 소문은 우정방위에 설치한다. 동소문은 혜화문惠化門이며 북대문과 동대문의 중간, 즉 간방艮方에 위치한다. 보통 동쪽을 의미하면 용을 그리는 것이 일반적이다. 북쪽은 거북, 서쪽은 호랑이, 남쪽은 주작이다. 그런데 동쪽을 지키는 동소문에 용이 아닌 봉황이 그려져 있다. 이는 비보풍수로 동소문 일대에 새떼가 많아서 새의 피해를 막기 위한 것이었다. 당시 문화와 이념으로 새 중의 왕은 봉황이기 때문에 새들을 억제하고자 봉황을 그렸다고 한다.

문자비보

문자비보文字裨補는 그림비보와 크게 다르지 않게 이용되었다. 특히 문자비보는 개개인의 가택뿐 아니라 한양 도성과 궁궐에 비보하기 위해 다양하게 사용되었다. 대표적인 예로 사대문 중 하나인 숭례문의 현액 문자와 동대문인 흥인지문의 문자, 궁궐의 문인 광화문과 홍례문의 문자에 모두 비보의 의미가 포함되어 있다. 또 나머지 사대문의 두 개 대문과 사소문의 대문 이름, 궁궐의 각종 이름에는 비보를 위한 글자와 동양철학의 큰 줄기인 오행을 의미하는 글자가 사용되었다.

문자비보는 궁궐이나 도성비보都城裨補에도 사용하지만 개개인의 주택이나 별서別墅, 관청官廳, 정사精舍 같은 양택에도 사용한다. 또 향교鄕校, 서원書院과 같은 학습기관은 물론이고 사찰과 같은 종교시설에도 글자비보를 사용했다. 특히 각 건물의 경우 현판에 쓰이는 현액의 글자를 이용하여 비보를 하기도 했다.

대표적인 문자가 전殿이다. 전통적 개념의 건축물에서 전殿은 상전上殿의 의미를 가진다. 즉 모셔야 할 대상이 있는 곳, 추앙받는 분이 머무르는 곳, 높은 분이 계시는 곳이다. 이러한 대상이 있는 곳의 전각에는 전殿이라는 현액이 붙는다. 궁궐의 현액에서 전殿이라는 글자가 붙은 곳은 매우 중요한 곳이며 지체 높은 사람이 머무는 공간이다. 따라서 향교와 서원의 대성전, 사찰의 대웅전 등과 같은 건물에 쓰인다. 이곳의 현액에 쓰인 전은 하나같이 문자 형태가 다르다. 이는 비보풍수의 적용으로 그 글자의 형태가 달라진 것을 보여주는 예이다.

우리의 비보풍수에는 글자를 이용한 다양한 형태가 나타난다. 대표적인 형태의 하나가 순천 조계산 능맥상陵脈上에 자리한 선암사에 있다. 선암사는 산 하나를 두고 마주한 송광사와 더불어 천년고찰이다. 송광사가 많이 알려졌지만 선암사가 송광사보다 더 아름답다.

선암사는 유네스코 세계문화유산으로 등재되었다. 선암사에 들르면 대웅전을 세심하게 살피기를 권한다. 선암사 대웅전 서까래에는 특이한 문자가 그려져 있다. 바다를 의미하는 해海자가 그것이다. 이 글자는 바다를 의미하고 물을 의미한다. 건물에 어울리는 글자가 아닌 것처럼 여겨지지만 화재가 일어나지 말라는 의미로 쓰인 글자다. 화마로부터 건물을 보호하고자 그려놓은 것이니 풍수적 관점에서 살피면 글자비보이다. 즉 일반 건축에서 상량문에 쓰는 용龍이나 구龜와 같은 의미다. 사실은 없지만 글자로 표현하여 바닷물이 있으니 불이 나지 말라는 의미다. 혹은 불이 나도 곧 물에 꺼진다는 믿음이다.

우리의 전통사찰 건축물은 나무로 지어져 화재에 매우 취약하다. 그런 이유가 있어 경복궁도 관악산의 화재를 막으려 모든 문자비보를 동원한 이치를 보여준다. 선암사도 깊은 산중에 있어 불이 나면 속수무책이다. 문자비보는 선택사항이 아니라 필요충분조건이었다. 대웅전 우측 심검당尋劍堂에도 문자비보를 하였다. 대웅전보다 더욱 강조하여 심검당의 주방으로 보이는 부분의 벽체에는 해海와 수水라는 한자가 양각되어 있다. 화재를 막고자 하는 염의 발로에서 물과 관련 있는 한자를 건물 벽체에 붙은 환기창換氣窓에 새겨 장식하였다. 이후 지은 것으로 보이는 종무소 건물 벽면에도 심검당과 다름없이 한자 수水와 해海를 새겨놓았다.

선암사는 이와 더불어 타원형 연못을 만들어 삼인당三印塘이라 이름 지었다. 선암사에서 처음으로 만나는 건물 강선루降仙樓를 지나 조금 더 오르면 갈림길이 나타나는데 이곳엔 삼인당이라는 타원형의 작은 못[池]이 자리 잡고 있다. 862년(경문왕 2)에 선암사를 중창한 도선국사는 정기가 사찰 경내에 머물게 하려는 방안으로 일주문 앞에 연못 삼인당을 만들었다. 이 연못도 지기가 흘러나가는 것을 막고 불이 나면 소방수로 사용하고자 했던 비보풍수로 보인다. 이처럼 연못을 비보로 사용하는 예는 못비보 혹은 물비보에 해당한다. 그것으로 그치지 않고 수많은 담을 세웠는데 역시 불길이 번지는 것을 방어하는 비보풍수이다.

선암사의 불에 대한 비보풍수는 이름에도 나타난다. 애초 선암사의 사명寺名은 지금의 선암사가 아니었다. 선암사 일주문一柱門에 쓰여 있는 현판에서 이를 확인할 수 있다. 전면 현판에는 '조계산선암사曹溪山仙巖寺'라는 사명을 새겼으니 그다지 특이한 것이 없다. 그러나 후면에 쓰인 글자가 이 절의 비보풍수를 알게 해준다. 후면에는 전서체篆書體로 '고청량산해천사古淸涼山海

심검당 환기창의 비보문자

나무판자로 만들어진 환기창에 물을 의미하는 수(水), 바닷물을 의미하는 해(海)자를 새겨서 파놓았다. 환기구 역할을 하지만 불이 나지 말라는 문자비보이다.

선암사 삼인당

삼인당은 연못이다. 선암사를 하나의 마을로 보면 삼인당의 위치는 마을 입구, 즉 수구에 해당한다. 수구를 비보하는 못비보의 전형이다.

川寺'라고 쓰여 있다. 해천사海川寺는 선암사의 옛 이름이다. 조계산의 옛 이름인 청량산淸涼山이나 절 이름 해천사에는 물을 의미하는 글자가 들어 있다. 어쩌면 이곳은 불길이 잦았는지도 모를 일이다. 사찰에 지어진 이름이나 각종 비보적 행위는 잦은 화마火魔로부터 선암사를 보호하려는 의지의 산물이었다. 이처럼 선암사는 비보풍수의 보고寶庫이다.

비보문자의 가장 훌륭한 예는 아마도 성명학姓名學이 될 것이다. 우리 이름을 이루는 문자 중에도 길吉한 기를 지닌 문자가 들어 있다. 그것이 규칙에 어긋나면 성명의 의미가 약해진다. 이름은 단순히 부르는 용도로만 가치가 있는 것은 아니다.

성명학상 한문학漢文學과 파동학波動學, 자원오행字源五行, 삼원오행三元五行, 수리오행數理五行의 구성요소를 분석하여 이름 전체를 이끌어주는 길한 글자를 추출해내며, 성명 구성상 불균형을 이루는 이름일 경우 그 이름이 속한 수리오행상에서 길한 문자를 찾아낸다. 특히 사주를 분석하여 용신龍神을 정확히 이해해야 한다. 이처럼 사람의 사주를 분석하여 필요한 오행에 어울리는 글자를 선택해 이름을 짓는 것이 성명학이다. 그런데 이렇게 이름을 지을 때는 반드시 명리학으로 사주를 올바로 분석하는 법을 알아야 한다.

개인을 위한 문자비보의 정점 중 하나가 바로 이름을 짓는 성명학이다. 따라서 성명학을 의미할 때는 선명選名이나 성명姓名이 아니라 선명選命이라 해야 한다. 운명을 선택한다는 의미다. 흔히 도장이라고 하는 도구에 무조건 인印이라고 새기는데 문자비보라는 측면에서는 생각할 여지가 있다. 그 사람의 사주를 풀어 그에게 도움이 되는 인印, 신信, 장章과 같은 문자 중에서 어울리는 문자를 선택해야 한다. 인장에서 흔히 사용되는 인印, 신信, 장章은 좋은 역할을 수행해주길 바라는 일종의 비보문자이다. 따라서 그 사람에게 어울리는 글자를 선택해야 한다.

우리가 사용하는 인감증명이나 도장도 비보에 해당한다. 몇몇 사람은 우리나라의 문자비보는 중국이나 일본에 비교하여 많이 뒤떨어진다고 한다. 특히 몇몇 학자는 명징투파를 거론한다. 13대 장문인 장요문 선생의 비전 중의 비전으로 꼽는다는 주장을 한다. 일본에서 활동한 명징투파의 장문인 장요문이 우리나라에서 문자비보로 사용하는 비보인감이나 역리인장의 시작이라 말한다. 명징투파의 금인옥장이나 성평인장에 비하면 한국의 비보인감이나 역리인장은 수준이 떨어진다고 주장하며 한국의 비조제화설은 그리 높은 수준이 아니라고 말한다.

그럴지도 모르지만 문자비보는 단지 인장으로 이루어지는 것도 아니고 태을수로 이루어지는 것도 아니다. 또 비보는 우리만의 것도 아니다. 어느 민족이나 어느 지역이나 모두 지세와 기후, 지역의 특성에 맞는 비보가 있기 마련이다. 어느 하나의 기법이 발전했다고 해서 최고는 아니다. 단지 그 지역에 맞는 비보풍수가 가장 어울리는 것이다.

문자비보의 넓은 영역에는 부적符籍도 해당된다. 언제부터 부적이라 부르게 되었는지 알 수 없으나 원래 이름은 부작符作이었다는 주장이 있다. 또는 부작과 부적은 다르다는 주장도 있다. 부적은 보통 평면적이다. 즉 우리가 일반적으로 알고 있는 종이에 그려진 것이 부적이다. 입체적인 것은 부작이라고 한다.

현대사회에서 부적은 무속巫俗의 전유물이 되어버린 듯 보인다. 부적이 무속적이고 일부 불교적 의식의 전유물처럼 인식되지만 애초에 부적은 선비

부적(부작)

부적의 종류는 매우 다양하다. 부적은 미신으로 취급받지만 문자비보와 그림비보가 융합된 형태의 비보풍수, 염승풍수로 이해가 가능하다.

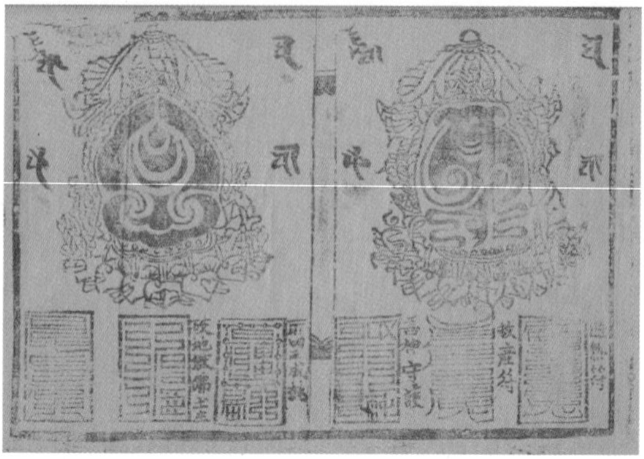

의 학습에 따른 결과물이었다. 그 이유는 글자를 아는 사람들이나 부적을 쓰기 때문이다. 부적은 지식인들이 염원을 담은 글자를 변형하거나 파자破字하여 사용하는 것이다. 따라서 애초에 부적을 쓰는 사람이 무속인이라는 주장은 맞지 않는다.

부적은 지식인들의 전유물로 글자를 아는 사람, 학문을 한 사람들이 염원을 담아 쓴 글이다. 부적과 부작은 일종의 비보풍수로 사용한 것이다. 그리고 조금 더 정확하게 세분하면 부적은 종이에 쓰거나 그리는 것이고 부작에는 여러 주술적인 물건이 포함된다.

기타비보

비보는 필요에 따라 충족되는 삶의 기법이다. 삶의 방법이 풍수라고 정의한다면 비보풍수는 부족한 것을 보충하는 기법이다. 한때는 온전하였다고 하더라도 시간이 지나고 세월이 변하면 새로운 정의가 내려지기 마련이다. 이때 보충하고 새로운 것을 받아들이는 과정에서 비보의 이치가 만들어진다.

세상에는 온전한 것이 없으며 바뀌고 변전變轉하기 때문에 비보적 상황이 필요하다. 법전法典을 만들어도 반드시 부족한 부분이 나오기 때문에 별칙別勅이 만들어진다. 시행령施行令도 그런 이유로 만들어지는 것이다. 헌법憲法에도 부칙附則이 필요하다. 아무리 확고하게 정립된 학문도 시간이 흐르면 변화가 필요하다. 30년 전 경영학 이론이 지금에는 전혀 통하지 않는 것처럼 새롭게 바뀌는 것이 있다. 이를 수용하는 것이 비보이다.

명리학에는 억부抑扶라는 용어가 있다. 용신법用神法에서 사용하는데, 살아가며 평생 사용해야 하는 오행의 기를 찾는 것이 용신이다. 이 용신법에서 억부용신抑扶用神이라는 것은 지나침을 억누르고 부족한 것을 보충한다는 의미다. 풍수지리에서 비보풍수는 바로 이 명리학의 억부와 같은 의미다.

세상은 진보하지만 다 같은 방식으로 진보하지 않는다. 같은 나라라고 해도 지방마다 발전 방향이 다르고 삶의 방식도 다를 수 있다. 따라서 어느 곳이나 풍수가 존재하고 비보도 존재한다. 다만 그 용어가 다를 뿐이다. 어느 나라, 어느 민족의 풍수나 문화가 좋다고 할 수는 없다. 그 민족과 나라, 기후와 계절의 변화에 따라 고유의 풍수와 비보기법이 탄생하기 때문이다.

우리는 흔히 한 나라, 한민족, 한겨레라는 말을 사용한다. 그러나 각 지방의 사투리가 있고 문화, 형식도 다르다는 것을 느낀다. 이 땅의 풍수지리가 큰 범위에서는 비슷하고 일맥상통하지만 세부적으로 살피면 다른 경우도 있다. 살아가는 방식에 조금이라도 차이가 있으면 풍수도 차이가 생긴다. 당연히 비보풍수의 범위와 적용도 달라진다. 눈을 크게 뜨고 안계眼界를 넓혀 살피면 풍수지리에서 비보의 사용처와 그 범위가 다양함을 살필 수 있다.

제주도의 산담비보

제주도의 무덤을 살피면 육지와 다른 특징을 나타낸다. 육지의 묘는 여러 형식이 있으나 크게 나누면 후면에 일종의 담이라고 할 수 있는 사성莎城이 있느냐 없느냐의 차이이다. 사성은 묘역 후면을 둥글게 반원형으로 두른 모양으로 애초 이름은 핑계였다. '핑계 없는 무덤 없다'는 말은 이 후면을 두른 사성에서 나왔다. 직역하면 '잔디로 된 성'이라는 뜻이다.

사성의 형태도 다양하다. 귀족이나 왕족의 무덤에서 이 사성은 벽돌담 모양인데 이를 곡장曲墻이라 부른다. 달리 토성土城이라고도 한다. 이 사성은 풍수지리의 중요한 표시점이다. 사성은 자연적 현상을 인위적으로 표현한 것이다. 즉 혈상穴象에서 혈판을 보호하는 선익蟬翼을 형상화한 것으로 본다.

제주도에는 사성 대신 담이 둘러쳐져 있다. 이 담을 일러 산담이라고 한다. 산담을 두른 묘역에 앉아 있으면 한겨울이라 해도 포근하다. 일반적으로 알려지기를 산담은 말이 묘역으로 들어오지 못하게 하는 장치라고 한다. 그러나 근본적인 이유를 따지면 산담은 바람을 막기 위한 것이다. 따라서 제주도에서는 무덤을 만들 때 지형과 좌향을 살피고 수구를 살핀다. 이때 풍살風

산담비보

제주도의 전통적 마을 개념에서 담은 땅을 나누고 짐승의 침입을 막는 용도가 있지만 근본적으로 바람을 막는 비보적 의미가 강하다.

殺을 피하기 위해 산담을 결정한다.

흔히 산담에 앉아 있기를 '폭호다'라고 한다. 육지말로 '푹하다' 혹은 '따듯하다'는 의미다. 산담에 기대면 바람이 막혀 따스하다는 말이다. 제주도 사람들은 바람에도 음풍陰風과 양풍陽風이 있다고 믿는다. 음풍이 무덤에 닿으면 혈처의 정기가 흐트러진다고 믿는다. 음풍이란 골짜기와 같은 곳에서 불어오는 바람이다. 제주도 사람들은 이 바람을 맞아 무덤에 음풍이 들면 혼백이 불안해져 자손들이 해를 입는다고 믿는다. 실제 제주도의 지형상 전형적인 풍수이법에 해당되는 곳은 찾기가 힘들다. 따라서 비보풍수를 적용하지 않을 수 없다.

산담은 제주도 비보풍수의 전형이다. 바로 바람을 막는 장치이다. 산담은 제주도 풍수에서 비보 역할을 하고 풍살風殺과 허한 방위를 차단한다. 제주도 양택에서도 담은 같은 의미를 지닌다. 집과 집을 구별하고 땅과 땅을 나누는 것으로 그치지 않고 바람을 차단하는 비보풍수의 의미가 깊다.

이러한 비보풍수로 한라산 개미목이나 돋트멍 명당이 생겨났다. 제주도 김녕리 남흘동 동쪽 밭에는 창원 황씨 황순웅의 묘가 있다. 이 묘는 돌담인 산담을 이용한 비보압승을 전개하였다. 이를 용호절비龍虎折臂63)의 풍수라고 한다. 좌청룡과 우백호 어느 한쪽이 잘리거나 두 쪽 모두 잘렸을 경우 잘린 부분이 무덤에서 보이지 않도록 복구하거나 나무를 심어 비보하는 것이다.

황순웅의 묘는 청룡과 백호가 모두 잘린 듯 짧기 때문에 좌우측 청룡과 백호 끝에 새각담을 이어 쌓아 형기形氣를 다스렸다. 또 좌측의 뒤가 바다여서

63) 청룡과 백호 어느 한쪽이나 청룡, 백호가 다 중간에 끊긴 것을 말한다. 마치 팔이 중간에 잘린 것과 같다. 이런 곳에 조상을 모시면 자손들이 중환자가 많이 생기고 교통사고 등으로 죽는 사람이 많아 결국 자손이 끊긴다(박주봉, 《한국풍수지리의 정립》, 관음출판사, 2002).

바람이 불어온다. 풍살에 노출된 것으로 판단하여 이를 방비하기 위해 산담 뒤에 다시 겹담을 쌓았다.

제주도 돈두암 남쪽 9부능선에는 영조시대 양식을 지닌 숙부인 광주 김씨의 묘가 있다. 육지와 다르지 않게 묘역에는 비석, 혼유석, 상석, 향로석, 동자석이 놓여 있다. 이 묘는 한라산을 바라보고 있다. 무덤의 좌향은 남향이고 오름의 정상에 가깝다. 이 무덤의 산단은 인근의 어느 무덤보다 우람하고 규모가 크다.

제주도 서귀포시 남원읍 의귀리 1773번지에는 김만일金萬鎰(1550~1632)의 묘가 있다. 김만일 묘역은 2009년 7월 29일 제주특별자치도 기념물 제65호로 지정되었다. 김만일은 조선시대 제주의 인물이다. 녹산장이라는 목장을 운영하며 말을 많이 사육하였고, 왜구의 잦은 침입과 반복되는 전란으로 조정에서 말 수급에 곤란을 겪을 때 800여 필 이상의 말을 바쳐 헌마공신獻馬功臣이 되었다.

하원동 탐라왕자의 묘

주변으로 산담이 쳐져 있다. 제주도 묘역은 대부분 산담으로 둘러쳐져 있다. 말의 침입을 막는 것으로 알려져 있으나 진실은 바람을 막는 비보풍수이다.

김만일은 헌마한 공로로 종2품 품직에서 종1품 품직까지 제수받았다. 김만일의 묘역도 산담으로 둘러쳐져 있다. 그의 손자 김반의 묘도 역시 산담으로 둘러쳐져 있다.

제주도 서귀포시 하원동 산21번지에는 도지정문화재 제54호로 지정된 하원동 탐라왕자묘河源洞耽羅王子墓64)가 있다. 1910년 이후 여러 차례 도굴당해 제 모습을 잃어버린 탐라왕자묘는 2001년에야 복원되어 옛 모습을 찾았다. 제주도는 보존 가치를 인정해 2000년 제주도 지정문화재 제54호로 지정했다. 이 묘역에도 산담이 조성되어 있다.

이처럼 제주도 묘역은 대부분 산담이 둘러쳐져 있다. 일반적으로 알려져 있기로는 말의 방목으로 인한 피해를 막고자 한다고 하지만 근본은 풍살風殺을 방어하고자 하는 비보풍수에 해당한다.

다리비보

다리는 물을 건너는 시설이다. 다리 모양이 어떠하든 그 역할은 달라지지 않는다. 다리의 역할은 사람과 차량 등이 건너게 하는 것이다. 가장 중요한 일은 다리가 받쳐주는 통로와 시설의 기능을 안전하게 유지하는 일이다. 따라서 예부터 다리는 목적을 이룰 수 있도록 견고하게 지어졌다. 가능한 한

64) 이원조의 《탐라지초본》, 《대정군읍지》와 김약익의 《심재집》 등 문헌 기록과 지역에서 전해지는 이야기에 따르면 탐라왕자의 무덤이라고 한다. 그러나 무덤이 3기이고 형태로 보아 고려 말, 조선 초기에 제주도 지역에서 만들어진 돌덧널무덤인 것으로 확인되었다(한국학중앙연구원, 《한국향토문화전자대전》 참조).

견고함을 추구하였지만 제한된 부재와 재원, 공기工期의 한계로 견고성이 떨어지는 다리도 축조되었다.

모든 다리는 대부분 공공적公共的 성격을 지니고 있다. 우리나라에도 개인의 가옥 안에 놓인 다리가 있기는 하다. 창덕궁 후원에도 다리가 네 개 있으나 이는 왕실을 위한 다리라고 봐도 될 것이다. 이러한 경우에 해당하는 몇 가지를 제외하고는 우리나라 다리는 대부분 공공성을 가지고 있다.

인류가 다리를 만들게 된 시기는 그 연원을 추정할 수 없으리만치 길다. 그 목적은 물론 물을 건너는 것이다. 처음에는 돌다리를 건넜을 것이다. 그 후 점차 지능이 발달하며 재료를 사용하게 되었을 것이다. 하천에 넘어진 수목을 이용해 물을 건너게 된 것은 그 후의 일이다. 계곡을 가로지른 나무덩굴을 이용해 건너다가 결국 불편함을 해소하기 위해 나무를 걸쳐 통나무다리를 만들었을 것이다. 그 후 섶다리가 만들어지고 견고성을 따져 돌다리를 만들게 되었을 것이다.

회심곡回心曲을 살펴보자

"깊은 물에 다리 놓아 월천공덕越川功德하였는가 목마른 이 물을 주어 급수공덕汲水功德하였는가 병든 사람 약을 주어 활인공덕活人功德하였는가."

우리의 다리는 막연하게 물을 건너는 이상의 의미가 있었다. 물론 물을 건너는 목적이 있다는 것은 당연하다. 그러나 다리는 물을 건너는 이상의 의미가 있었다. 그러한 목적 중 하나가 비보풍수이다. 마을이나 사찰에서 물이 빠져나가는 수구처에 다리를 놓아 비보한다. 이러한 방법은 궁궐에서 금천에 다리를 놓아 비보하는 것과 크게 다르지 않다.

조선시대에 만들어진 선암사 승선교昇仙橋는 비보풍수의 전형이다. 이 아

경희궁 금천교

물은 기를 막는 역할을 한다. 궁궐 앞을 흐르는 금천교는 궁궐 안의 기를 차단하고 밖에서 삿된 기운이 들어오는 것을 막는다.

선암사 승선교

승선교는 석교의 백미다. 홍예교로 이루어져 견고하다. 다리는 물을 건너는 목적 이상으로 비보풍수적 목적이 있는데 기를 차단하고 물을 타고 들어오는 삿된 기운을 차단한다. 산수화에서 다리를 그리는 이유는 사람이 살고 있음을 나타내는 것이며 기를 차단하는 의미가 있다.

치형 홍예교는 보물 제400호로 지정되어 있다. 전국적으로 지금까지 남아 있는 옛 다리는 대부분 석교石橋다. 석교 중에서도 무지개 모양으로 만든 홍예교가 가장 많이 남아 있다. 이러한 홍예교는 가장 강한 구조를 나타내며 성곽의 문과 같은 곳에 선택되었다.

선암사 승선교를 감상하는 방법은 시각을 수평으로 바라보는 것도 좋지만 계곡 바닥으로 내려서서 바라보는 것이 더욱 운치가 있다. 승선교 바닥을 통해 멀리 강선루까지 바라볼 수 있다. 승선교는 화강암으로 만든 아름다운 아치형 석교石橋이다.

선암사 계곡은 폭이 유난히 넓다. 계곡의 폭이 넓다는 것은 장마철에 비가 많이 온다는 것이고 갑자기 불어나는 물의 양도 많다는 의미다. 이런 지형은 다리가 중요하다. 그야말로 불교의 월천공덕이 요망되는 지형이다. 그래서 인지 선암사로 들어가려면 옛 다리를 세 개나 볼 수 있다. 이 중 가장 아름다운 승선교는 계곡의 바위를 기단基壇으로 삼아 아랫부분에서부터 무지개 모양의 곡선을 그리며 축조되었다. 다리의 전체 모양은 완전한 반원형으로 그 모습이 무지개가 떠오른 것 같다.

승선교가 자리한 곳은 자연 암반으로 이루어져 있다. 인공적으로 만든 기단이나 기초가 아니라 자연석에 바탕을 두고 축조되어 있다. 기단이 자연적인 암석으로 되어 있어 기초가 튼튼하다. 갑자기 불어난 물이나 급류에도 휩쓸릴 염려가 없을 것 같다. 그랬기에 그 오랜 시간 무상한 세월을 지탱하고 있는 것으로 보인다. 이 다리는 1713년(숙종 39)에 호암護巖대사가 6년의 노력 끝에 완공했다고 전해진다. 일설에는 선암사를 고쳐 지을 때 원통전圓通殿(1698)과 함께 설치되었다고도 한다.

다리 아래에서 보면 가운데 부분에 용머리가 조각되어 있는데 이를 서수라고 한다. 서수는 물을 타고 들어오는 나쁜 기운을 방어하니 전형적인 비보이다. 서수는 용의 머리를 하기도 하고 해치 모양을 하기도 한다. 신령스러운 상상의 생물을 조각으로 표현한 것으로, 물을 타고 들어오는 부정한 것들을 방어한다. 이러한 서수는 궁궐의 금천에도 배치되어 있다.

서수

궁궐에 가면 금천이 있다. 이 금천은 내당수內堂水에 해당하는데 궁궐 내부의 기가 밖으로 흘러나가지 못한다는 상징적 의미가 있다. 궁궐은 이중삼중으로 비보를 한다. 담도 그러한 비보풍수용의 하나이다. 이처럼 궁궐은 외부 침입자를 방어하는 여러 단계 구성을 이룬다.

그뿐 아니라 각종 질병, 악한 귀신, 나쁜 기운의 유입을 사전에 차단하는 다양하고도 견고한 방어장치를 가지고 있다. 이는 실질적인 방어와 더불어 비보풍수가 역할을 분담한다. 즉 궁궐은 물론이고 그곳에 거주하거나 실무를 하는 사람들을 지키고자 하는 상징적인 아이언 돔(Iron Dome) 형태를 갖추고 있다.

이스라엘의 미사일 방어(MD) 시스템인 아이언 돔은 아랍과 전쟁에서 효력을 발휘한다. 아이언 돔의 레이더는 날아오는 하마스 로켓을 방어하는 첨병이다. 즉 아랍권의 적대국이나 이슬람 무장세력 하마스가 발사한 막대한 미사일을 공중에서 요격한다. 이는 매우 철저한 방어막이고 국민을 보호하는 시스템이다.

조선시대 궁궐에도 이와 같은 아이언 돔이 있었다. 이는 궁궐 거주자를 보호하기 위한 철통같은 방어막이다. 즉 하늘로부터 들어오는 모든 악한 것을 방어한다. 그를 넘어 길을 따라오거나 물길을 따라오는 나쁜 무엇인가를 방어하는 시스템을 갖추고 있었다.

궁궐의 각종 건물 지붕에는 이스라엘의 아이언 돔 레이더와 같은 시스템이 배치되어 있다. 이름하여 공중 감시자이다. 세상 어디에서나 나쁜 기운이 날아올 수 있다. 공중이라고 다르지 않다. 궁궐 지붕의 처마마루 끝자락에 위치한 잡상雜像이 그것이다. 우리는 이를 어처구니라고도 한다.

처마에 올라앉은 잡상은 각기 삼장법사, 손오공 등으로 이루어져 있는데 주로《서유기》에 나오는 인물과 괴물, 신이한 능력을 지닌 영물들이다. 그것으로 그치지 않고 용마루 양쪽 끝머리에 얹는 기와인 망와望瓦도 같은 영역을 커버한다. 물을 타고 들어오는 나쁜 기운을 금천교와 서수가 방어한다면 공중으로 들어오는 나쁜 기운은 잡상이 방어한다.

공중만 차단하는 것으로는 부족해서 지상을 따라 들어오는 삿된 기운도 방어해야 했다. 궁궐에 이르는 문에는 방향에 어울리는 신물을 배치하여 방어하였다. 경복궁을 그 실례로 살펴보면 남문인 광화문은 문의 천장에 주작朱雀을 그렸다. 북문인 신무문에는 현무玄武를 그리고 동문인 건춘문에는 청룡靑龍을 그렸으며 서문인 영추문에는 백호白虎를 그렸다. 이러한 사신四神 배치는 우리나라 대부분의 성이나 문에 사용하고 있다.

궁궐로 이어지는 물길은 금천禁川이라고 한다. 내당수이고 명당수인데 이

창덕궁 돈화문 지붕 처마선을 따라 2층으로 배치된 잡상

명당수는 궁궐의 기를 방어하고 갈무리하는 이념을 가지고 있다. 그러나 물길을 따라 들어오는 악한 것들이 걱정될 수밖에 없으므로 금천에 놓인 다리에 각종 서수瑞獸를 배치하여 나쁜 기운을 방어한다. 때로는 물속이나 물길을 바라보는 곳, 때로는 다리 아래에 용의 머리 모양으로 조각한 서수를 배치한다.

서수는 중국 전설 속의 기물이다. 상상의 기물이라는 것은 그 생김으로도 알 수 있다. 중국 전설에 따르면 서수는 용이 낳은 아홉 자식 가운데 사자를 닮은 기물이라 한다. 용도 아니고 사자도 아니다. 사자와 용의 혼혈이라 할 수 있으니 두 가지 기물의 성격을 모두 가지고 있다. 천성이 불과 연기를 좋아하고 앉기를 좋아한다.

우리가 사용하는 향로를 살피면 하단에 용의 얼굴 모양을 새기는데 역시 서수이다. 물길이나 육상으로 들어오는 모든 부정한 것을 차단하는 목적으로 부조浮彫하거나 환조丸彫하여 사용하기도 한다.

창덕궁의 서수가 어떤 모양으로 배치되어 있는지 살피면 다양한 형태의 서수를 확인할 수 있다. 금천교 하단을 내려다보면 교각 밑 남쪽에는 주작朱雀에 해당하는 백택白澤 모양의 서수가 남향으로 자리를 잡고 있다. 백택은 머리에 뿔이 있고 얼굴은 용의 모습이다. 몸은 비늘로 덮여 있고 꼬리에는 술이 많은데 네 발 달린 동물의 모습이다. 창덕궁에서 사용했던 것처럼 물가에 엎드려 있다. 북쪽에는 현무玄武에 해당하는 거북이 모양 서수가 있다.

이와 같이 비보풍수 용도로 사용하는 서수가 반드시 궁궐에만 있는 것은 아니다. 전주에는 남천교南川橋65)라는 다리가 있다. 2009년 전라북도 전주시 완산구 동서학동에 건립한 다리인데 옛 지도상의 모습을 본떠 건설했으니 전통적인 다리 모습을 복원하려고 노력하였다. 옛 모습과 모두 같은지 알 수 없으나 많은 부분이 같고 다리에 여러 가지 제도나 기물을 배치했다. 남천교는 본래 안경다리[眼鏡橋]라고 불렸고 오룡교五龍橋라는 이름도 있었다. 홍예 모양 아치가 다섯 개 있는 무지개 모양 다리였던 것으로 전하지만, 현재 다리는 아치가 세 개뿐이다.

애초에 다리에는 무지개 모양 머리마다 용머리 모양 서수가 부조되어 있었다. 이곳에 용머리 모양 서수를 새긴 이유는 승암산의 화기火氣를 잠재우기 위한 것이라고 한다.

서수는 형태가 다양한데 광화문과 여의도에 배치된 해치상도 사실 해치

65) 전북 전주시 완산구 천경로 40에 있는 아치 모양 홍예교로 오홍교, 오룡교, 안경교(안경다리)라고도 불리며 동서학동과 교동을 연결한다. 다리 위로 왕복 4차선 도로가 있어 차량 통행이 가능하며 다리 위에는 팔작지붕의 누각 청연루(晴烟樓)가 세워져 있다(두산백과 참조).

창덕궁 금천교의 서수

서수는 동물 모양으로 만들어 배치하기도 하지만 선각하거나 얕은 돋을새김으로 부착하기도 한다.

가 아니라 서수상瑞獸像으로 보아야 한다는 주장도 있지만 폭넓은 관점에서 해치도 서수에 해당한다.

아울러 우리나라의 아치형 돌다리인 홍예교에는 다리 밑으로 서수를 배치하는 경우가 많다. 물론 궁궐에는 온전한 형태의 서수가 환조로 새겨져 배치되어 있지만 고찰의 홍예교나 남아 있는 옛 다리에는 부조로 조각되어 이맛돌에 새겨져 있는 경우가 많다. 이 모든 것이 전형적인 비보풍수에 해당한다.

담비보

담은 어디에서나 흔히 볼 수 있는 구조물이다. 궁궐에도 담이 높게 둘러져 있다. 그래서 구중궁궐이다. 궁궐의 담은 높이와 두께, 견고함이 성벽에 가깝다. 이는 방어에 기인한 것이다. 이와 비교할 수는 없지만 민간의 담도 같은 의미를 지닌다. 적을 방어하거나 도적을 방어하고 외인의 출입을 통제한다. 밖에 있는 사람들이 안을 들여다보지 못하게 하기도 하지만 궁극적으로 안과 밖을 분리하는 역할을 한다.

담이 견고해지고 범위가 넓어지면 성城이 된다. 성은 적을 방어하는 시설이다. 따라서 담은 성과 같은 성격으로 외부의 접근을 방어한다. 이는 독립성을 요구하는 것이다. 이와 같은 이유로 양반가 가옥이나 장원은 높고 강한 담으로 둘러쳐져 있다.

전통마을의 모든 양반가옥은 담으로 둘러쳐져 있다. 이 담은 사신사와 같은 것이다. 즉 주산, 좌청룡, 우백호, 안산과 같은 역할을 한다. 또 외부의 기운을 차단하는 역할을 한다. 그런데 사찰에도 이와 같은 역할을 부여한 담이 있다. 우리나라 대찰大刹은 대부분 산에 자리하는데 산이라는 특징으로 앞이 트여 있거나 가려져 있지 않아도 좋겠지만 많은 사찰이 산에 의지한 지형이라는 것을 증명하듯 축대를 쌓거나 담을 고수한다. 사찰이 지형을 극복하기 위해 축대를 높이 쌓은 것은 터잡이 기술이라 하지만 담을 쌓은 것은 지형 극복과는 다른 의미가 있다.

우리의 전통사찰은 대부분 목재로 이루어져 화재에 취약하다. 산은 언제든 산불이 날 수 있다. 사람이 사는 곳에 실화가 없다고도 장담하기 어렵다.

특히 대찰 건물은 빼곡하게 채워져 있고 층층으로 배치되어 있어 불이 나면 바람을 타고 순식간에 번지기 마련이다. 바람에 실린 불길은 옮겨 붙는 속도도 빠르므로 이 불길을 막는 방화벽이 필요하다. 담은 방화벽 역할에 가장 적절하다.

방화벽 기능으로 돌담이 사찰에도 필요하다. 대표적인 사찰이 선암이다. 선암사에 들어서면 양반가가 줄지어 있는 전통마을 같다고 느낄 만큼 아름다운 담장이 줄지어 있다. 이는 다른 사찰에서 쉽게 접할 수 있는 모습은 아니다. 이 담장은 화재를 방어하기 위한 비보풍수적 요소가 강하다.

축대와 담비보(안성 석남사)

축대와 담은 지형을 극복하는 방법이다. 축대는 산지형 사찰에서 지형을 따라 집을 짓는 방법이나 바람을 따라 타오르는 불길을 피하기 위해 조성한다. 담도 바람을 타고 번지는 불길을 방어하는 비보물이다. 우리나라의 산지 사찰은 규모가 작아도 축대와 담으로 비보한 경우가 많다.

물상비보와 행위비보

무엇인가를 바라는 마음이 녹아 있는 비보풍수 방법이 있다. 이루고자 하는 바를 위해 기도처를 찾아가거나 무엇인가를 지니기도 한다. 때로는 물건을 집 안에 들이기도 하고 걸어놓기도 한다. 이러한 비보 방법에 대해 뚜렷한 이름이 정해진 것은 아니다. 염승이라고 할 수 있는 비보 방법으로 달리 염승풍수厭勝風水라고 한다.

물상비보物像裨補는 특정한 물건을 신봉하는 것이다. 때로는 어떠한 결과를 얻기 위해 특별한 물건이나 물상을 이용한다. 때로는 진압풍수와 백지 한 장 차이로 그 결과가 달리 나타나기도 한다. 때로는 무속이라 인식되기도 한다.

물상비보에는 다양한 물상이 사용된다. 가정에서 사용하는 물상도 있으나 마을이나 국가에서 사용하는 방법도 있다. 가정에서 사용하는 것으로는 농기구나 가구가 있다. 예를 들어 집 안에서 바라보아 허虛한 방향에 무거운 가구를 놓는 방식은 수납법에도 해당되지만 집안을 안정시키는 용도로 사용하는 비보풍수이다.

우리 풍습에 귀신날이 있는데 정월 14일을 말한다. 새해가 되어 14일 되는 날로, 정월대보름 전날이다. 귀신의 힘이 가장 강한 날이라고 하는데, 민간에서는 이를 방어하기 위해 다양한 방법을 사용한다. 가장 많이 사용하는 것이 곡식을 고를 때 사용하는 체이다. 체는 가루를 곱게 치거나 액체를 거르는 데 쓰는 용구로 나무를 가늘게 켜서 겹으로 끼운 두 바퀴 사이에 말총이나 헝겊 또는 나일론천이나 철사 등으로 바닥을 메웠다. 속설에 귀신은 마름모꼴 통로를 통과하지 못한다고 한다. 체는 기울여 걸으면 우물 정井자 모

성북구 미타사 불이문과 관음전의 빗살문

서울 성북구 미타사의 불이문과 관음전의 모든 문은 빗살문으로 되어 있다. 사찰 건축에서 빗살문을 많이 볼 수 있으며 양반들의 건축물에서도 흔히 볼 수 있다. 귀(鬼)의 출입을 방해하고자 하는 비보물상이다.

양의 틈이 빗살문의 마름모꼴이 된다. 귀신날이라 해도 귀신이 지나치지 못한다고 대문이나 바지랑대에 걸어놓는다.

주택이나 건물의 문살은 우물 정자가 아닌 마름모꼴로 눕혀 배치한다. 사찰 법당에서 흔히 볼 수 있는 빗살문이 그것이다. 그러나 양반 가문에서도 빗살문은 흔히 볼 수 있다. 영주 성혈사 대웅전을 비롯한 우리 사찰의 경우 문살 전체를 연잎과 연꽃으로 채운 것이 많다. 특이한 점은 연잎 위와 여백에 선승, 동자, 용, 물고기, 물새, 게 등을 새긴 것이다. 사실적으로 조각해놓은 여러 물상은 물과 관련이 많은데 이는 모두 물상비보로 이해할 수 있다.

우리 전통 중 귀한 곳이나 경외스러운 곳에는 반드시 홍살문紅箭門이 있다.

구리 동구릉 중 원릉의 홍살문

홍살문은 다양한 곳에 배치되어 있다. 왕궁, 왕릉, 향교, 서원에는 반드시 홍살문이 배치된다. 심지어 반가의 대문에도 홍살문이 배치된다. 붉은 기운이 액을 막는다고 믿어 반드시 붉은색을 칠하였다. 구조는 물론이고 색을 이용한 비보풍수의 전형이다.

붉은색이 칠해진 홍살문이 있는 곳에는 함부로 접근하지 말아야 하며 경건해야 한다는 의미가 있다. 그래서인지 궁궐, 왕릉, 사당, 향교, 서원 등에는 여지없이 홍살문이 있다. 석石장승과 목木장승은 부락수호와 사찰수호에 쓰이는 물상비보이다.

창덕궁 낙선재 문살과 난간은 날개를 편 박쥐가 새겨져 있거나 조각된 모습으로 배치되어 있다. 모서리 부분을 자세히 살펴보면 확연하게 보인다. 눈과 입까지 섬세하게 새긴 박쥐가 날개를 펴고 있다. 박쥐를 나타내는 한자는 편복蝙蝠이다. 이 중 복蝠자의 중국식 발음이 복福자 발음과 같다. 따라서 우리나라에서도 길상으로 보아 물상비보로 사용했다.

박쥐 그림을 걸거나 박쥐 모양을 새기고 빠우福이라고 읽는 것은 중국의 파동학을 이용한 비보이다. 우리에게도 같은 비보가 있다. 또 생김이나 글자, 물상을 보고 생각을 통한 비보를 하는 경우도 있다. 이를테면 엄나무를 잘라 문 위에 걸면 나쁜 기운이 들어오지 못한다는 이치이다. 이를 물상비보라고 하지만 아직 정확하게 이름으로 정해진 것은 없다.

어떠한 물상이나 물체, 상념 속의 이름을 부르는 것으로 기운이 생긴다고 믿는 것은 염승비보일 것이다. 이러한 비보는 파동학과 관계가 높다. 아직 우리 풍수에서 이러한 경우의 비보풍수에 대한 정의는 없으나 앞으로는 정의가 필요해 보인다. 예를 들면 성명학을 통해 기운을 얻는 것은 단순히 성명학으로 그치는 것이 아니라 비보풍수 개념으로 살피면 파동비보波動裨補라든가 성명비보姓名裨補라는 정의가 필요할 것으로 보인다.

우리 건축물의 창살에도 각종 비보가 전개되었는데 중앙을 나란히 가로지르는 두 문살 사이에 물상비보를 하였다. 마름모 둘을 겹친 형상인 방승方勝이 그것이다. 서로 연결되어 있어서 끊어지지 않고 번창한다는 의미가 있는데 역시 우리의 가구나 일상공예에서 많이 쓰인 물상비보에 해당한다.

경복궁 교태전의 후원인 아미산에는 여러 가지 문양을 넣은 담이나 굴뚝이 있다. 이곳에는 십장생十長生이 배치되어 있는데 십장생은 우리나라는 물론 중국에서도 조경풍수에서 충분히 활용되고 있다. 십장생은 장생불사의 상징물이다. 열 가지 물상物象으로 일월日月, 산山, 물[水], 돌[岩], 소나무[松], 구름[雲], 불로초不老草, 거북[龜], 학鶴, 사슴[鹿] 등이 포함된다. 십장생은 교태전뿐만 아니라 양반들의 집에서 담이나 굴뚝 등에 그려 넣거나 문양을 배치하여 장수를 기원했다. 이 또한 물상비보에 해당한다.

마을 전체를 위한 물상비보도 사용한다. 고창의 오거리 당산이 대표적인 예다. 고창읍의 지형은 행주형行舟形이다. 읍내의 안정과 비보裨補를 위해 중앙에 돛대檣를 세웠는데 이 돛대 역할을 하는 것이 중요민속문화재 제14호로 지정된 고창 오거리 당산高敞 五巨里 堂山이다. 나머지 다섯 곳의 당산은 허한 곳을 비보하는 목적으로 세웠다.

한양에도 물상비보를 사용하였다. 북소문北小門은 창의문彰義門이며 자하문紫霞門이라고도 하였는데 정식 이름은 북문北門이었다. 북쪽의 대문은 북대문이다. 그러나 우리나라의 지형과 궁궐의 입지상 북대문은 항상 닫아놓았고 그 대신 북소문을 열어두었다. 이 북소문은 차갑고 강한 살기를 지닌 바람이 불어오는 건방乾方에 있다. 특이한 것은 북소문 위에 늘 나무에 새긴 닭 문양을 걸어둔 것이다. 이러한 물상비보는 지형 때문이다. 성문 밖 지형이 마치 지네와 닮아 그 기를 누르기 위해 상극인 닭 문양을 매단 것이다.

사람이 행하는 비보행위도 있다. 정월대보름이 되면 황토를 집 안팎에 뿌리는데 이는 벽사辟邪의 의미에 해당하며 비보풍수의 일종이다. 그것으로 그치지 않고 마을 안팎으로 돌며 마을 사람들이 각종 악기를 두드린다. 이는 새해를 맞이한다는 의미도 있지만 비보풍수적 성향이 매우 강하다. 그 이치는 집을 지은 재료가 대부분 흙과 나무이기 때문이다. 나무를 파먹는 벌레는 타악기打樂器에 약하다. 타악기를 통한 목기木器의 소리와 금속성의 울림이 일어나면 작은 벌레들이 두려움에 집을 떠나거나 내장이 터져 죽기도 한다. 마을을 돌면서 악기를 두드리는 행위는 집을 안전하게 보호하고자 하는 행위비보에 속한다.

이밖에도 다양한 행위비보가 존재한다. 어느 정도는 그 경계가 무속적인 부분이 있기는 하지만 비보적 특징은 다를 것이 없다. 이 비보적 특성을 잘 개발하고 계승하여 문화를 발전시키고 활용함으로써 보람된 생을 영위할 가치는 충분하다.

참고자료

고제희, 《한국의 묘지 기행 1, 2, 3》, 자작나무, 1997.

김광언, 《풍수지리》, 대원사, 1993.

김동규, 《지리 나경투해》, 명문당, 1985.

김동규, 《풍수지리 인자수지》, 명문당, 1992.

김두규, 《우리 땅 우리풍수》, 동학사, 1998.

김두규, 《풍수학 사전》, 비봉출판사, 2005.

김상호 외, 《옛 지도로 재현하는 경상도 상주》, 상주박물관, 2016.

김영소, 《풍수지리 만산도》, 명문당, 1982.

김종철, 《명당요결》, 오성출판사, 1991.

김호년, 《한국 명가의 풍수》, 동학사, 1996.

박상근, 《알기 쉬운 생거지 풍수건축여행》, 기문당, 1998.

박주봉, 《한국풍수지리의 정립》, 관음출판사, 2002.

백형모, 《호남의 풍수》, 동학사, 1995.

성필국, 《명당과 생활 풍수》, 홍신문화사, 1996.

신평, 《지리오결》, 동학사, 1993.

안종선, 《기를 부르는 풍수 인테리어》, 청연, 2014.

안종선, 《삶의 터전 양택풍수》, 미르, 2008.

안종선, 《전통의 문화 음택풍수》, 매직북, 2009.

안종선 · 정국희, 《성보의 풍수지리 양기론(陽基論)》, 비엔비북스, 2017.

양균송, 김두규 역주, 《감룡경 · 의룡경》, 비봉출판사, 2009.

양주 회암사지박물관, 《회암사지 부도탑》, 2013.
유환희, 《우리 하늘 우리 땅 우리의 조선철학》, 도서출판 장원, 1988.
이돈직, 《풍수지리학 설심부독해》, 예가, 2001.
이우평, 《Basic 고교생을 위한 지리 용어사전》, 신원문화사, 2002.
이중환, 이익성 옮김, 《택리지》, 을유문화사, 1993.
임응순, 《자연과 수맥 그리고 순천학》, 기쁜 소식, 2000.
장영훈, 《왕릉풍수와 조선의 역사》, 대원사, 2000.
조선임업협회, 《조선임업사》, 1945.
주남철, 《한국 건축사》, 고려대학교 출판부, 2002.
채성우, 김두규 역해, 《명산론》, 비봉출판사, 2002.
천인호, 《풍수사상의 이해》, 세종출판, 1999.
최순우, 《무량수전 배흘림기둥에 기대서서》, 학고재, 1994.
최창조, 《풍수지리학의 최고 경전 청오경, 금낭경》, 민음사, 1993.
한국문원 편집실, 《왕릉, 왕릉 기행으로 역은 조선 왕조사》, 한국문원, 1995.
호순신, 김두규 역해, 《지리신법》, 비봉출판사, 2004.

고유라·신상섭, 〈전통민가와 사찰에 나타난 꽃담의 형태와 상징성 연구: 전라북도 문화재를 중심으로〉, 《한국전통조경학회지》 제34권 제3호, 한국전통조경학회, 2016.
박정해, 〈宗廟와 社稷壇, 圜丘壇 立地의 風水環境〉, 《退溪學과 儒教文化》 제52호, 경북대학교 퇴계연구소, 2013, 251~280쪽.
양봉환, 〈조선시대 풍수사상의 함의와 적용에 대한 고찰: 조선시대의 풍수유산을 중심으로〉, 영남대학교 박사학위논문, 2017.
이미영, 〈韓國 寺刹의 담에 관한 연구〉, 서울대학교 석사학위논문, 1987.
이영한, 〈朝鮮 宗廟 正殿 初創時 坐向 硏究〉, 《대한건축학회논문집》, 대한건축학회, 1997, 179~186쪽.
이윤정, 〈한국 전통담과 그 현대적 재현에 관한 연구: 서울시 소재의 전통담을 대상으로〉, 서울시립대학교 석사학위논문, 2005.
지종학·박종민, 〈조선 초 하륜의 무악산 궁궐터에 대한 풍수지리적 해석〉, 《동북아 문화연구》 제1권 제51호, 2017, 235~257쪽.
최원석, 〈한국의 비보풍수론〉, 《대한지리학회지》 제37권 2호, 대한지리학회, 2002.
한승구, 〈宗廟의 風水地理 立地 硏究〉, 대구한의대학교 사회개발대학원 석사학위논문, 2008.

강원도민일보, 2019. 1. 6.

고영철(제주문화유산답사회장), [향토문화] 파군산악 인성리 거욱대(방사탑) 1호, 제주환경일보 (http://www.newsje.com/news/articleView.html?idxno=104971).

국립민속박물관, 《한국민속신앙사전: 가정신앙 편》, 2011.

국립민속박물관, 《한국민속신앙사전》, 2009.

국립중앙박물관 조선총독부 박물관 문서 사이트(https://www.museum.go.kr/modern-history/view.do?seq=14731&aseq=135).

금강산 제1봉 중턱의 화암사(http://www.toursorak.com/gosung/go-26.html).

남해 문화관광(http://tour.namhae.go.kr).

대한불교조계종 한국불교문화사업단 홈페이지(https://www.templestay.com/temple_info.asp?t_id=dalmaom).

두산백과.

문화재청(http://www.cha.go.kr).

발길이 닿는 대로(https://blog.naver.com/wnsufl).

뿌리를 찾아서(http://blog.paran.com).

서울특별시사편찬위원회, 《서울지명사전》, 2009.

오월의 세상 이야기(http://blog.daum.net/aroma-may/9812973).

위키백과.

유네스코한국위원회(번역 감수), 유네스코 세계유산.

이부용, [경북 역사 여행] 철의 도시 '이서국', 대경일보, 2018. 7.

일제는 삼전도비를 언제 다시 세웠나?(https://blog.naver.com/demon_illu/221381162843).

종묘와 풍수지리(http://www.reportshop.co.kr/docs/120483).

좋은 터 길라잡이(http://blog.daum.net/yacho2011/2952).

최원석, [우리 산의 인문학](15) 공간디자인의 중심, 경향신문, 2019.

한겨레신문, 2009. 11(http://www.hani.co.kr/arti/society/area/389144.html#csidxc226b86dc02fbfeadc52264aa590827).

한국관광공사, 《대한민국 구석구석》.

한국콘텐츠진흥원, 문화콘텐츠닷컴(문화원형백과 한국 전통의 담), 2010.

한국학중앙연구원, 《한국민족문화대백과》.

한국학중앙연구원, 《한국향토문화전자대전》.

중 앙 생 활 사 Joongang Life Publishing Co.
중앙경제평론사 | 중앙에듀북스 Joongang Economy Publishing Co./Joongang Edubooks Publishing Co.

중앙생활사는 건강한 생활, 행복한 삶을 일군다는 신념 아래 설립된 건강 · 실용서 전문 출판사로서
치열한 생존경쟁에 심신이 지친 현대인에게 건강과 생활의 지혜를 주는 책을 발간하고 있습니다.

문화유산으로 배우는 **비보풍수**

초판 1쇄 인쇄 | 2019년 10월 17일
초판 1쇄 발행 | 2019년 10월 22일

지은이 | 안종선(JongSun Ahn)
펴낸이 | 최점옥(JeomOg Choi)
펴낸곳 | 중앙생활사(Joongang Life Publishing Co.)

대　　표 | 김용주
책임편집 | 이상희
본문디자인 | 박근영

출력 | 케이피알　종이 | 한솔PNS　인쇄 | 케이피알　제본 | 은정제책사

잘못된 책은 구입한 서점에서 교환해드립니다.
가격은 표지 뒷면에 있습니다.

ISBN 978-89-6141-242-1(03150)

등록 | 1999년 1월 16일 제2-2730호
주소 | ㊞ 04590 서울시 중구 다산로20길 5(신당4동 340-128) 중앙빌딩
전화 | (02)2253-4463(代)　팩스 | (02)2253-7988
홈페이지 | www.japub.co.kr　블로그 | http://blog.naver.com/japub
페이스북 | https://www.facebook.com/japub.co.kr　이메일 | japub@naver.com
♣ 중앙생활사는 중앙경제평론사 · 중앙에듀북스와 자매회사입니다.

※ 이 도서의 국립중앙도서관 출판시도서목록(CIP)은 서지정보유통지원시스템 홈페이지(http://seoji.nl.go.kr)와
국가자료공동목록시스템(http://www.nl.go.kr/kolisnet)에서 이용하실 수 있습니다.(CIP제어번호:CIP2019036691)